»DAZU IST EIN DREIFACHES ZU SAGEN«
JOHANNES B. HIRSCHMANN
ELEMENTE EINES PORTRÄTS

»DAZU IST EIN DREIFACHES ZU SAGEN«

Johannes B. Hirschmann

ELEMENTE EINES PORTRÄTS

Herausgegeben von

JOHANNES BEUTLER SJ
ELSELORE BOECKER
WALTHER CASPER
MONIKA RHEIN

ECHTER

Die Fotos verdanken wir der Familie von Pater Hirschmann, seinen Freunden, dem ND-Archiv und dem Pater-Hirschmann-Archiv in der Hochschule St. Georgen.

CIP-Kurztitelaufnahme der Deutschen Bibliothek

Hirschmann, Johannes B.:
»Dazu ist ein Dreifaches zu sagen« :
Johannes B. Hirschmann, Elemente e. Porträts /
[Johannes B. Hirschmann]. Hrsg. von Johannes Beutler ... –
Würzburg : Echter, 1986.
ISBN 3-429-01017-9

NE: Beutler, Johannes [Hrsg.]; HST

Gesamtherstellung: Echter Würzburg
Fränkische Gesellschaftsdruckerei und Verlag GmbH
ISBN 3 429 01017 9

Inhaltsverzeichnis

Einleitung

Schon wieder ein Hirschmann-Buch! Waren die ersten 500 Seiten denn nicht genug? Sind nicht inzwischen alle wichtigen Texte von ihm veröffentlicht? Ja und nein.
Das vorliegende Buch will keine Vervollständigung des großen Sammelbandes »Ja zu Gott im Dienst an der Welt«* sein in dem Sinne, daß nun nachgeliefert würde, was zunächst vergessen wurde. Während das erste Buch eine Dokumentation der Bandbreite des Wirkens und der Entwicklung des Denkens liefert, soll jetzt eher ein Portrait entstehen. So sind hier auch Texte über Pater Hirschmann aufgenommen.
Die Sammlung ist zugeschnitten auf Leser, die Pater Hirschmann kannten, besonders auf jene, die ihn vom ND (Bund Neudeutschland) kannten. Das Auswahlkriterium ist somit nicht eine möglichst vollständige Zusammenstellung aller Aspekte seines Lebenswerks. Es wurden vielmehr Texte ausgewählt, die geeignet sind, Pater Hirschmanns Bedeutung für die konzeptionelle Arbeit des ND zu erhellen, weiterhin solche mit spirituellem, zum Teil sehr persönlichem Charakter, die in ihrer Auswahl und Zusammenstellung fragmentarisch bleiben, die aber Schlaglichter werfen auf das theologische Denken Pater Hirschmanns.
Die Texte sind im jeweiligen Kapitel historisch geordnet. In manchen Dingen, die heute selbstverständlich erscheinen, war Pater Hirschmann Vordenker. Gerade im ND hat er oft ein Forum gefunden, Neues einzubringen, im vertrauteren Kreis zur Diskussion zu stellen. Jedenfalls hinterließ er bei seinen Zuhörern den Eindruck, jeweils am Puls der Zeit zu sein.
Einige Vorträge von Pater Hirschmann existieren auch als Tonbandmitschnitte. Wenn man das gesprochene Wort gehört hat, fällt der gedruckte Text dagegen oft ab. Die Eindringlichkeit der Darstellung, die Überzeugungskraft, das ironische Lächeln – dies alles kann nicht einge-

fangen werden. Denen, die dabei gewesen sind, wird aber sicher noch manche Formulierung im Ohr klingen. Der Text hilft vielleicht einer lebendigeren Erinnerung wieder auf.
Die Texte über Pater Hirschmann sind ebenso wie seine eigenen nach ihrer Entstehungszeit geordnet. Die ersten (S. 167–190) sind zu Lebzeiten Pater Hirschmanns entstanden, die weiteren nach dem Tod, zum Teil unter dem unmittelbaren Eindruck des Todes, zum Teil mit etwas Abstand. Verständlicherweise wurde nicht jeder um eine Schilderung Pater Hirschmanns gebeten, der dazu einen Beitrag hätte liefern können. Die Auswahl der Personen, deren Texte hier abgedruckt sind, ist vielleicht nicht einmal repräsentativ und sogar insofern zufällig, als im wesentlichen auf bereits Vorhandenes zurückgegriffen wurde. Dennoch ist ein recht facettenreiches Bild von Pater Hirschmann entstanden. Die unterschiedlichen Blickwinkel haben dazu geführt, daß zahlreiche Aspekte zusammengetragen werden konnten.
Selbst für diejenigen, die Pater Hirschmann gut kannten, wird noch die ein oder andere Neuigkeit dabei sein. Ein vollständiges Porträt zu zeichnen, scheint für einen einzelnen unmöglich. Pater Hirschmann ist ein Stück gelungen, im paulinischen Sinn »allen alles« zu werden (1 Kor 9,22), ohne sich selbst dabei untreu zu sein.

Monika Rhein

* hrsg. von J. Beutler SJ, E. Boecker, W. Casper und W. Rhein, Würzburg 1984

ZU GESCHICHTE UND ZUKUNFT DES BUNDES NEUDEUTSCHLAND

Ordnung und Aufbau der katholischen Jugendarbeit in Deutschland

Der erste Text aus dem Jahr 1946 ist das einzige schriftliche Dokument über den Einsatz Pater Hirschmanns für das Existenzrecht der Verbände nach dem Krieg.* Er selbst berichtete in einer für das Hirschmann-Archiv auf Tonband gesprochenen Biographie folgendes über diese Zeit:

»Zunächst hatte ich noch eine Reihe von Verbindungen mit Paderborn, vor allen Dingen im Aufbau der kirchlichen Jugendarbeit. Ich hatte nicht nur die neudeutsche Gruppe in Paderborn wiederaufzubauen, sondern im Zusammenhang mit der Heliandgruppe, die ich nach dem Tod des Heliandleiters bei einem Bombenangriff dort übernommen hatte, durchzusetzen, daß innerhalb der kirchlichen Jugendarbeit nicht ein einheitliches Pfarrprinzip durchgesetzt wurde, sondern doch auch die alten Gliederungen zurückkehren konnten. Das brachte eine Fülle von Verhandlungen mit dem Diözesanjugendseelsorger und mit dem Erzbischof von Paderborn mit sich, wobei es mir gelang, Pater Esch der bereits Wolker in der anderen Richtung nachgegeben hatte, dazu zu bringen, die neudeutsche Arbeit wiederaufzubauen.«

Wie die Aufbauarbeit praktisch aussah, kann folgender Bericht von K. Happe über die Anfänge des Paderborner ND nach dem Krieg illustrieren: »Die ND-Gruppe Paderborn hat teils in straffer, teils in loser Form während der ganzen Verbotszeit fortbestanden. 1942 oder 43 kam Pater Hirschmann aus Valkenburg nach Paderborn. Seine Sympathie oder Zugehörigkeit oder ehemalige Zugehörigkeit zum ND sprach sich unter uns herum. Kennengelernt haben die meisten von uns ihn eher über Gruppenabende im Bereich der Pfarrjugend oder privat bei Bundesbrüdern. – In Erinnerung sind mir die Christmetten (mindestens 2), die wir um Mitternacht in der »Hilligenseele«, einer kleinen Kapelle der Gemeinde Dörenhagen, etwa 2 Fußstunden von Paderborn entfernt, im Waldgebiet des Haxtergrundes, feierten. Pater Hirschmann zelebrierte diese Messen und hielt auch die

* Der Text entstammt dem Nachlaß von Kardinal Jaeger. Für die Recherchen sei an dieser Stelle Herrn Dieter Bernhard gedankt.

Predigt. Vorsichtshalber gingen wir in Gruppen zu zweit oder zu dritt über unterschiedliche Wege zur Kapelle. Im Anschluß an die Christmette trafen wir uns dann mit Pater Hirschmann bei der Familie Trost in Paderborn und blieben dort bis zum Weihnachtsmorgen zusammen.
Ende Mai 1945 kam ich aus der Kriegsgefangenschaft zurück. Es fanden sich etwa 10–12 NDer zusammen, die entweder nicht Soldat geworden oder schon wieder zurück waren. Wie selbstverständlich wurde Pater Hirschmann Gruppenkaplan. Wenn ich mich recht erinnere, wohnte er damals vorübergehend im Priesterseminar in Paderborn, bis er nach Büren übersiedelte. In der ersten Zeit nach dem Krieg ging er dann oft in aller Frühe von Paderborn zu den Vorlesungen nach Büren (ca. 28 km).
Pater Hirschmann war Initiator und geistlicher Begleiter verschiedener Aktivitäten:

Literarische Abende (Pater Hirschmann sprach auch über politische und gesellschaftspolitische Themen), regelmäßige Gottesdienste, die Christmette 1945, die erste große Jugendveranstaltung in Paderborn unter dem Thema »Jugend ruft Jugend«, Einkehrtage, getrennt für ND und Heliand, Gründung einer Gruppe »ehemaliger NDer« an der damaligen Pädagogischen Akademie, Gestaltung von »bunten Nachmittagen« in Altenheimen und Krankenhäusern der Umgebung, bei denen für uns eine satte Mahlzeit abfiel.
Zu erwähnen bleiben aus der Nachkriegszeit noch drei Fakten:

- In der Auseinandersetzung um »Pfarrjugend« und »Bündische Jugend« hielt sich Pater Hirschmann nach außen hin zwar zurück, lieferte uns aber die nötigen Argumente für unsere Arbeit. Es fanden damals mehrere scharfe Auseinandersetzungen vor allem mit dem damaligen Diözesanseelsorger der Mannesjugend, Augustinus Reinecke (selbst ehemaliger NDer) in Hardehausen statt. Ebenfalls sehr kritisch gesehen wurde unsere Arbeit von Erzbischof Dr. Jaeger.
- Pater Hirschmann zog bei seinen Ausarbeitungen zu Fragen des Grundgesetzes, der Landesverfassung, des Schulwesens (Bekenntnisschule) und des Gewerkschaftswesens immer wieder Mitglieder des Heliands und des ND's hinein. Für uns wurden diese »Nachtsitzungen« schon eine Selbstverständlichkeit.
- Pater Hirschmann stand während des Krieges und in der Nachkriegszeit »rund um die Uhr« fast für jedermann in schweren persönlichen Anliegen zur Verfügung. Viele Schick-

sale hat er durch seinen Rat und seine Tat positiv beeinflußt. Manche Ehe hat er vor dem Zerfall bewahrt. Das galt nicht nur für Bundesbrüder oder Mitglieder des Heliands.

Zusammenfassend kann ich aus meiner Sicht sagen, daß Pater Hirschmann nur selten in der Jugendarbeit der war, der selbst in der Öffentlichkeit in Erscheinung trat. Er war uns mehr Vorbild, Berater, Stütze und in späteren Jahren zunehmend Freund.«

Der Text »Ordnung und Aufbau der katholischen Jugendarbeit in Deutschland« ist an Erzbischof Jaeger adressiert. Die Argumentation ist also darauf abgestellt, das Verständnis der Bischöfe zu gewinnen. Im Begleitbrief an den Erzbischof beruft sich Pater Hirschmann auf die »tatsächliche Bildung der Jugendorganisation«: »Überdiözesane Bünde sind da, sie waren im Grunde immer da; sich dagegen zu sperren, hätte nur den Erfolg, daß beste Kräfte in der Jugend absplitterten ... die Jungen bestehen auf einem Zweifachen 1) der Freiheit zum Bund 2) der Mitbeeinflussung der Wahl ihrer geistlichen Führung, damit das Gefolgschafts- und Vertrauensverhältnis bleibt.«

Die Planung des Aufbaus und der Ordnung in der katholischen deutschen Jugendarbeit, die 1945 ausgearbeitet wurde, hat sich bisher in mancher Hinsicht nicht durchgesetzt. Es ist auch fraglich, ob sich die daran geknüpften Erwartungen für die Jugendarbeit hinreichend erfüllten. Der Kreis der erfaßten Jugendlichen hat sich seit letztem Jahr nicht nennenswert erweitert; eine Reihe fähiger Jugendlicher sind durch die Auseinandersetzungen in manchen Bistümern verärgert oder verbittert und werden der Arbeit entfremdet. Gegen die zunehmende Kraft der linksradikalen Jugend ist bisher keine nennenswerte Gegenaktion oder gar Eigenaktion erfolgt. Verharmlosung dieser Schwierigkeiten wäre genauso gefährlich wie eine falsche Interpretation der im Grunde wenig fruchtbaren großen Jugenddemonstrationen, die überall stattfinden. Das Verhältnis der führenden Jugend zur kirchlichen Führung ist an vielen Stellen mißtrauisch geworden. Es besteht Gefahr, daß diese teilweise den Kontakt mit der lebendigen Jugend verliert und sich unkontrollierbare Entwicklungen im Verborgenen abspielen.

Der Grund für diese Schwierigkeiten liegt nur zum Teil in

der Kürze der Zeit; in Mängeln, die führende Persönlichkeiten belasten; in den seelischen Unausgeglichenheiten der Jugendlichen selbst; in den Unterschieden der Situation in den einzelnen Gegenden. Er liegt zum größeren Teil an dem Nichtbeachten und Nichtklären grundsätzlicher Gesichtspunkte bei der Planungsarbeit. Solange diese grundsätzliche Klärung nicht ebenso ernst in Angriff genommen wird, solange bleiben die nur scheinbar praktischen Lösungen vieldeutig und unecht; im Gegensatz zur wirklichen Entwicklung der Jugendvereinigungen; verärgern und erschweren die zeitnahe Inangriffnahme der wirklichen Arbeiten, soweit sie keine rebellische Haltung in jugendlichen Kreisen erzeugen. Auch der letzte Bericht von Altenberg an die Diözesen ist in seiner Art, die Dinge zu sehen, nicht grundsätzlich klar. Im Folgenden soll auf drei grundsätzliche Fragenkreise dieser Art Bezug genommen werden.

I.

Die Frage der Ordnung und des Aufbaus katholischer Jugend ist wenigstens auch eine Frage des Rechtes. Diese rechtliche Betrachtungsweise ist m. E. im letzten Jahr in fünffacher Hinsicht zu kurz gekommen.

1. in der Klarheit der naturrechtlichen Grundlagen der freien katholischen Vereinigungen. Es sind zwei fundamentale Rechtsprinzipien, die hier klar sein müssen: das der Koalitionsfreiheit der Christen auch im religiösen Bereich und das der Subsidiarität des amtskirchlichen Wirkens in dem freien kirchlichen Koalitionswesen. Diese beiden Rechtsprinzipien sind unwidersprechlich in den päpstlichen Rundschreiben niedergelegt und im kirchlichen Vereinigungsrecht des CIC Bestandteil der Verfassungsprinzipien kirchlichen Lebens. Sie gehören zu den entscheidendsten Ansatzpunkten des Aufbaus eines kirchlichen Laienrechtes und damit der Katholischen Aktion.
Danach haben die Christen das freie Recht, von sich aus auf der Grundlage ihres Glaubens und mit religiöser Zielsetzung Vereinigungen zu gründen, ihnen ihre Verfassung

selbst zu geben, ihre Führung selbst zu bestimmen, ebenso ihr Verhältnis zu anderen Vereinigungen. Es gibt gemeinrechtlich kein qualifiziertes Aufsichts- oder Leitungsrecht der kirchlichen Behörden über diese Vereinigungen, das über das den einzelnen Gläubigen gegenüber ausgeübte grundsätzlich hinausginge. Soweit es die wahren Bedürfnisse des kirchlichen Gemeinwohls erfordern, können die kirchlichen Behörden Gründung, Verfassung, Führung »ordnen«. Diese Ordnungsfunktion bleibt subsidiär. Was die Vereinigungen bereits von sich aus hier leisten können, soll nicht behördlich geleistet werden. Damit ist klar, daß die behördlichen Organe der Jugendarbeit, die Jugendämter in Pfarrei, Dekanat, Diözese, die überdiözesane amtliche Stelle diesen freien katholischen Vereinigungen gegenüber eine subsidiäre Funktion haben. Sie sind nicht die geistigen Zentren und Quellpunkte der freien katholischen Jugendarbeit, sondern die Wächter, Garanten und Bewirker ihrer Koordination mit dem gesamtkirchlichen Leben und ihrer Hinordnung auf deren Ziele.

2. in der Berücksichtigung des Elternrechtes in diesen freien katholischen Jugendvereinigungen. Die Autorität der Führung in ihnen, insofern es freie Gemeinschaften sind, liegt nicht nur in dem frei zustandegekommenen Bindungswillen der Jugendlichen selbst begründet; da deren Geschäftsfähigkeit ebenso begrenzt ist wie ihre Führungsfähigkeit, muß die elterliche Autorität hier erzieherisch miteinsetzen. Wo also ein Geistlicher über seine seelsorgliche Zuständigkeit aufgrund seines Amtes hinaus Jugend führt, tut er es aufgrund elterlichen Auftrags. Zwar ist ein Minimum solcher Beauftragung immer in der Zustimmung der Eltern zur Teilnahme des Jugendlichen an der betreffenden Vereinigung gegeben. Der Idee des Elternrechts entspricht mehr: daß sie die Möglichkeit einer gesunden Beeinflussung der Jugendarbeit behalten. Für beides fehlen bisher die wünschenswerten Formen.

3. in der Rücksicht auf das gemeinkirchliche Vereinigungsrecht. Es unterscheidet klar drei Gruppen von Gliederungen, die als rechtsunterschiedene auch in der katholischen Jugend Deutschlands möglich und vorhanden sind:

die Gliederungen, die Rechtspersönlichkeit in der Kirche haben (und darin sogar der Pfarrgemeinde überlegen sind!), z.B. die eigentlichen Marianischen Kongregationen; es handelt sich hier um die von den kirchlichen Behörden formell errichteten Vereinigungen; die Gliederungen, die ohne von der Kirche formell errichtet zu sein, infolge rechtswirksamer kirchlicher Bestätigung, wie die ersten »kirchliche Vereinigungen« im engeren Sinn sind; endlich die freien religiösen Vereinigungen, die kirchlich erlaubt oder auch empfohlen sind. Während für die beiden ersten Gruppen ein qualifiziertes, im kirchlichen Gemeinrecht teilweise umschriebenes Leitungsrecht der Kirche feststeht – verschieden bei beiden –, ist das bei der letzten Gruppe nicht der Fall. Es kann also nicht in Frage kommen, daß in der kirchlichen Einigung der Jugendarbeit eine rechtliche Gleichschaltung dieser Gliederungen erfolgt: Die Einheit muß auch unter Wahrung ihrer rechtlichen Eigenart erfolgen. Sonst machen wir in der Körperschaft Katholischer Jugend alle Vereinigungen zu »kirchlichen Vereinigungen«, vielleicht gar zu kirchlich errichteten, und führen zu einer Rechtsnivellierung, die ebenso zu fürchten ist wie die der sozialen Formen.

4. in der Rücksicht auf die rechtliche Form und Begrenzung der Pfarrei, des Dekanats und des Bistums hinsichtlich ihrer Eignung, Prinzip des Aufbaus der Jugendarbeit in ihrer Ganzheit zu sein. – Wenn auch die Pfarrei sich nicht in ihrer rechtlichen Wirklichkeit erschöpft, so ist diese doch für den Umfang ihrer Formkraft und -zuständigkeit entscheidend. Das Recht aber umschreibt diese Wirklichkeit von einem doppelten gemeinschaftsbildenden Moment aus: einmal von dem der Zugehörigkeit bestimmter Menschen zu einem bestimmten, im Auftrag des Bischofs arbeitenden Geistlichen in rechtlich umschriebenem, seelsorglichem Zuständigkeitsbereich, dann von dem des Wohnens dieser Menschen auf einem rechtlich umschriebenen Territorium. Das Recht kennt kein Monopol der Pfarrseelsorger für die gesamte religiöse Beeinflussung und Führung der Jugend in der Pfarrei. Es hat dafür seine in der Weisheit jahrhundertelangen Bemühens geklärten

Gründe. Es wäre ein Widerspruch dazu, wenn alle Führung an Jugendlichen, die zu einer Pfarrei gehören, nur in rechtlicher Abhängigkeit vom Pfarrseelsorger ausgeübt werden könnte, wenn auch selbstverständlich ist, daß sie nicht ohne Zusammenarbeit mit ihm durchgeführt werden darf. Es gibt Jugendarbeit, die nicht bloß »ausnahmsweise«, sondern grundsätzlich überpfarrlich ist (und eigentlich nur in Ausnahmefällen pfarrlich), z. B. manche beruflich oder ideenmäßig begründete, bei der normalerweise der Kreis der Erfaßten in einer Pfarrei zu klein ist, oder die Eignung jedes Pfarrgeistlichen zur Führung einer solchen Gruppe nicht erwartet werden kann. Hier sind in der Jugendarbeit nicht bloß die Grenzen der Pfarrei, sondern auch des Pfarrprinzips sichtbar. – Genauso sinnwidrig ist es, für alle überpfarrliche Arbeit grundsätzlich das Dekanat als zuständig anzusprechen. Die rechtliche Eigenart des Dekanats liegt in der gleichen Ebene wie die der Pfarrei: in der territorial-jurisdiktionellen Aufgliederungsordnung des katholischen Lebens. Die Überpfarrlichkeit bündischer, beruflicher, ideenmäßig begründeter, zweckhafter Vereinigungen ist eine davon qualitativ verschiedene; und es ist prinzipiell verfehlt, für überpfarrliche Arbeit in der Jugend unter allen Umständen den Dekanatsjugendseelsorger als gegeben zu betrachten. Die überpfarrliche Gliederung hat vielmehr der Eigenart der jeweiligen Vereinigungen, ihrer Zielsetzungen zu entsprechen. – Es ist klar, daß die letzte Einheit religiöser Jugendarbeit die Gesamtkirche, nicht das Bistum ist. Die Interessen der Gesamtkirche verlangen eine überdiözesane Einheit der Jugendarbeit. Die jurisdiktionelle Einheit schafft der Konsensus der Bischöfe. Soweit die Jugendarbeit in der Kirche freien Charakter trägt, ist aber die Möglichkeit einer freien überdiözesanen Einheit der katholischen Jugend sowohl in ihrer Ganzheit als auch in ihren Gliederungen rechtlich offenzuhalten, da das kirchliche Gemeinrecht selbst, das hier zuständig ist, sie offenhält. – Es kann deshalb die institutionelle Einheit der katholischen Jugend in Deutschland nicht auf die Einrichtung einer im Auftrag der Bischofskonferenz arbeitenden Hauptstelle rechtlich so beschränkt

werden, daß diese das Monopol für alle überdiözesane religiöse Jugendarbeit hat. Dieses Monopol wäre genauso mechanistisch wie das abgelehnte Kartell.
5. in der Rücksicht auf die rechtliche Existenz der noch bestehenden Verbände und Bünde. Diese können nicht durch einen kirchenbehördlichen Rechtsakt in ihrer rechtlichen Existenz aufgehoben oder umgewandelt werden. Sollte eine solche Umwandlung erwünscht sein, so muß sie auf dem Weg der Selbstauflösung oder -umwandlung erfolgen, jedenfalls in rechtlich klaren Formen. Die Rechtsverworrenheit auf diesem Gebiet heute ist jedenfalls untragbar. Auch alle kirchlichen Behörden sind an das bestehende Recht gebunden.

Aus dem Ausgeführten ergeben sich konkret folgende Forderungen:
1. Jugend selbst und Behörden müssen sich bei der Gestaltung des Aufbaus der Jugendorganisation und -arbeit über ihre Zuständigkeit klar sein. Sache der Hauptstelle wäre in erster Linie eine Ausarbeitung darüber. Zuständig sind Rechtskundige. Gegenstand: der grundsätzliche Umfang des freien Koalitionsrechtes der gläubigen Jugend in der Kirche und das Subsidiaritätsrecht der kirchlichen Behörden ihnen gegenüber. Welche Jugendvereinigungen fallen unter diese Gruppe? In welcher Form nimmt ihnen gegenüber die kirchliche Behörde ihr Aufsichts- und Leitungsrecht wahr?
2. Es wäre zu versuchen, zu erfahren, was zum Aufbau der Jugendarbeit die Gliederungen der Kirche sagen, in denen Väter und Mütter den entscheidenden Einfluß haben: die Männer- und Frauenorganisationen. Sollte die Organisation dort noch zu unvollkommen sein, so wäre zu fragen, wie der so erfolgende Ausfall ausgeglichen werden kann: Es sollte einer Reihe erfahrener, kritischer, auch für die kirchliche Arbeit in der Jugend urteilsfähiger Väter und Mütter die Planung mitgeteilt und ihre Meinung erbeten werden. Es sollten Formen der Erfragung des Elternwillens für die kirchliche Jugendarbeit vorbereitet werden,

wie die jährliche Elternversammlung und (oder) ein Elternbeirat (oder -ausschuß).

3. Es sollte die ganze Arbeit der Planung von einem geschulten Kanonisten ständig auf ihre rechtliche Sauberkeit untersucht und beraten werden; es sollte festgestellt werden, zu welcher der drei Gruppen die in der katholischen Jugend zusammengefaßten Gliederungen gehören; wie ihre rechtliche Eigenart in der Einheit der Katholischen Jugend gewahrt bleibt; wie die konkrete Zuständigkeit der einzelnen kirchlichen Amtsstellen, besonders der Diözesanjugendämter, zu den einzelnen sich selbst gliedert. Bei der Einigung selbst und Planung muß jeder Eindruck des »Faschismus«, »Klerikalismus« und »Eintopfs« – um nur die bekanntesten, ständig wiederkehrenden Vorwürfe zu nennen – vermieden werden. Es muß eingesehen und zugegeben werden, wieviel an diesen Vorwürfen im letzten Jahr berechtigt war.

4. Die Planung muß das Pfarrprinzip in seinen natürlichen und rechtlichen Grenzen lassen. Das heißt: Die Formulierung von Bad Soden für die Bünde (ND) muß zugunsten der Bonn-Pützchener fallengelassen werden, sie wirkt unecht. Ein Mitbestimmungsrecht der Jugend in der Person des geistlichen Führers darf nicht ausgeschlossen werden. Die Pfarr- oder Dekanatsjugendseelsorger haben nicht ohne weiteres die geistliche Leitung der freien katholischen Vereinigungen. – Die überdiözesane Konstitution von Bünden bleibt dem freien Gemeinschaftswillen der Jugendlichen überlassen. – Die Formen der Zusammenarbeit der bündischen Führung mit der bischöflichen Hauptstelle wie mit den Diözesen sind auszuarbeiten (in Pfarrei, Dekanat, Bistum).

5. Es muß festgestellt werden, welche tatsächliche rechtliche Gestalt heute die einzelnen Gliederungen der Katholischen Jugend haben und vor allem die Körperschaft »Katholische Jugend« selbst hat und wie der Umbau rechtlich erfolgen muß. Bei der gesamten Klerusschulung zur Jugendarbeit muß auch auf die rechtliche Schulung entsprechendes Gewicht gelegt werden, wobei Natur- und Kirchenrecht ebenso wichtig sind wie das bürgerliche Recht.

II.

Neben der rechtlichen Betrachtungsweise muß auf die pastorale hingewiesen werden. Auch hier sind einige Gesichtspunkte zu kurz gekommen in der Vergangenheit.

1. die der Jugendarbeit übergeordnete Zusammenarbeit aller Gliederungen in der Kirche. Es ist ein innerer Widerspruch des Aufbaus, wenn die Jugend in der Kirche sich als »Körperschaft«, alle Jugendvereinigungen als Gliederungen in ihr sieht, aber übersieht, daß sie selbst in ihrer Gesamtheit nur eine Gliederung des gesamtkirchlichen Vereinigungslebens ist, deren Verhältnis zu den andern Gliederungen nicht einseitig von ihr aus bestimmt werden kann. Wenn im Verhältnis der Gliederungen in der Jugend zueinander die »Fühlungnahme« nicht genügt, um die Einheit zu gewährleisten, so genügt sie auch nicht für die Bestimmung des Verhältnisses der Jugend zu den anderen Gliederungen der Gesamtkirche. Mit anderen Worten die Planung der Jugendarbeit kann sinnvoll und organisch nur im Rahmen einer Gesamtplanung erfolgen. Bei dieser Gesamtplanung wird Wert darauf zu legen sein, daß Jugend nicht nur unter der Rücksicht, »Jugend« zu sein, organisatorisch gesehen werden darf. Es muß auch die geschlechtliche Eigenart und die berufliche Differenzierung bei der Frage der Organisation stärker gesehen werden. Mädchen und Frau stehen anders zu Organisationen und in ihnen als Mann und Junge, müssen es. Der vorwiegend geistig arbeitende Mensch steht anders zu und in ihnen als der werkende und wieder anders als der bäuerliche Mensch. Soll die Jugendarbeit wirklichen Zusammenhang mit der Arbeit der Reife haben, so muß also nicht bloß in Besonderungen von »Veranstaltungen«, sondern auch schon des organisatorischen Aufbaus diese Differenzierung stärker zum Ausdruck kommen. Das kann nur in Zusammenarbeit mit den Organisationen der Männer- und Frauenarbeit durchgeführt werden. Sonst bleiben ewig Schwierigkeiten des Übergangs, Kompetenzschwierigkeiten, Bestrebungen der Organisationen für Männer und Frauen, sich eigene Jugendgruppen vorzubauen. Einseitige Beschlüsse der Be-

hörden oder der Jugend bleiben hier grundsätzlich Kurzschlüsse und setzen sich nicht durch.
In diesem Zusammenhang muß vor einem Doppelten in der Jugendarbeit gewarnt werden: einmal vor der Tendenz, in der Jugend nur »ganze Kirche in ihrer Jugend« zu sehen, statt einer Gliederung in ihr, die sie auch ist. Dieser Standpunkt ist abstrakt; er verkennt die Kontinuität der Formen der Männer- und Frauenarbeit und hofft, diese einmal in ihrer Gesamtheit abzulösen. Er verkennt damit aber auch die wesentliche Unvollkommenheit jugendlicher Gemeinschaftsformen und die Kraft und den Sinn bestehender Formen männlichen und fraulichen Arbeitens in der Kirche. (Hier liegt ein entscheidendes Problem der »Jungen Kirche«, wenn sie nicht »Jugend in der Kirche« sein will.) – Zweitens muß die Gefahr gesehen werden, daß mit Rücksicht auf die noch unentwickelten Grundsätze der Einheit der Arbeit in den anderen Gliederungen der Kirche die Formen der Jugendarbeit überstürzt festgelegt werden. Der zeitliche Primat der Ordnung der Jugendarbeit gefährdet den sachlichen Primat der Männer- und Frauenarbeit, denn schließlich ist Jugend nicht nur Selbstwert, sondern auf Reife hingeordnet.
2. der Einbau der Jugendarbeit in die »Katholische Aktion«. Er verlangt vor allem Erziehung zur Selbständigkeit des Laien, auch des jungen Laien, zumal in dem nicht unmittelbar religiösen Bereich. Diese Selbständigkeit ist gefährdet, wenn der ganze Aufbau der Jugendarbeit nur den kirchenamtlichen Gemeindegliederungen entsprechend erfolgt. Damit bekommt der Klerus unbedingt ein Übergewicht der Führung auch in den Fragen, in denen der Laie das Übergewicht des Einflusses haben könnte. Daß innerhalb dieser Gliederungen ein Laie nebengeschaltet erscheint, ändert nichts daran, daß die soziologische Struktur dieser Gliederungen von vornherein der amtskirchlichen Aufgliederung der Kirche einen Primat gibt, der die Mitverantwortungsfähigkeit und Selbständigkeit des Laienführers belastet, die Abhängigkeit der Laien vom Klerus verschärft und damit die Gewinnung der Abständigen durch die Laienaktion erschwert. In der Bildungsarbeit

treten die unmittelbar religiösen Inhalte (Kult, Wort, religiöse Feier) einseitig in den Vordergrund; die weltlichen Inhalte bleiben zu allgemein (christlicher Humanismus). Die Aktion in den weltlichen Bereich hinein leidet. Die Gefahr ist um so größer, weil eine situationsbedingte Belastung unserer Jugend durch das Ressentiment gegenüber dem Weltlichen und unserer Jugendseelsorger durch den Mangel an Schulung für diesen Bereich vorliegt und die geistigen Nachwirkungen des Nationalsozialismus in einer übertriebenen Vorstellung von der Macht organisatorischer Einheit noch überall spürbar sind. Die zu überwindenden Mängel unserer Jugendarbeit in den vergangenen Jahren, die nicht nur in dem Umfang, sondern auch in der Qualität lagen (z. B. eben mangelnde Schulung zu selbständigem Einsatz, auch in Gemeinschaft), werden noch nicht überall klar erkannt.

3. Es scheint unmöglich, die arbeitende Jugend in stärkerem Umfang zu erfassen – und das ist unbedingt nötig, wenn nicht in neuen, der Art der J.O.C. im Westen angenäherten Formen. Sie werden in absehbarer Zeit bestimmt kommen. Es muß für sie Raum gelassen werden. Ich zweifle, ob die Aktion im Rahmen des von Altenberg her Vorgesehenen möglich ist, da weder die augenblicklichen Tendenzen der KJ-Führung noch die Linien des Kolpingwerks dafür die zureichenden Voraussetzungen geben. Genaueres kann zur Zeit wohl kaum gesagt werden. Aber die Tendenzen in der angedeuteten Richtung machen sich bereits in einigen Jugendlichen und Geistlichen bemerkbar. Das Problem der »arbeitenden« Jugend darf nicht mit dem der »proletarischen« vermengt werden, wie es heute oft geschieht.

III.

Die Übergangsschwierigkeiten legen nahe, die Richtlinien behördlicherseits auch in der nächsten Zukunft noch elastisch zu halten, trotz aller darüber zu erwartenden Klagen. – Sie legen ferner nahe, zu erwägen, in welchem Umfang für den Neuaufbau führende Männer der früheren

Verbände und Bünde im heutigen Aufbau mitwirken und bestimmend sein sollen und wie lange. – Sie legen endlich nahe, vor allem lokal und regional Lösungen zu versuchen, auch wenn allgemeine noch nicht gegeben werden können, die vielleicht zum Schaden des Eindrucks auf die Jugend und alle wieder fallengelassen werden müssen. Diese lokalen und regionalen Lösungen sollen aber nach Möglichkeit eine Modifikation offenhalten und ihr provisorischer Charakter auch im Bewußtsein aller bleiben. – Am wichtigsten ist die Sachlichkeit in der Diskussion. – Endlich muß verhindert werden, daß Spannungen, die bestehen, in falscher Weise verkompliziert werden, z. B. durch die Überlagerung mit einer Spannung zwischen Welt- und Ordensklerus; wenn weite Kreise des Weltklerus einseitig werden und Laien den Ausweg beim Ordensklerus (hier ist eine Fühlungnahme der Bischöfe mit den Ordensoberen erwünscht) suchen, oder der Ordensklerus ohne Rücksicht auf die Schwierigkeiten des diözesanen Aufbaus bleibt, oder durch die Diskussion über den Umfang der Seelsorgearbeit des Religionslehrers, oder durch schiefe Ideologien (z. B. hinsichtlich der Pfarrei; der Beschränkung religiöser »Gemeinde« auf die territoriale; der Soziologie der Verbände und Bünde u. ä.).

Der ganze Christus – der ganze Christ

Das folgende Referat wurde auf dem ersten ND-Bundestag 1951 in Bad Brückenau gehalten. Es war bisher unveröffentlicht und lag nur als Tonbandabschrift vor. Eine leichte redaktionelle Bearbeitung war daher nötig. Auch wurden einige Passagen gekürzt im Wissen darum, daß Pater Hirschmann einiges selbst fragwürdig geworden war, wie er in seinem Referat auf dem Bundestag 25 Jahre später ausdrücklich anmerkt.*

Irre ich mich, wenn ich vermute, daß mancher von Euch auf die Frage, was denn eigentlich dieses unser erstes Bundestreffen in seiner ersten Festakademie mit dem Hinweis auf die 1500-Jahr-Feier von Chalkedon beabsichtige, vielleicht antworten würde, er habe in diesem Hinweis zum ersten Male etwas von dieser 1500-Jahr-Feier gehört? Er würde vielleicht hinzufügen, er sehe schlechterdings keinen Zusammenhang zwischen dem, was dort vor 1500 Jahren die Christenheit bewegte und dem, was uns Neudeutsche in dieser Stunde abendländischer Entscheidung in unserer Bundesarbeit zu bewegen hat. Es handele sich da wohl um irgendein künstliches, akademisches, theologisches, an den Haaren herbeigezogenes Zusammenfügen von zwei Dingen, die sachlich wohl wenig miteinander zu tun hätten.

So liegen die Dinge nun nicht! Die geschichtliche Bedeutsamkeit eines Ereignisses hängt nicht – Gott sei Dank – entscheidend davon ab, in welchem Umfang dieses Ereignis den späteren Geschlechtern bewußt bleibt. Das gilt auch von der vierten allgemeinen Kirchenversammlung, der größten des ersten christlichen Jahrtausends. Ja, wenn wir die Zahl der Bischöfe betrachten – über 600 –, dem größten Konzil in der Kirche überhaupt. Die Bedeutsamkeit dieses Konzils ist aber auch im abendländischen Bewußtsein nicht untergegangen. Unser gläubiges Bekenntnis zum Dogma von Chalkedon ist ein Bekenntnis zur

* Vgl. S. 86f.

christlichen Aufgabe des Abendlandes im allgemeinen und zur besonderen Aufgabe unseres Bundes im besonderen deshalb, weil dieses Glaubensbekenntnis ein Bekenntnis zum ganzen Christus und darum zum ganzen Christen ist. Um was ging es denn eigentlich in Chalkedon? Um die Wahrheit vom ganzen Christus.

Vier Irrtümer hatten im Lauf der vorausgehenden vier ersten Jahrhunderte diese Wahrheit verdunkelt. Die erste Irrlehre, gegen die sich ja bereits St. Paulus und St. Johannes wenden, ist der gnostische Versuch, das wahre, volle, echte Menschentum Jesu Christi in Frage zu stellen, jener Versuch, auf den Johannes antwortet mit dem lapidaren »Das Wort ist Fleisch geworden!« Die zweite, entgegengesetzte Irrlehre ist die Irrlehre des Arius, der die wahre Gottheit Jesu Christi bestritten hatte und der im Dogma von Nicäa die Antwort der Kirche erhielt. Die dritte Irrlehre trug Nestorius vor, der Bischof von Konstantinopel, als er die Einheit in der Person Jesu Christi leugnete. Jesus Christus ist ein Mensch, in dem ein Gott wohnt. Die Einheit Gottes und des Menschen in Jesus Christus bleibt äußerlich. Gegen ihn wendet sich das Dogma der Kirche auf dem Konzil von Ephesus. Und in der gleichen Kirche, in der dieses Dogma unter der Leitung des großen Bischofs von Alexandrien, des heiligen Cyrill, vorgetragen wurde, formuliert nun 19 Jahre später auch eine Kirchenversammlung unter Leitung des Nachfolgers von jenem heiligen Cyrill, eine Kirchenversammlung, bei der die Bischöfe mit Mord und Totschlag vorgehen, eine Bischofsversammlung, die der Papst jener Zeit, Leo der Große, eine Räubersynode genannt hat, den vierten Irrtum gegen die Wahrheit vom ganzen Christus: Die Einheit in Christus ist nach Eutyches und Dioskur, diesen Irrlehrern, so innig, daß die Gottheit Jesu seine Menschheit restlos aufsaugt, daß aus Gottheit und Menschheit gleichsam ein Neutrales, Vermittelndes, ein Drittes, wird. Gegen diese Behauptung, unterstützt vom byzantinischen Kaiserhof, unterstützt von fanatisierten Mönchen und von schwachen Bischöfen, war die ganze Ostkirche in Bewegung und in Gefahr geraten, und in diese Situation hinein schrieb Leo der Große im Jahre

449 jenen Brief, in dem in unüberbietbarer Meisterschaft die katholische Lehre von Jesus Christus enthalten ist; jener Brief, aus dem der Satz genommen ist, den wir über diese unsere Festakademie stellten:

»In integra ergo veri hominis
perfectaque natura verus natus est
deus, totus in suis, totus in nostris.«

(In ungebrochenem und vollendetem Wesensbestand eines wahren Menschen ist der wahre Gott geboren worden, ganz im Seinigen und ganz im Unsrigen.)
Es war ein Triumph des Papsttums und ein persönlicher Triumph eines seiner größten Gestalten dazu, als bei der Verlesung dieses Schreibens zwei Jahre später in Chalkedon die 600 Bischöfe ausriefen: »Das ist der Glaube der Väter, das ist der Glaube der Apostel. Petrus hat durch Leo gesprochen. Das glauben wir alle!« Wenn man daran denkt, daß zwei Jahre vorher die Vertreter des gleichen Papstes, als sie gegen den Irrtum der Räubersynode ihr »contra dicitur«, ihr »widersprechend«, in die Versammlung des Wahnsinns hineinriefen, mit Müh und Not ihr nacktes Leben retten konnten, so ermißt man die Größe dieses Triumphs. Dieser Brief von Leo bestimmt dann auch den Inhalt des Glaubensbekenntnisses von Chalkedon selbst, und es ist vielleicht angebracht, in dieser Stunde den Kernsatz dieser dogmatischen Verkündigung zu hören, auch einmal die Kirche wieder zu hören, wenn sie dogmatisch spricht: »Folgend den heiligen Vätern, lehren wir alle einstimmig: Einer und derselbe, der Sohn und unser Herr Jesus Christus ist vollkommen seiner Gottheit nach und vollkommen seiner Menschheit nach, wahrer Gott und wahrer Mensch, bestehend aus einer vernünftigen Seele und aus einem Leib, wesensgleich dem Vater der Gottheit nach, wesensgleich auch uns seiner Menschheit nach, uns in allem gleich geworden, ausgenommen der Sünde. Wir bekennen einen und denselben Christus, den Sohn, den Einziggeborenen, der in zwei Naturen, unvermischt, unverwandelt, ungetrennt und ungesondert existiert; denn niemand verleugnet den Unterschied der Naturen, diese

Einigung in der Person. Es wird die Eigentümlichkeit jeder Natur vielmehr gewahrt, wenn beide in einer Person zusammentreffen. So bekennen wir auch nicht einen in zwei Personen zerrissenen, sondern einen und denselben Herrn Jesus Christus, wie ihn die Propheten verkünden, wie der Herr Jesus Christus selbst es uns gelehrt hat und das Glaubensbekenntnis unserer Väter überlieferte. Da wir nun mit großer allseitiger Umsicht und Genauigkeit diese Entscheidung treffen, so beschließt die heilige und allgemeine Kirchenversammlung, daß niemand jemals einen anderen Glauben vortragen oder niederschreiben, verfassen, bekennen oder lehren darf.« Das ist das Dogma von Chalkedon, die Wahrheit vom ganzen Christus.
Es ist aber zugleich in diesem Dogma enthalten die Wahrheit vom ganzen Christen. Gewiß ging es jenen orientalischen Bischöfen bei ihren leidenschaftlichen Erörterungen zunächst um die Ehre unseres Herrn Jesus Christus und damit um die Ehre seines Vaters, die sich ja auf Erden im Geheimnis der Menschwerdung seines Sohnes vollendet. Aber das Geheimnis der Menschwerdung des Sohnes Gottes selbst vollendet sich in uns, und darum geht es bei jeder Aussage um Christus zugleich auch um eine Aussage über den Christen. Ist Christus das Haupt der Menschheit aufgrund seiner Mittlerstellung zwischen Gott und Mensch, so gibt es keine Menschwerdung des Menschen außer im Raum und in der Kraft der Menschwerdung des Sohnes Gottes, dann gibt es keinen ganzen Menschen außer dem ganzen Christen. Erst der ganze Christ ist der ganze Mensch. Wer aber ist der ganze Christ? Der, dessen eigene Ganzheit von der Ganzheit Jesu Christi mitgeprägt ist. Gehört also zur Ganzheit Jesu Christi die Gottheit, dann ist erst der durch Christus der göttlichen Natur teilhaft gewordene Mensch der ganze Mensch. Gehört zur Ganzheit Jesu Christi die ungebrochene Menschheit, dann ist erst der der ganze Christ, der ungebrochen allen Werten echten Menschentums offensteht. Gehört zum ganzen Christus die Einheit bei aller Unterschiedenheit von Göttlichem und Menschlichem, dann hat auch der ganze Christ erst dann sein ganzes Menschentum erreicht, wenn er nicht nur

eine natürlich noch so innige Nähe zu Christus hat, sondern zugleich damit auch überströmt ist von dem göttlichen Licht, von dem göttlichen Leben, das ihm in Christus zuteil wird; gehört schließlich zum ganzen Christus, daß die Gottheit die Menschheit nicht absorbiert, dann gehört zum ganzen Christen, daß die Gnade die Natur nicht absorbiert, daß das Göttliche das Menschliche nicht zerstört, nicht verschwimmen läßt, nicht verkürzt, sondern daß das Göttliche im Christen gerade erst die unantastbare Eigentümlichkeit seines Menschentums in letzter Feinheit herausstellt und darin das Menschentum erhebt und vollendet: christlicher Humanismus.

In die Grundlagen des christlichen Abendlandes ist eingegangen die Idee des freien Menschen, so wie sie das griechische Denken entwickelt hat. In diese Grundlagen ist eingegangen die Idee des Rechts und der Ordnung, so wie sie im Rechtswillen Roms ihre Verkörperung fand. In dieses christliche Abendland ist eingegangen ebenso die strahlende Sinnennähe des Südens, die Innerlichkeit und die Unendlichkeit des nordischen Geistes – aber all das ist noch nicht Abendland! Das Abendland ist nicht zu begreifen ohne die Kirche, und ich sage hinzu: Es ist nicht zu begreifen ohne Chalkedon.

Ich will einige geschichtliche Tatsachen hier erwähnen. Bereits in Chalkedon wird deutlich, daß in der großen Einheit der Mittelmeerkultur, der damaligen gültigen geistigen und politischen Wirklichkeit der bekannten Welt eine Spannung entsteht, die neu ist in der Weltgeschichte, eine Spannung im gegenseitigen Verhalten der beiden stärksten Gewalten, die diese Wirklichkeit bestimmen, nämlich der geistlichen Gewalt und der weltlichen Gewalt, im Verhältnis von Kirche und Staat. Im Westen kommt es zu einer klaren Unterscheidung zwischen Kirche und Staat. Denken wir an Ambrosius, denken wir an Augustinus; und es ist gerade der größte Schüler von St. Augustinus, Leo der Große, der – und zwar gerade wiederum in Auseinandersetzungen um das Konzil von Chalkedon – die Unabhängigkeit und Freiheit der Kirche gegenüber dem Staat und die echte Eigenständigkeit des Staates gegenüber der Kirche, bei aller Einheit des gemeinsam Gestalteten, festhielt. Im Osten kommt es zu einer so klaren Unterscheidung nicht. Beide Bereiche, Religion und Politik, fließen doch ständig und immer wieder ineinander über. Das ist von folgenschwerer Bedeutung. Die Bewahrung des reinen Glaubens, auch des Glaubens von Chalkedon, ist im Osten immer wieder vom Politischen her gefährdet, und diese Gefährdung führt schließlich und letztlich zum großen Schisma, zu der Trennung der Ostkirche von der Einheit der Kirche, und in dieser Trennung erst recht zur Machtlosigkeit der Kirche gegenüber der politischen Gewalt, zum Cäsaropapismus von Byzanz, der weiterlebte im Cäsaropapismus des russischen Zarentums und weiterlebt in cäsaropapistischen Anwandlungen säkularisierter Form im heutigen Bolschewismus. Zunächst kommt es nach Chalkedon in der Ostkirche noch nicht zu diesem Konflikt, aber hier wird eine zweite Tasache bedeutsam. Wo der kaiserliche Hof versucht, den Glauben von Chalkedon in der Ostkirche bei schwierigen Völkern, die sich gegen Chalkedon sperren, durchzusetzen, da gelingt es ihm nicht, die Einheit des oströmischen Reiches zu bewahren. Das nestorianische Syrien fällt genauso aus dieser Einheit heraus wie das monophysitische Ägypten. Das aber, dieses Herausbrechen von großen Ländern aus der Einheit Ostroms, und die Schwäche des bleibenden Restes ist der entscheidendste Grund für den politischen Sieg des Islam gewesen und damit für das definitive Aufhören der Einheit der Kultur des Mittelmeeres. Das war die Zeit, wo sich dann – von der Macht des morgenländischen Christentums im Stich gelassen – das Papsttum mit jenem germanischen Stamm verbündete, der in Chlodwig den Anschluß zum Glaubensbekenntnis von Chalkedon gefunden hatte und dann in der Begegnung des Westens unter Führung des Papsttums mit dem Germanentum jene Einheit aufbaute, die wir das christliche Abendland nennen.

Zu dem Ganzen aber ist etwas Grundsätzliches zu sagen, und wir berühren hier einen Augenblick lang das, was man die Theologie des Politischen nennen kann. Im Verhältnis von Papsttum und Kaisertum spiegelt sich die gelebte

Reinheit des Dogmas von Chalkedon. Dort, wo die saubere Unterscheidung beider Gewalten bei aller Einheit der politischen Kultur festgehalten wird, wie grundsätzlich im Westen, da ist eben dies ein Abglanz der Unterscheidung von Göttlichem und Menschlichem in einem Christus, ein Abglanz des Dogmas von Chalkedon im politischen Raum. Das Abendland ist chalkedonensischer geblieben als das Morgenland. Hier liegt das Geheimnis seiner geschichtlichen Überlegenheit und das Geheimnis des Untergangs von Ostrom. Wenn wir das aber so sagen in einem Rückblick auf die Geschichte des Abendlandes, dann sagen wir es nicht mit einer pharisäischen Einstellung gegenüber dem Osten; denn daß die Einheit von Westen und Osten, wie sie in Chalkedon großartig sichtbar geworden war, nicht gewahrt blieb, hat nicht nur dem Osten, sondern auch dem Westen unermeßlich geschadet. Gewiß hat das Abendland in immer neuen geschichtlichen Gestalten die Menschwerdung des Menschen dargestellt, gewiß hat demgegenüber das Morgenland in seiner Liturgie, in seinem Recht, in seinem ganzen kirchlichen Leben eine eigentümliche Erstarrung gezeichnet, die nicht geschichtlich und damit nicht echt menschlich ist; aber es muß doch gefragt werden, ob die Menschen des Abendlandes in ihrem leidenschaftlichen Aktivismus jemals so dem Abfall vom Göttlichen anheimgefallen wären, so in die Säkularisation hineingeraten wären, wie sie hineingeraten sind, wenn dem Abendland von Anfang an die Gottbezogenheit, die religiöse Inbrunst, wenn der abendländischen Tat das Gebet des Ostens verschwistert geblieben wäre.

Hier spüren wir, wo die eigentliche Aufgabe des Abendlandes heute liegt. Sie liegt in der Rückkehr des Abendlandes zu der Wahrheit vom ganzen Christus, zu der in der abendländischen Wirklichkeit, im abendländischen Menschen verwirklichten Wahrheit vom ganzen Christen; denn dann, wenn der abendländische Mensch sich wieder ganz Christus zuwendet und dem ganzen Christus, dann wendet er sich auch zugleich wieder dem Osten zu; denn der Westen ist nicht das Ganze, sondern nur Westen und Osten. Für uns ist Bolschewismus und Osten nicht ein und dasselbe und darum die abendländische Aufgabe, aus dem Besten, was ihm noch blieb – und ich glaube, daß dem Abendland noch viel geblieben ist –, innerlich hinauszuwachsen. So wird dann das Bekenntnis zum Abendlande oder, wie es in dieser verblaßten Form heute immer wieder heißt, das Bekenntnis zum Westen nicht auch für uns zu einer Häresie, so wie es der Nationalismus geworden ist. Die abendländische Aufgabe ist ein Ja zur Freiheit. Es gibt keine wahre Freiheit außer im Raum Christi, in der Freiheit der Kinder Gottes. Die abendländische Aufgabe ist ein Ja zur Ordnung. Es gibt keine wahre Ordnung außer in der Unterordnung unter das Königtum Jesu Christi. Die abendländische Aufgabe ist ein Ja zum Leibe. Es gibt darum kein echtes Christentum, das sich von der Lösung der sozialen Frage dispensieren darf. Die abendländische Aufgabe ist ein Ja zum Geist, aber auch der Geist bedarf der Erlösung im Heiligen Geist. Die abendländische Aufgabe ist die Aufgabe der Wahrung von Einheit zwischen Staat und Kirche in der Unterschiedenheit der Funktionen beider. Die abendländische Aufgabe ist darum aber auch, weil dies alles nur in der ganzen Kirche gelebt wird, die Aufgabe der Treue zu diesem Christus in der treuen Gefolgschaft zu dem, dem Christus gesagt hat: »Du bist Petrus, auf diesen Felsen will ich meine Kirche bauen, und die Pforten der Hölle sollen sie nicht überwältigen. Alles, was du auf Erden binden wirst, wird auch im Himmel gebunden sein, und was du auf Erden lösen wirst, wird auch im Himmel gelöst sein!«

Liebe Freunde! Wo steht denn nun im Rahmen dieser großen abendländischen Aufgabe unsere bescheidene Aufgabe im Bund? Ich möchte sie von drei Gesichtspunkten her ganz kurz namhaft machen. Wir sprechen von der Jugendbewegung in uns, wir sprechen von unserem Anteil an der innerkirchlichen Erneuerungsbewegung, wir sprechen in einem gewissen Sinne davon, daß wir auch eine Standesbewegung sind.

Jugendbewegung, sie war eine Reaktion gesunder Kräfte unseres Volkes gegen den Zerfall natürlicher Ganzheiten. Die Jugendbewegung wandte sich gegen die Leibfeindlichkeit ebenso wie gegen die geistige Versumpfung unseres Volkes in Sattheit und Genußsucht. Sie wandte sich gegen die Zerreißung der Bande zwischen Mensch und Landschaft, zwischen Mensch und Geschichte. Sie wandte sich gegen einen Individualismus, wie ihn der Massenmensch zeigt, und erarbeitete Formen gewachsener Gemeinschaft. Sie war in all dem Gegensatzbewegung. Aber dieser Gegensatz kam aus einer tiefen Einsicht und aus einem tiefen Willen zur Ganzheit des Lebens. Der Durchbruch der Jugendbewegung ist gelungen, aber der Sieg der Jugendbewegung ist nicht gesichert. Wir erleben in den letzten Jahren vielfach wieder ein Aufleben von Lebensformen in allen Schichten unseres Volkes, die wir nur als einen Rückfall in die Zeiten vor 1914 bezeichnen können. Vielleicht ist dieser Rückfall nur eine vorübergehende Reaktion auf die gemußte und heroische Pose des Nationalsozialismus. Aber dann ist es bald Zeit, daß diese Reaktion aufhört. Wir dürfen die von der Jugendbewegung erarbeiteten gesunden Formen eines ganzheitlichen Lebens nicht dem Opium eines neuen Neuphilistertums opfern, das um die Jahrhundertwende vielleicht ein Recht auf seine ahnungslosen Träume hatte, aber diese Träume sollten endgültig ausgeträumt sein. Wir stehen doch heute nicht mehr im Raum einer Menschheit, die glaubt, kurz vor der Vollendung des Menschengeschlechts zu stehen, vor der Verwirklichung der Ganzheit, wie damals. Wir stehen heute in lauter Trümmern, und wir wissen heute, daß innerlich diese Trümmer schon damals da waren.

Als die Jugendbewegung in die Kirche hineinwuchs und sich mit der innerkirchlichen Erneuerungsbewegung verband, da geschah dies im katholischen Raum aus dem Bewußtsein, daß die Jugendbewegung das Ganze der Welt und das Ganze der Wirklichkeit nicht sieht und nicht realisieren kann, wenn sie nicht an den ganzen Christus glaubt: den ganzen Christus, Haupt und Glieder. Aus dieser Erkenntnis wuchs die Hirschberg-Programm-Formel, der Wille zur Lebensgestaltung in Christus. Aus dieser Erkenntnis wuchsen unsere Christuskreise, aus dieser Erkenntnis heraus kam auch der Widerstand, der uns im Na-

tionalsozialismus bis in die Illegalität hineinführte. Wir wollten nicht die rein religiöse Linie haben, und aus diesem Erkennen heraus kam auch das Zeichen, das wir als Neudeutsche tragen, das Christuszeichen, das Zeichen, das uns heute sagt, daß wir in all den uns umgebenden Zerrissenheiten bei diesem stark auflebenden Willen zur Ganzheit, den wir überall haben, diese Ganzheit als Christen letztlich nur von jenen Kräften erwarten, die Christus seiner Kirche, dem Gesetz des Ganzen verpflichteten Kirche, geschenkt hat. Diese Kräfte strömen uns in dem Maß zu, als wir das Leben der Kirche lebendig in uns mitvollziehen: das Wort Gottes, das Sakrament und das Gebot der Liebe.
Hier und da regt sich heute in der Kirche noch – oder vielleicht auch schon wieder – eine Einstellung, die dieser rein religiösen, die ich eben nannte, häretisch entgegengesetzt ist, nämlich die Häresie, die das Wesen der Kirche in einer rein innerweltlichen Sozial- und Kulturleistung sieht. Wir haben als junge Christen keinen Grund, den Ertrag der liturgisch-sakramentalen Erneuerungsbewegung einer flachen Betriebsamkeit zu opfern; auch nicht – und gerade nicht – als Laien. Es wäre gegen unsere Auffassung vom ganzen Christus, es wäre gegen unser Bekenntnis zu Chalkedon.
Und wenn ich zuletzt davon sprach, daß wir in etwa eine Standesbewegung sind, dann meine ich damit dies, daß die besondere Bildung, die wir bekommen haben, uns auch in einer ganz besonderen Weise einen gesellschaftlichen Standort gibt, der ein Geschenk und eine Verpflichtung zugleich ist. Wir wissen, diesen Standort verdanken wir nicht uns selbst und nicht der Schicht selbst, aus der wir kommen, sonden letztlich auch dem Ganzen. Und auch das verpflichtet! Der Wille zum Eigensein auf unserer Bildungsstufe und in der entsprechenden Arbeit, der Wille zur Qualität in unserer Arbeit, zu einer Qualität, die unserer Bildungsstufe gemäß ist, der Wille zu Lebensformen, die dieser Qualität und Stufe entsprechen, der Wille auch zu einer gewissen Differenziertheit unseres Lebens, all dies ist richtig. Neben dem Willen zum Eigenen in unserer sozialen Arbeit muß aber auch der Wille zur Mitteilung die-

ses Eigenen an andere und an alle stehen. Das Bekenntnis zum ganzen Christus, wie es hier von uns verlangt wird, ist nicht damit beschlossen, daß wir diese großen Zusammenhänge sehen, sondern daß wir unsere ganz kleinen, alltäglichen Dinge in diese Zusammenhänge hineinstellen. Unsere Dinge in Familie, Beruf und Gesellschaft, all diese kleinen Entscheidungen integrieren erst den großen Einfluß, den der ganze Christus auf die ganze Welt hat. Diejenigen, die an der Spitze des Volkes stehen, die große Entscheidungen zu treffen haben, wissen sehr gut, wie sehr diese großen Entscheidungen Schläge ins Wasser sind, wenn sie nicht getragen sind von der unendlichen Kleinarbeit der vielen einzelnen Entscheidungen vom frühen Morgen bis zum späten Abend, auch in unserer Familie. Es wird wahrscheinlich in diesen Tagen viel vom Potential unseres Bundes geredet und von der Art, dieses Potential fruchtbar zu machen. Vergessen wir eines dabei nicht: Es gibt ein natürliches Potential in uns, und es gibt ein übernatürliches Potential in uns. Was würde Gott aus jedem einzelnen von uns und durch uns aus unserem Volk machen, wenn wir, jeder einzelne, uns ganz ihm zur Verfügung stellen?

Liebe Freunde! Wir hätten diese Festakademie, statt sie der 1500-Jahr-Feier von Chalkedon zu widmen, auch einer anderen 1500-Jahr-Feier widmen können. In demselben Jahr, wo Chalkedon entschieden wurde, haben wir eine andere entscheidende Auseinandersetzung von Ost und West. 451 schlug der große Staatsmann und Feldherr Aetius in Châlons Attila. Es ist ein Symbol, daß die Überlieferung nicht Aetius zum Retter des Abendlandes auch gegenüber Attila macht, sondern Leo den Großen, den Papst von Chalkedon. Und wenn wir heute vor neuen Attilas und vor neuen Hunnen stehen, dann wollen auch wir nicht die Lösung erwarten von einem neuen Aetius, von einem Politiker oder einem General, und wir wollen sie auch nicht erwarten in einer gewissen Abwechslung dieses Schemas von einer entscheidenden Schlacht, die etwa im wirtschafts- oder im sozialpolitischen Feld gegen den Osten geschlagen wird. All dies hat sein relatives Recht durchaus, aber es ist nicht das Letzte, und es ist nicht das Entscheidende. Es wird weder den Westen noch den Osten retten. Das ist der Sieg, der die Welt überwindet, unser Glaube, und das ist der Wächter und der Hort unseres Glaubens: Petrus, Leo, der XII. Pius. Und das ist der Inhalt unseres Glaubens: der ganze Christus. Der Jesusknabe und der vollkommene Mann, der gekreuzigte Christus und der auferstandene Christus. Ganz im Seinigen, ganz im Unsrigen, der Erste und der Letzte und der Lebendige, der da war und der ist und der kommen wird, der Christus über uns und der Christus in uns und in unseren Frauen und in unseren Kindern, und der Christus vor uns, in jedem Bruder und in jeder Schwester. Denn was wir dem Geringsten tun und dem Geringsten verweigern, das tun und verweigern wir Ihm. Der ganze Christus und im ganzen Christus der ganze Christ!

Ziele und Wege unserer religiösen Vertiefung

»Ja, ich war dabei in Frankfurt... Wir hörten die schlicht gesprochenen Worte mit einer Konzentration, zu der wir wohl nur selten als Hörer des Worts fähig sind. Wie eine Wolke schwebte über den Männern an zwei langen Tischen ein inneres Einverständnis. Manchmal nickte einer unbewußt mit dem Kopf, oder ein anderer legte besorgt seine Stirn in Falten; denn hier sagte uns einer, was endlich einmal gesagt werden mußte, ohne daß wir selbst dazu fähig gewesen wären.« So berichtet ein Bundesbruder im Hirschberg über die Ratstagung in Frankfurt, bei der dieses Referat gehalten wurde. Als der damalige Leiter des Männerrings Walther Casper ein gutes halbes Jahr später die Wahl Pater Hirschmanns zum Kaplan des Männerrings ankündigt, verweist er bereits darauf, daß diese Leitsätze »vielerorts zur Grundlage der Gruppenarbeit wurden«. Weil der Vortrag damals eine so große Rolle gespielt hat, soll er in diese Sammlung aufgenommen werden, obwohl er heute sicher nicht mehr ähnliche Begeisterung entfachen kann. Neben Interessantem steht manches, was Pater Hirschmann später sicher nicht mehr so gesagt hätte. Gerade bei diesem Text bleibt außerdem das geschriebene hinter dem gesprochenen, eindringlicheren Wort zurück. Der hier folgende Text ist die gekürzte Fassung des Referats, wie sie im Hirschberg 4/1952 abgedruckt war.

Es geht uns heute und morgen um ein Doppeltes: Erstens, wie stellen wir uns die Aufgabe unserer religiösen Vertiefung vor? Zweitens, was können wir im Rahmen des Männerrings zu ihrer Lösung tun?

I. Der Weg unserer religiösen Vertiefung. Es handelt sich um ein Dreifaches. Zunächst um das Wesentlichste, die seinshafte Verbundenheit der Mitglieder unseres Männerrings mit Gott. Es handelt sich zweitens um die Reife, Fülle und Vollendung unseres bewußten religiösen Lebens. Es handelt sich drittens um unsere religiöse Bildung.

1. Die wesentliche Verbundenheit unseres Lebens mit Gott.

Sind wir alle in der Verfassung, die wir den Stand der

Gnade nennen? Eine im Grund primitive Frage, aber eine wesentliche Frage. Der ganze Wert unseres übrigen Tuns hängt letztlich von ihrer Beantwortung ab. Wie steht es im allgemeinen mit den Männern unserer Altersstufe im katholischen Bereich? Natürlich müssen wir zurückhaltend sein in der Antwort auf eine solche Frage. Aber wir kommen nicht daran vorbei, sie zu stellen, und, mit den menschlichen Wahrscheinlichkeiten, die wir hierin haben, zu beantworten. Daß wohl praktisch alle, die zu uns gehören wollen, in einem äußeren Sinn ihre wesentlichen religiösen Verpflichtungen erfüllen, sonn- und feiertags in der heiligen Messe sind, ihre Ostern halten, äußerlich ihre Ehen in Ordnung haben, das unterstelle ich als selbstverständlich. Männer, bei denen hier etwas nicht oder noch nicht in Ordnung ist, sind offensichtlich so seltene Ausnahmen, daß wir von ihnen nicht besonders zu reden brauchen. Das werden jene tun, die darüber entscheiden, wann auch einmal eine solche Ausnahmesituation tragbar gegeben ist. Was aber keineswegs selbstverständlich ist, ist ein Unterschied unserer Männer in der Erfüllung der wesentlichen sittlichen Verpflichtungen ihres Ehelebens vom Durchschnitt der übrigen praktizierenden katholischen Männer. So wie die Frage nach der Ordnung ihres geschlechtlichen Lebens eine kritische Frage in der Jungengemeinschaft und im Hochschulring ist, so, wenn auch in verwandelter Form, im Männerring. Es ist ein offenes Geheimnis, daß ein unverhältnismäßig großer Prozentsatz sonst praktizierender katholischer Männer in der Gestaltung ihres Ehelebens objektiv im Widerspruch zu schweren Verpflichtungen lebt. Das ist einer der Hauptgründe dafür, warum sehr viele dieser Männer Jahrzehnte ihrer besten Lebensjahre hindurch kein glückliches Verhältnis zum sakramentalen Leben der Kirche finden. Steht es mit den Männern unseres Bundes hier anders? Nicht, ob sie die gleichen Schwierigkeiten haben, ist gefragt – das ist selbstverständlich. Nein, unterscheiden sie sich in der Bewältigung dieser Schwierigkeiten von andern? Wenn sie sich nicht unterscheiden, wie kann man unsern Männern helfen, daß sie zu einem sittlich objektiv und subjektiv geordneten Ehe- und Familienleben kommen? Kreise christlicher junger Familien außerhalb des Bundes bemühen sich intensiv um die Bewältigung dieser Frage. Ich glaube, wir müßten es auch tun. Ich glaube, die Lehre unserer Kirche und die Möglichkeiten eines gesunden Ehe- und Familienlebens stehen in einem nicht unüberwindlichen Gegensatz. Ich glaube auch, daß es heute bereits möglich ist, praktische Wege, erprobte Wege der Bewältigung dieser Fragen anzugeben. Wege, die nicht nur mit den Männern, sondern auch mit den Frauen durchgesprochen werden müßten. Entziehen wir uns der Auseinandersetzung mit diesem Fragenbereich, so hängt unsere religiöse Vertiefung im Entscheidendsten in der Luft.

2. Reife, Fülle und Vollendung des religiösen Lebens. Gedacht ist hier noch nicht an die religiöse Bildung im engeren Sinn, sondern an das gesamte religiöse Tun.

Sprechen wir zunächst vom Beten unserer Männer. Das Entscheidende ist hier, daß unsere Männer ein geistliches Leben führen, daß die äußeren Betätigungen ihrer Religiosität Ausdrucksformen eines echten, gepflegten, innerlichen Umgangs mit Gott sind. Wir können als Männer nicht so beten, wie wir als Kinder beteten, wie wir beteten als Jugendliche. Der reife Mann muß zu reifen Formen des Betens kommen. Wie steht es bei unsern Männern mit dieser Reife? Ein Teil betet die aus der Kindheit und Jugend überkommenen Gebete; ein Teil beschränkt sich auf das liturgische Gebet der Kirche. Nur bei wenigen dürften wir ein starkes, gepflegtes, persönliches Gebet, das der Reife ihres Mannestums entspricht, vermuten. Erst in der Pflege des zum wenigsten auch inneren Betens geht die ganze Fülle des geistigen Lebens auf. Wie kommen wir dazu, unsern Männern einen Zugang zu diesem Gebet zu schaffen? Das ist zunächst eine Frage der Zeit. Die meisten glauben, für eine derartige Pflege des Betens nicht die notwendige Zeit und Ruhe zu haben. Eigentlich haben sie in etwa recht. Wären sie in den früheren Jahren rechtzeitig eingeführt worden, und verfügten sie über eine lange Erfahrung des eigenen Betens, dann wäre das Zeitproblem heute leichter zu lösen. Der erfahrene Beter hat erfahrungsge-

mäß immer die notwendige Zeit. Aber zu diesen Erfahrungen zu kommen, dazu bedarf es zusätzlicher Zeit, und das ist die Schwierigkeit bei vielen. Sie wird im Zusammenhang mit der Zeit der Erholung, des Urlaubs und in der Form von Einkehr- und Exerzitientagen zu schaffen sein.
Schon eine einfache Besinnung auf die natürlichen Voraussetzungen guter Betrachtung wird darüber hinaus zeigen, daß es bei etwas Ordnung im Leben nicht unüberwindlich schwer ist. Man wird sich am Abend soviel Zeit nehmen können, einen kurzen Abschnitt aus der Heiligen Schrift ruhig durchzulesen. Schon diese Lesung wirft die Fragen auf nach dem objektiven Gehalt des da Mitgeteilten und nach seiner Bedeutsamkeit für mich und regt die Stellungnahme an. Weiß ich, daß ich durch das Wort Gottes hier persönlich angesprochen bin und daß die Stellungnahme bereits Antworten ist, dann bin ich bereits betend in der Vorbereitung eines Gebetes. Die verschiedenen Gesichtspunkte, die mir hier einfallen hinsichtlich des objektiven Gehaltes und der subjektiven Bedeutsamkeit für mich und das Achten auf die Anregungen für meine persönliche Stellungnahme, ergeben ein Gerüst der kommenden Betrachtung.
Dieser Text könnte auch mit der Frau zusammen gelesen und besprochen werden. Die Nacht wird an ihm arbeiten und von ihm religiös mitgeprägt werden. Am andern Tag wird man zu gegebener Zeit auf den Text zurückkommen und ihn allein betrachten. Man wird bei derartigem betrachtenden Beten seine Erfahrungen machen, Anregungen, Erleuchtungen empfangen oder Schwierigkeiten empfinden und dann in der Prüfung derselben die Regeln zur Unterscheidung der Geister einüben, die die Tradition des Betens in der Kirche erarbeitete. Von hier aus wird man zu einer stärkeren Prägung seines täglichen Lebens in Familie und Beruf vom Religiösen her kommen. Man wird gelernt haben, die Antworten auf die Frage an den Herrn, was wir zu tun haben, auch im Bereich beruflicher und familiärer und öffentlicher Entscheidungen zu erkennen. Von hier her gelangt man unter der individuellen Führung durch den Geist Christi, der zugleich der Geist unserer Kirche ist,

zu einem wirklichkeitsgerechten Aufbau des ganzen eigenen Lebens. Man gelangt so auch zu einer religiösen Reife und Selbständigkeit, man gelangt zu einer größeren Ordnung seines Tuns und Lassens, seines Ruhens und Schaffens, zu einer größeren inneren Einheit von Schau und Tat. Von elementarem Einüben kommt man zu einer größeren Leichtigkeit und Sicherheit im ganzen religiösen Tun. Das sakramental-liturgische Leben erhält eine andere Tiefe.

Für die Pflege eines gesunden Betens ist die Pflege der körperlichen Haltung beim Beten von großer Wichtigkeit. Nicht weniger die äußere Umgebung. Die vielfachen Verkrampfungen in Haltung und Atmung, im ganzen Tempo unseres Lebens stören auch die Ruhe und Kraft unseres religiösen Lebens. In Zusammenarbeit von Ärzten, Psychologen, Priestern und Laien müssen wir diese Fragen herzhaft anpacken.

Zur religiösen Betätigung gehört unser sakramental-liturgisches Mitleben mit der Kirche. Viele Männer unseres Ringes kommen aus der Zeit, in der die Jugendbewegung das Anliegen der liturgischen Erneuerungsbewegung in der Kirche zu ihrem machte. Die Mehrzahl dieser Männer wird ein gepflegtes Verhältnis zum Liturgischen haben. Bei manchen mag es in Krieg und Gefangenschaftsjahren gelitten haben. Bei manchen mögen Unausgeglichenheiten des liturgischen und persönlichen Betens bestehen. Die Form ihrer Teilnahme am heiligen Opfer, ihr eucharistisches Leben, vor allem auch ihre Beichten sind noch nicht immer reife Formen männlicher Frömmigkeit. Auch hier bestehen noch recht viele Primitivitäten. Die Art der Feier unserer gemeinsamen Missa zeigt nicht selten ähnliche Unzulänglichkeiten. Hier die große Tradition des Bundes lebendig zu halten, muß uns ständiges Anliegen sein.

Zur religiösen Verwirklichung gehört die Buße. Wir sind vielfach heute zu einer Verflachung und Verkümmerung des Bewußtseins von ihrer Notwendigkeit und des Vollzugs ihrer Formen gekommen. Denken wir zum Beispiel an das, was vom Fasten- und Abstinenzgebot an sinnerfüllten Formen heute noch lebendig ist. Es wäre der Eigenart unseres Bundes nicht entsprechend, wenn wir uns nicht um eine wirklichkeitsgerechte Neuprägung auch dieser Formen der Buße bemühten. Lebendige Kreise innerhalb der Kirche tun es ja bereits und könnten uns Anregungen geben.

Eine Frage unseres religiösen Lebens sollte uns niemals in Ruhe lassen, nämlich die Frage nach der rechten Gestaltung der Einheit von Religiosität und Leben. Wie steht es hier bei uns mit den Männern, die in den praktischen Berufen der Welt stehen? Ich denke zum Beispiel an die Wirtschaftler. Der wirtschaftliche Bereich – und ähnlich jeder andere Berufsbereich – hat ja seine eigene Gesetzlichkeit, die ihn häufig in die Versuchung der Grenzmoral treibt. Automatisch passen sich viele bei ihren Entscheidungen hier einem religiös nicht tragbaren ethischen Minimalismus an. Es ist ein Anliegen, diese Gefahr in einer Aufhellung und Ausprägung des gesamten Lebens vom Beten her zu überwinden. Wir wissen ja zugleich, daß das Reich Gottes nicht nur in uns ist, sondern auch in allen Bereichen unseres Tuns Gestalt gewinnen soll. Es gibt wirklich ein Wirtschaften, ein technisches Arbeiten, wissenschaftliche und künstlerische Leistung, es gibt auch eine Politik, die den Herrn verherrlicht, und es gibt eine andere, die im Widerspruch zu ihm steht, die den dämonischen Mächten verfallen ist.

Zur Fülle und Reife unseres religiösen Lebens gehört auch seine Vollkommenheit. Es gibt keine zwei Vollkommenheitsideale innerhalb der Kirche, eines für die Christen in der Welt und eines für die Ordensleute. Allen Christen ist gesagt: »Seid vollkommen, wie Euer Vater im Himmel vollkommen ist.« So kommt es also in der Vertiefung unseres religiösen Lebens nicht nur darauf an, daß unser Leben im Wesentlichen in Ordnung ist, daß wir in der Gnade leben und echte freiwillige Schuld sühnen, die dieses Leben beeinträchtigt, sondern daß wir unserm himmlischen Vater nach dem Vorbild unseres Herrn Jesus Christus in der Kraft Seines Heiligen Geistes so vollkommen dienen, wie es nur möglich ist. Der Weg der christlichen Vollkommenheit ist der Weg der evangelischen Räte. Etwas von ihnen

gilt für alle. Das heißt: Es gibt ein echt christliches Armutsideal, das auch den Habenden anspricht (1 Kor 7). Selbstverständlich werden die Formen der evangelischen Armut bei Ordensleuten und Menschen in der Welt, die Eigentum haben und verwalten, oder wenigstens erstreben, verschieden sein. Frage: Was haben wir für Formen christlicher Armut in unserem Leben? – Ähnliches gilt für den zweiten Bereich evangelischer Vollkommenheit: Wer verheiratet ist, soll sein, als ob er nicht verheiratet wäre – dem Keuschheitsgelübde der Ordensleute und dem Zölibat der Priester entspricht im Bereich des Lebens der Christen in der Welt auch eine opferbereite Freiheit in der Ehe gegenüber der Ehe. Wie sieht die Wirklichkeit dieses evangelischen Ideals bei uns aus? Der evangelische Gehorsam geht ebenfalls über jenen Gehorsam hinaus, den der Christ in den natürlichen Ordnungen der Welt, die eine Gehorsamspflicht kennen, zu leisten hat. Er geht auch über jenen Gehorsam hinaus, den der Christ gegenüber den positiven Geboten der Kirche zu leisten hat. Es gibt eine innere Bindung an den klar erkannten göttlichen Ruf über diese Gehorsamspflichten hinaus. Wie steht es um die freiwillige Übernahme dieser inneren Bindung durch unsere Männer?
In all diesen Fragen geht es um das berühmte Problem der Laienaszese. Ihre Verwirklichung muß mit den besonderen Schwierigkeiten rechnen, die den Männern durch ihre Bindung an Frau und Kind und die Sorge um die Welt der Arbeit und die Ordnung des öffentlichen Lebens gesetzt sind.
3. Wir müssen noch etwas sprechen über die religiöse Bildung im engeren Sinn. Es geht vor allen Dingen um die Bildung unseres Wissens um den religiösen Bereich, das auf der Höhe unserer sonstigen Allgemeinbildung stehen muß. Selbstverständlich setzt diese Bildung die erste und zweite Stufe unserer Religiosität, von der wir gesprochen haben, voraus. Es geht hier nicht in erster Linie um den Erwerb einer abstrakten Theorie des Religiösen, eine systematische Kenntnis der Wirklichkeiten unseres Glaubens und unseres religiösen Lebens. Es geht zunächst einmal um die Pflege der Reflexion auf unser persönliches religiöses Le-

ben. Wollen wir über die gemachten Erlebnisse und Erfahrungen hinaus zu einer wirklichen Kenntnis dessen kommen, was da erlebt und erfahren wird, so kommen wir an dieser gepflegten Reflexion, die selbst kein unmittelbar religiöser Akt zu sein braucht, nicht vorbei. Ihre Pflege andererseits ist die Voraussetzung dafür, auch mit anderen über Angelegenheiten des religiösen Lebens sprechen und sie beraten zu können. Müssen denn zum Beispiel nur Priester Exerzitien geben können? Ignatius, ihr großer Meister, gab sie, die entscheidendsten und wichtigsten, ehe er Priester war. Er gab sie Laien mit der Möglichkeit, sie an andere Laien weiterzugeben. Und wo er Schwierigkeiten deswegen bekam, da ging er lieber, als daß er diesen Weg aufgab. Es ist nicht richtig, daß der Geistliche zu einer Art Fachmann für religiöse Fragen von monopolartiger Stellung wird.

Neben der Pflege der Reflexion auf religiöse Vorgänge, muß die Pflege des religiösen Gesprächs, die Bereitschaft und Fähigkeit zur religiösen Beeinflussung und Führung anderer kommen.

Für unsere religiöse Bildung in diesem Sinne ist außer der verarbeiteten eigenen Erfahrung die Kenntnis dessen wünschenswert, was im Lauf der Jahrhunderte die praktischen und theoretischen Meister des geistlichen Lebens an Erkenntnissen gesammelt haben und zugänglich machten. Die erfahrenen Praktiker sind die Heiligen. Darum kommt der Hagiographie eine große Bedeutung für unsere religiöse Bildung zu. Welche Heiligenleben kommen hier für uns in Frage? Wie müssen sie geschrieben sein und geschrieben werden, damit Männer heute etwas damit anfangen können? Die theoretischen Meister des geistlichen Lebens haben uns eine umfangreiche, zum Teil klassische aszetische Literatur geschenkt. Sie reicht vom kirchlichen Altertum über das Mittelalter und die Neuzeit bis zur Gegenwart. Das geistige Gut dieser Meister ist für die meisten unserer Männer unbekanntes Land. Das gilt von den Klassikern der Aszetik ebensowohl wie von den Klassikern der Mystik. Darum kommt es im ersten Bereich so oft zu sehr unbeholfenem Autodidaktentum und im letzten zu so vielen Irrtümern in Beurteilung echter oder unechter mystischer Phänomene.

Dazu muß nun natürlich auch ein Studium unserer Glaubens- und Sittenlehre kommen, das der allgemeinen Höhe unserer Bildung entspricht. Es sollte das ebensowenig eine Schmalspurtheologie wie ein lückenhaftes monographisches Wissen über Einzelfragen der religiösen Wirklichkeit sein. Es liegt höher als die Höhenlage der Bücher, die uns hier auf der höheren Schule zur Verfügung standen. Es führt sogar die gut angelaufene Bildungsarbeit des Hochschulrings in dieser Beziehung noch weiter fort. Für den Mann in Familie, Beruf und Öffentlichkeit stellen sich ja alle diese Fragen in einem neuen Licht und in einer neuen Bedeutsamkeit. Bestimmte Fragen des Familienlebens, des Berufslebens und des öffentlichen Lebens können auch glaubenswissenschaftlich ernst erst ganz angepackt werden, wenn man eine gewisse Stufe dieses Lebens selbst erreicht hat. Wie kommen wir hier bei unseren Männern zu einer derartigen ständigen ergänzenden religiösen Bildungsarbeit? Es muß eine Bildungsarbeit sein, die unsere gesamte männliche Bildung zu einer echten Universitas integriert.

Bei all diesen Fragen aber handelt es sich nun näherhin darum, zu untersuchen, was können wir zu ihrer Beantwortung vom Bund aus mit den ihm möglichen Mitteln tun.

II. Was kann der Männerring tun?

Drei Vorbemerkungen: Wir müssen uns immer wieder fragen, welche Aufgaben der religiösen Vertiefung Aufgaben des Männerrings sind; denn um die gleichen Anliegen bemühen sich ja innerhalb der Kirche auch andere Kräfte, mit denen wir teils zusammenarbeiten, zu denen unsere Mitglieder teils selbst gehören: Männerseelsorge, diözesane Männerwerke, katholische Organisationen, die Gemeinden. Eine unnötige Doppelarbeit müssen wir vermeiden. Die zweite Frage von entscheidender Bedeutung für das, was wir im Männerring hier tun können, ist natürlich die Vorarbeit, die im Jungenbund und im Hochschulring geleistet wird. Manche Nöte und Schwierigkeiten der

Männer brauchten nicht zu sein und würden wegfallen, wenn in der religiösen Durchbildung der Jungenbund und der Hochschulring das Ihre tun. Wir werden also damit rechnen dürfen, daß, wenn diese Vorarbeit besser zum Zug kommt, manches nicht mehr im Männerring getan zu werden braucht. Andererseits wird die Erfahrung der Arbeit im Männerring hier immer wieder ganz bestimmte Wünsche für die Arbeit in den vorgehenden Gemeinschaften formulieren müssen. Ein Drittes: Gerade bei der religiösen Vertiefung kommt es auf eine weitgehende Individualisierung unserer Arbeit an. Die Möglichkeiten, ihr in größeren Veranstaltungen, in Veranstaltungen für viele gleichzeitig, wären es auch Einkehrtage oder Exerzitien, gerecht zu werden, sind beschränkt. Wir müssen also Formen finden und entwickeln, die diese Individualisierung im Bund ermöglichen.

Und nun zu der Verwirklichung der einzelnen Aufgaben, von denen im ersten Referat gesprochen wurde.

1. Die seinshafte Verbindung mit Gott. Wir sprachen davon, daß der Fragenkreis, der hier den meisten noch konkrete Schwierigkeiten mache, die Bewältigung der Aufgabe einer christlichen Lebensführung in der Ehe ist. Was unsere Männer hier brauchen, ist zunächst ein richtiges Urteil über die sittlichen Grundsätze unserer Kirche. Diese sind im einzelnen keineswegs so bekannt, wie man vielleicht annehmen möchte. Über die Grundsätze hinaus müssen ihnen aber auch konkrete Formen und Hilfen aufgewiesen werden, wie sie zurechtkommen. Was kann hier der Bund tun? Ich glaube, zweierlei:

Zunächst wäre es wünschenswert, daß ein engerer Kreis von Männern, die in diesen Fragen als Familienväter, Theologen, Ärzte, Psychologen, Pädagogen gründlich Bescheid wissen, die sowohl die Grundsätze wie den sachlichen Fragenkreis wie die Situation der Männer kennen, sich einmal zusammensetzte und das geistig erarbeitete, was hier Gemeingut aller unserer Männer werden sollte.

Zweiter Schritt. Das in diesem Kreis Erarbeitete sollte dann an die einzelnen Pfalzen, durch diese an die Gruppen und vielleicht darüber hinaus an kleinere Kreise weitergegeben werden, damit es zu einer individuellen Aneignung an den ganzen Männerring kommt. Hier wäre es vielleicht möglich, nach dem Vorbild der Familienkreise in einigen Städten Frankreichs und Deutschlands neudeutsche Familienkreise zu bilden, in denen sich diese Aneignung vollzieht. Es kommt darauf an, die genügende Anzahl von Vermittlern des Ertrages des ersten Arbeitskreises zu schaffen. In diesen Familienkreise könnte in einem Austausch von Erfahrungen, in einer Inanspruchnahme der Hilfen, die unsere verschiedenen Berufsgruppen zu geben vermögen, viel fruchtbare Arbeit geleistet werden. Diese Kreise könnten selbst auch wieder Anregungen für die kirchliche Seelsorgspastoration in Verkündigung, Beichte und Sprechzimmerpraxis geben.

2. Um die größere religiöse Fülle, Reife und Vollendung. Hier kommt es zunächst wohl auf die Exerzitien an. Wir sollten uns aber dabei freimachen von ihrem überkommenen Schema. Wenn sich drei Tage lang 20 und mehr Männer zusammensetzen, vier Vorträge anhören, beichten und der eine oder andere auch zu einer persönlichen Aussprache mit dem Exerzitienmeister kommt, so reicht das für unsere Ziele nicht. Die ursprünglichste Form der Exerzitien und auch heute noch die erfolgreichste ist die der individuellen Exerzitien. Wir sollten alles tun, um sie einem größeren Kreis unserer Männer zugänglich zu machen (sie kommen auch bereits für die Jungengemeinschaft und den Hochschulring in Frage). Es ist praktisch sowohl für den einzelnen wie für den entsprechenden Exerzitienmeister leichter, dafür die geeignete Zeit zu finden. Der Exerzitant braucht nicht Rücksicht zu nehmen auf jene Zeiten, zu denen viele zusammenkommen können. Der Exerzitienmeister kann durchaus die Exerzitien neben seiner sonstigen Arbeit geben. Es genügt, wenn er sich am Morgen und Abend etwas Zeit freimacht. Hier bestände durchaus auch die Möglichkeit der stärkeren Aktivierung der geistlichen Brüder unseres Bundes. Auch die Raumfrage ist hier leichter gelöst. Die Aufgabe des Exerzitienmeisters bestände darin, dem Exerzitanten die notwendigen Unterweisungen über den Aufbau seines eigenen geistlichen Lebens zu ge-

ben, ständig in Anpassung an seine religiöse Situation und seine Möglichkeiten. Der Exerzitant hätte sich in Betrachtung, Reflexion, Lesung und Aussprache zu üben.
Es lassen sich auch an einigen Orten, wie die Erfahrung beweist, unschwer solche Exerzitien für zwei oder drei Bundesbrüder gemeinsam machen.
Ich denke selbst an die Möglichkeit, daß ein paar von uns, die irgendwo zusammen sich erholen, auch ihr Zusammensein zu mehreren Tagen gemeinsamer geistlicher Übung machen, wobei der Erfahrenere und Gebildetere durchaus aus seiner eigenen Erfahrung heraus den andern helfen könnte. Es muß nicht immer ein Priester dabeisein. Wir sollten auch als Laien untereinander über unser religiöses Leben in angemessener Weise sprechen und uns in seiner Vervollkommnung gegenseitig helfen können.
Eine weitere wichtige Möglichkeit sind hier Einzelexerzitien oder kleine Exerzitien für Ehepaare. Nicht als ob der Inhalt dieser Exerzitien vorwiegend die Gestaltung ihres ehelichen Zusammenlebens sein sollte! Es geht um ihr religiöses Leben und um ihr ganzes Leben. Aber bei der intimen Angewiesenheit beider aufeinander hängt ja weitgehend das Schicksal des religiösen Lebens des einen von dem des andern ab. Auch ihr religiöses Leben muß aufeinander abgestimmt sein. Letzte Fragen ihres Zusammenseins können hier in einer gemeinsamen Bemühung vor Gott, in einer gemeinsamen Überprüfung ihrer Haltungen und Lebensformen geklärt werden. Ihr ganzes Leben in Ehe und Familie kann auf eine neue Stufe gehoben werden. Dabei wird die gemeinsame und die individuelle Besprechung mit dem Exerzitienmeister notwendig sein. Wo wir größere Kurse von Eheleuten oder auch Brautpaaren haben, sollten sie klein genug sein, um diese individualisierende Aussprache zu ermöglichen. Eine weitere Möglichkeit besteht darin, Exerzitien neben der häuslichen und beruflichen Arbeit zu machen, etwa in der Weise, daß Mann und Frau, allein oder mit anderen zusammen, etwa eine Woche lang oder auch vierzehn Tage lang sich Abend für Abend zwei bis drei Stunden freimachen, in denen sie unter Leitung eines Geistlichen solche Übungen machen.

Es wird vielleicht zunächst nicht leicht sein, für solche Exerzitien die notwendige Anzahl geschulter Exerzitienmeister zu finden. Das dürfte aber auf die Dauer kein allzu ernstes Problem sein. Wir würden hier auch zu ganz neuen Formen der Zusammenarbeit mit unseren geistlichen Brüdern im Bund kommen. Es ist auch nicht notwendig, daß die Durchführung dieser Aufgaben überstürzt wird. Wenn nur allmählich der Kreis derer, die hier in solchen Übungen zu einer größeren Fülle, Reife und Lebendigkeit ihres Betens kommen, unter uns wächst und die so gemachten Erfahrungen einem immer größeren Kreis zugänglich gemacht werden.

Und hier ein weiterer Vorschlag. Wir brauchten auch hier einen kleineren Kreis von Fachleuten, die sich zusammensetzen, Priester und Laien, Theologen, Psychologen, Ärzte und Psychotherapeuten und Pädagogen, die sich gemeinsam bemühen um praktische Gesichtspunkte, Vorschläge, Formen natürlichen und zugleich reifen männlichen Betens. Wir haben ja bereits darüber gesprochen, wie belastet die physiologischen, psychologischen und anderen Voraussetzungen für ein gutes Beten bei der Mehrzahl unserer Männer noch sind.

Wir werden uns in diesem Zusammenhang auch bemühen, die Zeiten unserer Erholung zugleich zu Zeiten einer religiösen Erneuerung und Überholung werden zu lassen. Bei dem inneren Zusammenhang von Muße und Kult ist es durchaus denkbar, Tage der körperlichen Erholung in den Bergen oder an der See, in Kurorten oder auch zu Hause zugleich zu Zeiten eigener geistlicher Übungen werden zu lassen. Wir überwinden dann jene Veräußerlichung unserer Erholung, die nach der Veräußerlichung unserer Arbeit doch keine rechte Erholung unserer Kräfte ermöglicht. Gerade bei den Bemühungen des Männerrings um gepflegte Formen der Erholung, auch für unsere Familien, liegen hier große Möglichkeiten. Ein großer Prozentsatz unserer Männer käme so zu vernünftigeren Formen ihrer Zeiteinteilung, ihrer Nachtruhe und ihrer Arbeit. Sie würden auf die Dauer merken, daß die Pflege des geistlichen Lebens kein Zeitproblem zu sein braucht. Sie würden zu-

gleich die für sie persönlich und ihren Lebenskreis gemäße Form religiöser Betätigung finden.
Wir sprachen gestern auch von der Bewahrung dessen, was uns die Teilnahme an der sakramental-liturgischen Erneuerung der Kirche in unserer Zeit geschenkt hat. Einige Pfalzen haben sich hier gewisser Notstände, die bei unserer Missa sichtbar geworden sind, mit Erfolg angenommen. Ihre Erfahrungen müssen allen zugänglich werden; gerade wenn wir an der gemeinsamen Missa auch der Bundesbrüder festhalten, muß die Pflege des Geistes und der Form ein ständiges Anliegen sein.
Ich habe öfter von meinem Eindruck gesprochen, daß das Sakrament, das von der sakramental-liturgischen Erneuerung noch am wenigsten Anregung bekam, das Sakrament der Buße ist. Hier ist eine Fülle von Arbeit zu leisten; vielleicht allerdings weniger vom Bund als Bund. Fragen ließe sich nur, ob wir nicht im Bund auch in einem gepflegten Gespräch der Priester und der Männer noch einmal die Frage der würdigen Beichte des Mannes anpacken. Es handelt sich nicht nur um die rechte christliche Einstellung zu Schuld und Erlösung. Es handelt sich auch um die der Würde des Sakraments entsprechende Form. Könnten sich nicht auch hier einmal unsere Priester, unsere Psychologen, unsere Pädagogen, unsere Ärzte, besonders die Psychotherapeuten, zusammentun, um dem Problem der äußeren Voraussetzungen würdiger Beichte nachzugehen: Der Gestaltung des Beichtraumes, der Gestaltung des Gesprächs, der Anklage, des Zuspruchs. Auch die Architekten könnten ein Wort mitsprechen. Soviel ich weiß, ist man auch hier in einigen Ländern bereits weiter als wir. Gerade aber hier könnte auch die intensive Zusammenarbeit der Priester und Laien im Bund Formen schaffen helfen, für deren Erarbeitung an wenigen anderen Stellen im deutschen Katholizismus so günstige Voraussetzungen sind.
Fasten. Überlegen wir einmal, wie der kirchliche Sinn der Fast- und Abstinenztage, der Quatembertage und Vigilien in neuen Formen, in zeitgemäßen vor allem, in unserem Familienleben Ausdruck finden könnte. Nicht nur in der Gestaltung unseres familiären Raumes, nicht nur in der

Gestaltung unseres Familiengebetes, sondern auch in der betonten Einfachheit, Einschränkung und Opferfreudigkeit bestimmter Tage könnte eine Familie allen Gliedern hier den Geist der Kirche verwirklichen helfen. Gesundheitliche Schäden brauchen wir deshalb nicht zu fürchten, im Gegenteil.
Und damit sind wir im Bereich der Fragen des organischen Verhältnisses von *Religiosität und weltgerechtem Leben.* Bleiben wir bei der Familie. In Frage kommt das gemeinsame Beten von Mann und Frau; die gemeinsame Lesung und das geistliche Gespräch zwischen ihnen. In manchen Familien orientiert sich das Beten der Familienglieder vielleicht doch allzusehr unmittelbar an der Liturgie der Kirche und entfaltet darum zu wenig die – ich möchte sagen – der Familie als religiösem Organismus angemessene Eigenliturgie. Das gemeinsame Beten der Familie hat andere Strukturen, kann sie wenigstens haben, als das Beten der großen Gemeinde. Bestimmte Familienfeste, die an religiöse Ereignisse erinnern oder unmittelbar anschließen, müssen das Geheimnis derselben lebendig vergegenwärtigen: Ich denke an die Kindtaufe, an die Erstkommunion, an die Verlobung, an die Trauung, an den Namenstag, an Jubiläen. In all diesen Formen sollte das entscheidend und unterscheidend Natürliche und Christliche unserer neudeutschen Lebensform zum Ausdruck kommen. Die Ausstattung der gemeinsamen Wohnung muß ihr Rechnung tragen.
Eine allgemeine Schrumpfung der *sozialbildenden Kräfte des Familienlebens* in unseren Tagen ist die Folge des Drukkes, der von den öffentlichen Mächten des Lebens ausgehend in immer wachsendem Maß den Eigenbereich der Familie antastet. Hier geraten die Familien oft in eine Gefahr: Daß sie in einem falschen Sinn Privatbereich menschlicher Begegnungen bleiben; daß sie als letzte Insel persönlichen Eigenlebens sich absperren gegenüber allem, was nicht privat ist. Diese Entwicklung führt dann dazu, daß sie nicht mehr die ihr innewohnende Gestaltungsmacht gegenüber dem ganzen menschlichen Sozialleben in ihren Gliedern entfaltet. Es müßte dahin kommen, daß die Fami-

lie diesem Druck gegenüber aus der Defensive in die Offensive geht. Wenn das Kind in der Familie in der ihm und der Familie gemäßen Form über den Beruf des Vaters, über Formen des öffentlichen Lebens etwas erfährt, und diese Inhalte in die Familie spielend hineinträgt, so gibt es für die Eltern Möglichkeiten, dieses kindliche Spiel zu einer Erziehung zum beruflichen und öffentlichen Leben werden zu lassen. Wenn die Mutter ihre Mitarbeit an den Sorgen der Gemeinde und des Volkes in ihre Arbeit in der Familie hereinholt, wenn die Kinder Caritas und Fürsorge spielen, dann gibt es auch hier ausgezeichnete erzieherische Möglichkeiten. Auch das große überfamiliäre Leben der Kirche kann hier hereingenommen werden in die Familie: Das Interesse für die Diaspora, für die Heidenmission, für den Heiligen Vater. Wenn die Kinder anfangen, Messe zu spielen oder Vespern zu halten, dann liegen hervorragende Möglichkeiten einer Erziehung in den öffentlichen Raum hinein vor. In diesen Zusammenhang gehört auch die Pflege des Verhältnisses der Familie zum Priester.
Nicht zuletzt muß auch daran gedacht werden, daß auch das Leben unseres Bundes in mannigfaltiger Weise in das Leben der Familie eingreift, und durch ein entsprechendes Gespräch, durch eine Steuerung des Verhaltens Familie und Bund in ein fruchtbares Verhältnis zueinander gebracht werden können.
Die Familie hat religiöse Bildungsaufgaben. Der religiöse Unterricht in Schule, Kirche und Jugendorganisation baut auf dem Religionsunterricht der Familie auf. Der Umfang, in dem sich die Familie in die Vorbereitung der ersten Beichte, der ersten heiligen Kommunion einschaltet, und die Form dieser Einschaltung sind bei uns noch durchaus verbesserungsbedürftig. Auch von hier her könnte die Familie eine ganz andere religiöse Potenz entfalten, als es heute meistens geschieht.
So wie wir die Frage Religion und Leben für den Bereich der Familie durchsprachen, lassen sich die Bereiche Religion und Beruf, Religion und öffentliches Leben durchsprechen. Nur ein paar Andeutungen. *Zum Beruf.* Wir sprachen gestern von den evangelischen Räten im Leben

des katholischen Laien. Ist uns schon hinreichend bewußt, in welchem auffälligen Zusammenhang Armut, Keuschheit und Gehorsam mit jenen drei Institutionen des Naturrechts stehen, die in der kirchlichen Soziallehre immer betont herausgestellt werden, mit Eigentum, Familie und Staat? Was ist Eigentum anderes als die Ordnung von Mensch zu Mensch in der Nutzung jener äußeren Güter, die ihren christlichsten Ausdruck in der evangelischen Armut hat? Was ist Familie anders als die soziale Ordnung der Verwirklichung menschlich-geschlechtlicher Kräfte, deren vergeistigte Form die christliche Enthaltsamkeit ist? Was ist Staat, die Ordnung freier Gleicher entsprechend den Erfordernissen des Gemeinwohls anders als jenes Verhältnis von Freiheit und Ordnung, dessen verklärte Gestalt der evangelische Gehorsam ist? Wenn ein Meister der heutigen Psychotherapie wie Schultz-Hencke alle Unordnungen des gehemmten Menschen auf Unordnungen in der Meisterung des Triebes zu haben und zu gelten, zu lieben und zu genießen, sich zur Geltung bringen, zurückführt, dann sind hier Zusammenhänge angedeutet, die uns Wege einer tief in religiösen Wahrheiten begründeten und zu hohen religiösen Idealen führenden Lebensweisheit in unserem beruflichen und öffentlichen Leben zu vermitteln vermögen. Gerade hier dürften unsere Gilden ihr eigentliches Anliegen haben. Sie sollen ja nicht innerhalb der katholischen sozialen Bildungsarbeit und -bewegung Funktionen übernehmen, die unsere Männer in ihren Berufen genauso gut oder besser in Zusammenarbeit mit Menschen außerhalb des Bundes oder in kleineren Kreisen, als sie der Bund unmittelbar ermöglicht, lösen können, sondern vom Grundanliegen des Bundes aus die Kirche Lebensprinzip des sozialen Lebens werden lassen.

Öffentliches Leben. Auch hier kommt es bei unseren Politikern, Publizisten, in der Erwachsenenbildung darauf an, das entscheidend Christliche herauszuarbeiten. Gibt es so etwas wie christliche Politik? Ich glaube durchaus! Es gibt eine Verherrlichung des Vaters durch den Sohn im Heiligen Geist auch im Bereich der staatlichen Wirklichkeit des Menschen, Formen staatlicher Verwirklichung, die dem

Reich Gottes gemäß sind, und Formen, die ihm widersprechen, die unchristlichen Charakter haben. Hier das unterscheidend Christliche sowohl für das Bewußtsein der Menschen wie für das Sein der öffentlichen Verhältnisse selbst herauszustellen, darauf kommt es bei unseren Politikern an, und darüber muß bei ihren Zusammenkünften gesprochen werden.
Ein Fragekreis muß noch berührt werden, über den wir gestern sprachen: *Die Formen der christlichen Vollkommenheit* des Mannes, der in der Welt steht. Wie leben die Männer und ihre Familien, die Eigentum haben, vielleicht schon viel Eigentum, die evangelische Armut? Wie verbinden sie persönliche Lebensgestaltung mit dem Anruf evangelischer Liebe? Wie bewährt sich die christliche Armut der Begüterten gegenüber den Armen im Bund? Es ist eine Frage der Aszese; die Frage nach dem kultivierten Lebensstil in Hausgestaltung, Lebensgestaltung, Erholungsform und der Abgrenzung gegenüber Formen des Luxus oder auch nur des Unnötigen, die mit evangelischer Armut und christlicher Liebe nicht mehr vereinbar sind. Die gleiche innere Freiheit gegenüber dem Haben und Besitzen gilt auch gegenüber der Gestaltung des persönlichen Verhältnisses von Mann und Frau in der Ehe. Es geht hier nicht um jene Dinge, von denen wir ganz am Anfang gesprochen haben, als vielmehr um die Vollkommenheit christlichen Ehelebens, die die Bereitschaft der Gatten einschließt, nicht nur zu opfern, sondern auch immer wieder einander zu opfern. Was heißt für uns hier das paulinische »entzieht euch einander nicht, es sei denn vorübergehend um des Gebetes willen«? Wie wirkt sich der religiöse Gehorsam aus gegenüber jenen inneren Anregungen, Anrufen, bei denen Gott nicht verpflichtend spricht, aber zur vollkommeneren Hingabe ruft? Sind wir uns darüber klar: Wenn wir auf solchen Ruf eingehen, werden wir denen, mit denen wir zusammenleben, in gewissem Umfang immer unverständlich werden. Die Übernahme dieses Unverständnisses aber, in der wir das Unverstandensein unseres Herrn teilen, die Bereitschaft zur christlichen Einsamkeit in dieser Welt, auch das gehört zum Inhalt jener allgemeinen Berufung in der

Bergpredigt: Seid vollkommen, wie Euer Vater im Himmel vollkommen ist!

Die dritte Aufgabe, über die wir sprachen, ist *die religiöse Bildung*. Ein Teil der hierher gehörenden Anliegen wurde bereits im Voraufgehenden berührt. Die persönliche Reflexion über das religiöse Leben, die Aussprache über religiöse Angelegenheiten wurden bereits berührt. Ich wies gestern hin auf die Notwendigkeit eines entsprechenden Schriftgutes in der Bücherei unserer Männer, auf die Hagiographie und auf die religiöse Literatur. Hier müßten die Männer, die in der Publizistik, im Verlagswesen stehen oder selbst schriftstellern, regelmäßig zugänglich machen, was für uns wertvoll und brauchbar ist. Ein Verzeichnis der Klassiker der katholischen Frömmigkeit und der wirklich lesenswerten Heiligenleben – vielleicht auch auswärtiger Literaturen – wäre ein dankenswertes Unternehmen. Die Zeugen des Wortes aus dem kirchlichen Altertum und der mittelalterlichen Geister gehören ebenso zu ihnen wie die Klassiker der französischen Schule um den heiligen Franz von Sales, Berulle und auch einige Schriftsteller des 19. Jahrhunderts und unserer Tage. Auch für die Obergruppen der Jungengemeinschaft und den Hochschulring wäre eine solche Zusammenstellung und eine Einführung in ihre persönliche Aneignung wünschenswert. Wir haben Männer genug, die sie leisten könnten. Vielleicht ließe sich in Zusammenarbeit mit den Verlagen und dem Buchhandel auch die Form des Erwerbs solcher Bücher erleichtern.

Die religiöse Bildungsarbeit des Hochschulrings in Auswertung der Arbeitsbogen wird eine hervorragende Vorarbeit für das sein, was in Zukunft in der Arbeit des Männerrings hier geleistet werden kann. Erreicht diese Bildungsarbeit im Hochschulring wirklich alle unsere Mitglieder, so daß wir in Zukunft in steigendem Maß in der Männerarbeit mit einem gemeinsamen Fundament religiösen Wissens rechnen können? Dann fragt sich wie und in welcher Richtung hier weitergeführt werden kann. Hier scheint es mir Aufgabe unserer Mitteilungen zu sein, sowohl der gemeinsamen wie der besonderen, auf diese oder jene Publikation hinzuweisen, die für die einzelnen Berufsgruppen oder für alle gemeinsam eine echte Bereicherung ihrer religiösen Bildung bedeutet. Auch die Akademien, unsere gemeinsamen Feste und unsere gemeinsamen Zusammenkünfte müssen sich dieses Anliegens annehmen. Erfreuliche Ansätze sind gemacht. Wir hoffen, daß sie sich von Jahr zu Jahr vervollkommnen.

Auftrag zum Dienst am Menschen

Diese Predigt hielt Pater Hirschmann beim Treffen der Wirtschaftlergilde 1960 in Königstein, das unter dem Thema »Entwicklungshilfe« stand. Manchen Satz wird man vielleicht zweimal lesen müssen, denn es handelt sich um einen gesprochenen Text, bei dem es einige Hirschmannsche Schachtelsätze gibt. Es wird jedoch deutlich, wie es gelingt, die Fragen und Probleme der Tagung in den Gottesdienst aufzunehmen. Man merkt, es kommt nicht jemand von außen dazu; das Wort der Schrift bleibt nichts Aufgesetztes, sondern ergänzt und erweitert die Perspektiven, die in den Tagungsgesprächen selbst auftauchten. Auch dies eine der Fähigkeiten von Pater Hirschmann, die viele Treffen geprägt hat. Diese Themenstellung – damals noch nicht so in aller Munde – ging mit auf seine Initiative zurück.

Nicht in der Kapelle dieses Hauses sind wir heute morgen hier zusammengekommen, sondern in jenem Raum, wo wir in diesen Tagen über unseren Auftrag als einzelne, als Gruppe, als Glieder in der Kirche gesprochen haben, d. h. also über unseren Auftag, den wir als Christen in dieser Welt haben, und damit standen all unsere Gedanken unter Seinem Namen. Wo aber zwei oder drei in Seinem Namen zusammen sind, da ist Er, der Herr, mitten unter ihnen. Er war vorgestern, Er war gestern hier unter uns in diesem Raum, und Er ist es jetzt in der heiligsten Weise, indem Er selbst unter uns gegenwärtig ist. Sooft wir dieses heilige Opfer feiern, begegnen wir dem Herrn. Wir begegnen Ihm in Seinem Wort, wir begegnen Ihm im Sakrament. Was diese Begegnung bedeutet, Christus in uns und wir in Ihm, das eben deutet uns Sein Wort und das eben realisiert in uns Sein Sakrament. Das ist in diesem Wort, das wir eben gehört haben, gesagt vom Menschen, seiner Aufgabe in dieser Welt, unserer Aufgabe, über das also, was uns in diesen Tagen beschäftigt hat.
Der Mensch, das ist die erste Aussage des Evangeliums am heutigen Tage in der Gleichnissprache unseres Herrn, ist tief im Gewässer Gottes, von Gott angesetzt, von Gott ge-

hegt, von Gott gejagt, von Gott gefangen, Gottes Saat und Gottes Ernte und schließlich selbst Speise, in der Gott lebt; Er will leben in uns, durch uns, Er will uns sich assimilieren, sich ähnlich machen, damit etwas von Seiner Herrlichkeit, von der Herrlichkeit des ewigen Gottes aufleuchte im Menschen. Das ist schon angedeutet in diesem Bild des Fisches. Infolgedessen ist der Herr selbst, der menschgewordene Sohn Gottes, in der Kirche, gerade in der Liturgie der Kirche, immer wieder gezeichnet worden, gefeiert worden, eben in diesem Zeichen des Fisches. »Piscutuli« = Fischlein. So nannten sich die ersten Christen von diesem Evangelium her.

Was ist der Mensch? Nicht nur Fisch im Gewässer Gottes, sondern auch Fischer. »Von nun an wirst Du Menschenfischer sein«, das ist nicht nur der Auftrag Petri, des Hierarchen, das ist der Auftrag seiner Kirche, das ist unser Auftrag in dieser Welt; uns ist der Mensch selbst in die Hand gegeben, der Mensch Gottes. Wir sollen und dürfen hinter diesen Menschen her sein; wir dürfen das Netz der göttlichen Liebe auswerfen über diese Menschen, um den Menschen für Gott zu fangen, in jenem Fang, der nicht Tod für den Menschen ist, sondern Leben, Heil, nicht Gefangenschaft für den Menschen, sondern Freiheit, die einzige Freiheit, die letztlich von Gott her des Menschen würdig ist. Und das ist ein Dienst am Menschen, am Menschen Gottes, der uns Menschen, auch Menschen Gottes, anvertraut ist, in dem letztlich unser eigenes Tun und Lassen nicht entscheidet – das wäre der Versuch eines Fanges in der Nacht –, sondern nur entscheidet, was wir auf das Wort Gottes hin, auf den Glauben hin, den Menschen selbst tun können und tun dürfen. Da allerdings unser Dienst am Menschen selbst auf das Wort Gottes hin erfolgt, da ist in unserem Element, im Menschlichen, eine so überwältigende Offenbarung der Herrlichkeit Gottes, daß, wer das einmal erlebt hat, was der Mensch von Gott her am Menschen tun darf, zusammenbricht vor Gott: »Herr, geh weg von mir, ich bin ein unwürdiger Mensch«. Was bedeutet für uns, daß er gerade dann aufgerichtet wird von Gott und in diesen neuen Auftrag hineingestellt wird, von nun an erst recht und daß uns damit der Mensch in die Hand gegeben wird? Das heißt von den Fragen her, die uns in diesen Tagen beschäftigt haben, doch dies, daß dadurch, daß Gott selbst Mensch geworden ist, hier ein Verhältnis des Menschlichen zum Göttlichen Wirklichkeit geworden ist, das einfachhin dem Menschlichen einen unerhörten Rang gibt. Daß ich eben dem Menschen ein Glas Wasser reiche, das ist eine Tat, die damit Gott gilt.

Das ist der Hauptpol, daß Gott sich identifizieren kann mit dem Menschen so sehr, daß er mir sagt: »Was Du dem Geringsten getan hast, das hast Du mir getan. Was Du dem Geringsten verweigert hast, mir verweigert.« Um in der Sprache der Bilder zu bleiben: Wenn da Wunsch und Wohlstand sich in unseren abgeschlossenen Räumen kreuzen und irgendwie der schwarze oder der gelbe Lazarus vor der Tür liegt, vor unserer Tür, vor den Türen Europas, dann ist Christus vor der Tür und die Hunde lecken seine Wunden.

Oder wenn ein Mensch unter die Räuber gefallen ist und daliegt in seiner Not und dann der Christ vorbeigeht in all seiner Verbundenheit mit dem allgemeinen Priestertum, als Priester, als Levit, ihn liegen läßt, und dann schließlich einer kommt, der vielleicht nicht einmal den Namen Christi hat, der niemals eine kultische Feier mitgemacht hat wie wir, der sich aber kümmert um den Betreffenden, der ist Christus näher, als wir es gewesen sind; denn Christus war es, der da lag und wartete, bis einer kam.

Was bedeutet das Wort des Evangeliums für die Fragen, die wir besprochen haben. Wenn es, wie dargestellt, um das Göttliche im Menschen geht, um die Offenbarung Gottes im Menschen, wenn wir überhaupt Gott nicht mehr ehren können außer im Menschen, wenn wir Gott nicht mehr lieben können, wenn wir nicht den Menschen lieben, dann ist das eben auch der letzte Grund, warum wir uns um Dinge wie Entwicklungshilfe kümmern. Der letzte Grund ist nicht der, daß wir irgendwie Absatzgebiete brauchen und auch letztlich nicht der, daß wir den Kommunismus verhindern in der Welt, oder daß wir ihm, wo es Kommunismus gibt, eine Ideologie gegenüberstellen. Es geht

nicht einmal darum, daß wir ihm eine Idee gegenüberstellen, sondern es geht schlicht darum, daß wir jenes bißchen Glauben haben als Christen in der Welt, von dem gesagt ist: »Wenn Ihr einen Glauben hättet klein wie ein Senfkorn, dann sage ich Euch: Sagt dem Berg ›Heb dich hinweg‹ und er hebt sich hinweg. Wenn Ihr Glauben hättet, dann würdet Ihr die Werke wirken, die ich gewirkt habe.« Es geht nicht um Ideologien und um Ideen. Es geht um den Herrn, aus dem wir leben und der in uns lebt, und wenn das geschieht, können wir glauben. Und wenn der Glaube sich in der Liebe bewährt, dann setzt das Reich Gottes in den, dem wir die Liebe schenkten, denn mit ihm identifiziert sich Gott, und in uns selbst, denn auch mit uns identifiziert er sich: »Nicht ich lebe, Christus lebt in mir.« Darum geht es, daß wir schlicht Christus sehen und nichts weiter; und daß wir beginnen dort, wo uns der Auftrag des Lebens hingestellt hat. Denn wenn wir fragen, was heißt denn das nun konkret, ist es im Grunde die alte Frage, die im Evangelium gestellt wird: »Wer ist denn mein Nächster?« Und damit ist das, was wir in diesen Tagen gesagt haben über die Hilfe, die den Menschen in den Entwicklungsländern zu schenken ist, ja sicher zu sehen im Zusammenhang mit dem Helfen, das unsere christliche Aufgabe überhaupt ist. Es wäre ja grotesk, wenn wir dem Schwarzen und dem Gelben helfen wollen und hingeben wollen und vernachlässigen darüber die eigene Frau oder den eigenen Mann. Die Menschen stehen uns verschieden nah, sie stehen uns verschieden fern. Gerade darin, daß uns auch menschlich die Fernsten heute ständig näherrücken, gründet eine gesteigerte Verantwortung für sie; daß wir eben nicht bloß Fleisch und Blut lieben, nicht bloß die eigenen Volks- und Glaubensgenossen lieben, sondern eben denjenigen, der von Christus her Gottes Antlitz trägt.
Oder auch das ist in diesem Wort des Evangeliums, daß Gott sich offenbart in der Menschlichkeit, enthalten, daß wir dieses Wort von der Menschlichkeit nicht verkürzen. Es gibt ein Wort »Menschlichkeit«, das im Zusammenhang mit der Hilfe leicht von uns gebraucht wird und das eine derartige Gefahr der Verkürzung in sich verbirgt, wenn

man nämlich sozusagen nur die unmittelbaren, erfahrbaren Verhältnisse von Mensch zu Mensch als Gegenstand dieser unserer Verpflichtung sieht.
Wir wollen das Wort vom Menschlichen nicht verkürzen, sondern wir wollen uns dem harten Dienst an dem stellen, was uns an Durchmenschlichung der heutigen Verhältnisse aufgetragen ist.
Wir wollen uns dann erinnern, daß uns für diesen Einsatz am Menschen selbst, in der Liturgie, im Sakrament auch das Gotteszeichen gegeben ist; denn was heißt schließlich dies, daß wir zusammen die Messe feiern, anderes, als daß wir den Tod des Herrn verkünden, bis er wiederkommt. Das aber heißt, daß die Hingabe des menschgewordenen Sohnes Gottes unter uns lebendig wird, daß Sein Fleisch und Sein Blut auf unseren Lippen und in unserem Herzen uns selbst wandelt von Gottesdienst zu Gottesdienst so, wie Brot und Wein verwandelt ist, so, daß wir etwas mehr von seiner letzten Hingabe an den Menschen und darin an den Vater immer wieder mitnehmen aus unserem heiligen Opfer. Wenn wir nicht liebender werden im Opfer, Menschen, die sich so verschenken, so opfern wie der Herr selbst, seien wir uns darüber klar, daß Essen und Trinken für uns das Gericht werden im Opfer. Wir können hier nicht den Tod des Herrn feiern als das Geheimnis der Gegenwart Christi unter uns und in uns, und unser Leben ist ein ständiger, schreiender Widerspruch zu dieser Liebe, die das letzte zu opfern bereit ist. Machen wir uns infolgedessen konkret klar, wie anspruchsvoll es im Grunde ist, wenn wir zur Opferfeier kommen.

Der Bund in der nachkonziliaren Situation der Laienarbeit

Im Rahmen der Ratstagung im September 1967 sprach Pater Hirschmann über die Aufgaben des Bundes nach dem Konzil. Das Thema fand auch Interesse bei den Teilnehmern des parallelen Treffens der Wirtschaftlergilde. Im Hirschberg-Bericht über die Tagung (Sept. 67) heißt es: »Das Referat von Professor Hirschmann wurde auf Band aufgenommen. Nach Bearbeitung durch den Autor wird es – soweit technisch irgendwie möglich – im ›hirschberg‹ erscheinen.« Ob es nun an der Technik oder an der Bearbeitung durch den Autor scheiterte, ist nicht bekannt; jedenfalls wurde es nie publiziert.
Der gesamte Text macht den Eindruck, Pater Hirschmann habe nicht nach einem schriftlichen Konzept, sondern aus dem Stegreif gesprochen. Eine Straffung des Vortrags schien daher angebracht. Interessant ist dieser Text besonders insofern, als sich hier deutlich zeigt, daß Pater Hirschmanns allseits bekannte Liebe zu den Verbänden nicht einem Traditionalismus entspringt. Das Engagement der Laien braucht auch neue Wege, und die Verbände sind reformbedürftig, wenn sie ihrem Anspruch weiter gerecht werden wollen.

Erwartet von mir nicht zu viel in dieser Stunde. Was ich vorbereitet hatte, war ein schlichter Bericht über gewisse Konkretisierungsmöglichkeiten dessen, was wir im Jahre 1965 in München neu formuliert haben an unserem Hirschbergprogramm.
Konkretisieren wir dieses Programm jetzt. Nachvollzug bedeutet zunächst nicht eine Aufgabe, die wir als Bund haben, sondern eine Aufgabe, die wir schlicht als katholische Christen und Glieder unserer Kirche haben. In dieser Beziehung tut der Bund seinen Dienst in allen Gemeinschaften, die im Rahmen der Kirche stehen in der Aneignung, Konkretisierung dieser nachkonziliaren Aufgabe der Christen. Ich würde glauben, dazu gehört zunächst einmal das vertiefte Glaubensverständnis, um das wir uns sowohl im Bund wie als Glieder des Bundes in allen Möglichkeiten bemühen, die uns das kirchliche Leben heute öffnet. Wir

spüren es alle, wir brauchen ein neues Verständnis der Heiligen Schriften. Sie wissen, wie mühselig diese Bemühung heute ist, wie unverzichtbar sie für ein auf der Höhe der heutigen Theologie und der heutigen Aufgaben stehendes christliches Wirken ist. Glaubensverständnis nicht nur im Bereich der Schriftfragen, sondern gleichzeitig auch im Bereich der Dogmatik.

Zu dieser Aufgabe eines vertieften Glaubensverständnisses kommt für uns unser Anteil an der Neugestaltung der Gottesdienste unserer Kirche. Sie wissen, daß hier vieles zunächst einmal in einem ersten Schritt getan wird, was diskutiert wird in der Kirche, wovon viele von uns den Eindruck haben, es hat uns in vielem vorangebracht, hat aber in vielem auch nicht seine letzte Form gefunden, und vieles ist noch nicht abgeschlossen. Wir müssen im Bereich der Liturgie noch mit einer Reihe großer neuer Schritte in der Gesamtkirche rechnen, die auf uns zukommen, sowohl im Bereich der Gestaltung der Meßfeier wie vor allen Dingen in der Liturgie der Sakramente, in der Neuordnung des Kirchenjahres und noch einiges andere. Hier ist zu bedenken nicht zuletzt auch die Gestaltung des kirchlichen Bußwesens, auch hier war ja der erste Ansatz nicht gerade befriedigend und befreiend genug. Zu dieser Aufgabe der Gestaltung des Gottesdienstes gehört die Entwicklung auch der nichtöffentlichen Formen unserer christlichen Spiritualität im engeren Sinne des Wortes. Hier ist heute ebenfalls vieles in Fluß gekommen, und es wird auch künftig bei uns im Bund diskutiert in allen Gemeinschaften. Es bereitet sich eben auf dem neuen Glaubensverständnis auch ein neues Verhältnis zu den Formen vor, wobei das neue Verhältnis nicht bedeutet, daß wir jetzt von allen tradierten Formen Abschied nehmen sollen, sondern wir müssen zu ihnen ein neues Verhältnis gewinnen, und zwar zu ihnen allen.

Das ökumenische Arbeiten innerhalb der Kirche ist erschwert dadurch, daß wir bei uns in Deutschland in eine etwas veränderte Situation des ökumenischen Gesprächs und der ökumenischen Zusammenarbeit gekommen sind gegenüber den verheißungsvollen Ansätzen der unmittel-

baren Nachkriegszeit. Es war damals so, daß in der Nachkriegszeit doch das christlich bewegende Beispiel des gemeinsamen Widerstandes gegen den Nationalsozialismus, die gemeinsame Not während des Krieges und in der unmittelbaren Nachkriegszeit, die gemeinsam angegangen wurde, viele Formen persönlicher Kontakte und lebensmäßiger Bewährung der ökumenischen Zusammenarbeit schuf, die heute nicht direkt aktuell sind. Es nimmt die Zahl derer, die stark in dieser Arbeit damals dringestanden haben, ab; es drängen sich neue Inhalte in den Vordergrund, und es müssen infolgedessen auch neue Voraussetzungen für das Gespräch und die Zusammenarbeit geschaffen werden. Dazu kommt, daß theologisch das damalige Gespräch leichter war, weil wir auf der evangelischen Seite eine stärkere Geschlossenheit hatten als in der Gegenwart. Die starken internen Diskussionen innerhalb des deutschen Protestantismus erschweren heute auch manches Gespräch mit uns. So vollkommen, daß es die verschiedensten Gruppen von ihnen erreichte, war es ja auch in den letzten zwanzig Jahren nicht. Wir standen in vielen Fragen z. B. doch nur in einem Gespräch mit den Lutheranern, nicht in gleicher Weise mit den Reformierten. Der viel stärkere Pluralismus dort und der auch allmählich stärker werdende Pluralismus bei uns schaffen hier auch wiederum eine neue Schwierigkeit. Dazu darf man nicht vergessen, daß auch die politische Situation, das Verhältnis der Kirchen gegenüber dem politischen Bereich, sich in etwa geändert hat seit dem Anfang der fünfziger Jahre, auch von hierher haben wir neue Schwierigkeiten. Wo der einzelne in dieser Beziehung steht und unter Umständen auch die Gruppen Möglichkeiten haben, da versuchen wir, den Kontakt zu halten und den Kontakt zu verstärken.
Das gleiche gilt für den letzten neuen großen Impuls, der vom Konzil her kam, der Impuls für die Arbeit in die Welt hinein. Die starke Betonung der Eigengesetzlichkeit des innerweltlichen Sachbereiches, die starke Betonung der Eigenverantwortung vor allen Dingen des Laien in der christlichen Gestaltung dieser Sachbereiche, haben hier zu einer Reihe von höchst lebendigen Diskussionen in dem nach-

konziliaren kirchlichen Leben in Deutschland geführt, ich nenne nur die Diskussion um das Verhältnis zu den politischen Parteien, und auch in diesem Bereich haben wir unseren Dienst zu tun. Über alles das, was hier nicht so sehr den Bund angeht als Institution und als Organisation, sondern den einzelnen im Bund, möchte ich aber nichts Ausführliches sagen. Ich möchte hier nun zu zwei konkreten Fragen kommen, die mir für den Dienst unseres Bundes in der nachkonziliaren Laienarbeit bei uns in Deutschland besonders wichtig zu sein scheinen. Das erste ist unsere Mitarbeit bei der Realisierung der institutionellen Neuordnung des Laienapostolats in unseren Bistümern. Die deutschen Bischöfe haben Anfang dieses Jahres überlegt, welche Konsequenzen auf sie hier zukommen aus dem Dekret über das Laienapostolat, wenn es heißt: »In den Diözesen sollen nach Möglichkeit beratende Gremien eingerichtet werden, die die apostolische Tätigkeit der Kirche im Bereich der Evangelisierung und Heiligung, im karitativen und sozialen Bereich und in anderen Bereichen ... unterstützen. Unbeschadet des je eigenen Charakters und der Autonomie der verschiedenen Vereinigungen und Werke der Laien werden diese Beratungskörper deren gegenseitiger Koordinierung dienen können. Solche Gremien sollten, soweit wie möglich, auch auf pfarrlicher, zwischenpfarrlicher und interdiözesaner Ebene, aber auch im nationalen und internationalen Bereich geschaffen werden« (Dekret über das Apostolat der Laien, 26). Ich habe gelegentlich gehört, man habe diese Beschlüsse der Bischofskonferenz so als eine Art Versuch von Neubelebung der Katholischen Aktion verstanden, also als einen Versuch, der im Anschluß an Pius XI. bereits in den zwanziger Jahren und dann noch einmal im Anschluß an den Krieg in manchen Diözesen gemacht worden ist. Darum geht es hier nicht. Hier geht es um etwas viel Fundamentaleres im Sinn des Konzils. Es geht im wesentlichen darum, daß sich unsere Gemeinden, die wir in der Kirche haben, und unsere kirchlichen Gemeinschaften als solche, als Gemeinschaften von Priestern und Laien und damit als das Volk Gottes in einem bestimmten Territorium konstituieren.

Aber bisher ist das bei uns in der Kirche praktisch nicht der Fall, denn die ganze Verfassung dieser Gebietsgemeinschaften bei uns ist ganz einseitig klerikal gewesen. Man würde also den Auftrag dieser Gemeinschaften vollständig mißverstehen, und insofern ist der Ausdruck »Beratungskörper« sehr mißverständlich, wenn man in ihnen nichts anderes sehen würde als konsultative Gremien zur Beratung der Geistlichen in den betreffenden Territorien. Darum geht es genausowenig wie es darum geht, hier für diese Geistlichen neue Exekutivkomitees zu schaffen. Die Kirche besteht eben auch in diesen Territorien nicht bloß aus den Geistlichen, sondern sie besteht aus den Geistlichen und aus den Laien. Und infolgedessen soll bei uns der Versuch gemacht werden, allmählich die echte Mitverantwortung der Laien am ganzen Aufbau des kirchlichen Lebens in diesen Territorien zu schaffen. Was kommt, geht über den Dienst an der kirchlichen Hierarchie hinaus. Es ist an der ganzen Gemeinde, gemeinsame Unternehmungen der Katholiken im jeweiligen Raum durchzuführen oder zu unterstützen, die Anliegen der Katholiken in der Öffentlichkeit zu vertreten – das soll also in Zukunft nicht mehr bloß durch die kirchliche Hierarchie geschehen – und die Arbeit aller Gruppen und Zusammenschlüsse des Laienapostolats zu inspirieren. So sollen sie am Apostolat in Kirche und Welt mitarbeiten.
Zweitens: Im Zusammenhang mit dieser Reorganisation der Gemeindeverfassung in Deutschland besteht die Frage der Reform der katholischen Organisation. Sowohl durch das Konzil wie durch die Bischöfe wie im Rahmen des ja alle irgendwie zusammenfassenden Zentralkomitees der Deutschen Katholiken ist bei uns in Deutschland die Frage der Überprüfung des Verbandskatholizismus jetzt seit einem halben Jahr stärker in Bewegung geraten. Es ist hier ein Ausschuß gebildet worden im Rahmen des Zentralkomitees, der zunächst einmal mit den Soziologen einerseits und mit den einzelnen Verbänden andererseits eine Bestandsaufnahme dessen, was man Verbandskatholizismus nennt, machen soll, wie eine Überprüfung, ob die heutigen Formen unseres Verbandswesens in Deutschland noch

zeitgerecht sind. Wir haben nämlich den Eindruck, daß die Malaise, in der sich der Verbandskatholizismus befindet und an der wenigstens am Rand unser Bund partizipiert, kein Phänomen ist, das sich nur durch eine Gedankenerfassung der einzelnen Verbände auf sich lösen läßt, sondern hier ist eine generelle Besinnung notwendig, eine Besinnung, die allerdings die einzelne Organisation vor die Aufgabe stellt, das Eigenleben hier einmal auf seine Zeitgerechtigkeit zu überprüfen, denn die meisten Organisationen blicken doch auf ein schon beachtliches Alter zurück. Sie sind gegründet worden unter Voraussetzungen, die heute nicht mehr selbstverständlich gelten. Und man sollte die Frage so grundsätzlich wie möglich stellen, ob sich hier nicht an unseren Strukturen etwas tiefergehend ändern läßt, als wir es so im Rahmen der leichten Reformen in den letzten Jahrzehnten überall getan haben.
Ich möchte für diese Überprüfung im Bereich unseres Bundes einiges zur Diskussion stellen. Sehr wichtig ist die Frage der Beibehaltung der Gliederungen: Jungengemeinschaft, Hochschulring, der Männerring. Es wird bei uns die Frage zu diskutieren sein, ob wir nicht zu einer stärkeren Einheit der Glieder kommen. Nicht bloß zu einer stärkeren Zusammenarbeit, das ist eine klare Angelegenheit, und sie beschäftigt uns ja auch ständig auf unseren Ratstagungen. Sie führt auch unter Umständen zu einer stärkeren Einheit, daß es eine neudeutsche Gruppe im ganzen gibt, in der die Jungengemeinschaft, der Hochschulring und der Männerring steht. Überlegt Euch einmal diese Sache, es sei hier in die Diskussion geworfen. Oder das zweite: Sehen wir das Verhältnis von Jungen und Mädchen in der Art und in der Erziehung noch so wie in den zwanziger Jahren, als Neudeutschland und der Heliand auseinandergingen in der Organisation. Wiederum ist hier nicht nur die Frage einer intensiveren Zusammenarbeit gestellt, diese Frage wird bejaht und auch realisiert, sondern ich denke an weitergehende Schritte. Ein Drittes in diesem Zusammenhang: Wir haben in den zwanziger Jahren eine heiße Auseinandersetzung mit den Marianischen Kongregationen auf unserem Feld gehabt, wie es damals durchaus

sinnvoll gewesen ist. Ich habe den Eindruck, daß die soziologische Realität unseres Bundes und die soziologische Realität der Entwicklung in einem Teil der Marianischen Kongregationen dazu geführt hat, daß wir uns die Frage wirklich neu stellen sollen, grundsätzlicher, nicht bloß einer stärkeren Zusammenarbeit. Und vielleicht müßten wir auch noch einmal, so schön es in vielem war, jetzt die Frage nach dem Zusammen von Priestern und Laien bei uns im Bund neu durchdenken. Ich habe den Eindruck, daß bei uns unter den Geistlichen im Augenblick die Diskussion um das Berufsbild einerseits, zweitens die Frage der Konkretisierung der priesterlichen Kollegialität und drittens auch die Frage optimaler Effizienz in der Seelsorge dazu führt, daß wir das Verhältnis zu unseren Priestern im Bund neu angehen müssen. Vielleicht werden wir auch hier liebgewordene Lösungen der letzten Jahrzehnte wieder zur Diskussion stellen müssen. Ebenfalls glaube ich, daß wir innerhalb der nächsten Jahre bei den Priestern, vor allem bei den jungen Priestern, nicht mit jenem Maß an lebendiger Zusammenarbeit – wie oft in der Vergangenheit – auf der Ebene der Gruppe rechnen können. Eine zweite Gruppe von Fragen bezieht sich auf die Kontakte des Bundes mit den anderen, ähnlich arbeitenden katholischen Organisationen. Es vollziehen sich neue, durch die Organisation und Apparate überhaupt nicht irgendwie erfaßte lebendige Verbindungen über die einzelne Organisation hinweg. Ich denke nicht bloß an die Form der Dachorganisationen, der zusammenfassenden Organisationen, ich denke auch an die Arbeitsgemeinschaften, die sich über die einzelnen Organisationen hinaus gebildet haben und in denen zum Teil eine gute Arbeit geschieht, die aber nicht immer ganz hinreichend rezipiert wird in den Einzelorganisationen. Ich denke etwa hier an die gesamte Beeinflussung der karitativen Arbeit, ich denke an die Ehe- und Familienberatung und das, was hier durch das Kölner Institut geschieht. Ich denke hier an die Arbeitsgemeinschaft für Entwicklungshilfe und eine neue Arbeitsgemeinschaft in diesem Sektor, die am Entstehen ist. Ihr werdet vielleicht sagen, das sind alles und alles immer wiederum Fragen der Organisation. Ich würde glauben, hier geht es nicht bloß um Fragen der Organisation, sondern hier geht es darum, von den Hindernissen wegzukommen, die der augenblickliche Zustand unseres Organisationswesens dem lebendigen Leben tut. Denn gerade das lebendige Leben leidet weitgehend darunter, daß die Organisationen dieses Lebens nicht mehr der Wirklichkeit des Lebens und seinen Aufgaben entsprechen.

Ich möchte ein Drittes in diesem Zusammenhang nennen, was wir neu und grundsätzlich bedenken sollten, die Frage der besseren internationalen Zusammenarbeit. Wir haben nun einmal eine eigentümliche Art gehabt, anzutreten, und es ist nicht so leicht für die Glieder der einzelnen Gliederungen in der Jungengemeinschaft, im Hochschulring und im Männerring, den entsprechenden Partner in anderen Ländern zu finden. Die Folge davon ist, daß unser Beitrag, den wir in Deutschland selbst für das Leben der Kirche leisten, wirklich nicht der Gesamtkirche hinreichend zugute kommt.

Neudeutscher Bund – Was wir wollten, was wir wollen

Das nachfolgende Referat wurde von H. Kusterer für den Regionalbrief Nordbaden zusammengefaßt. Pater Hirschmann hielt es auf dem gemeinsamen Treffen der Regionen Nordbaden und Pfalz-Saar in Ludwigshafen im März 1976. Es wurde anschließend auch im Hirschberg abgedruckt und noch einmal 1981 nach dem Tode von Pater Hirschmann. Einiges wiederholt sich in anderen Texten; hier liegt konzentriert vor, was insbesondere in dem Text über die Perspektiven zur Geschichte und Zukunft des Bundes breiter entfaltet wird.

Ich habe nicht vor, eine große programmatische Rede für die nächsten 300 Jahre zu halten, wie das vorhin scherzhaft angedeutet worden ist; aber auch nicht nur einen nostalgischen Rückblick zu geben, sondern ich will fragen: Was machen wir heute – denn daß da auch heute Leben im Bund herrscht, ist nicht zu bestreiten. Denken Sie nur an die Begeisterung des kleinen Jungen in Eringerfeld, der jetzt eine Stadt »Neudeutschland« bauen will, die wieder eine geschlossene heile Welt werden soll.
Ich bin erst 1924 zum Bund gekommen, als gerade das erste Ringen um das Selbstverständnis unserer Gemeinschaft seinen Abschluß im Hirschberg-Programm fand. In dieser Zeit hatte gerade für die Arbeit unter den Schülern an den höheren Lehranstalten eine wichtige Stunde geschlagen. Bis 1919 war die Bildung von Gruppen an den höheren Lehranstalten in Deutschland verboten gewesen. Trotz gutentwickeltem Verbandskatholizismus gab es daher noch keine überregionale Sammlung von Schülern. Das empfand die Kirche als Mangel, zumal sich bereits in den Jahren davor die übrige katholische Jugend organisiert hatte. Kardinal Hartmann von Köln war mit dem Religionslehrer Schumacher und Pater Esch einer der ersten, der begriff, daß jetzt eine entscheidende Stunde geschlagen hatte, die neugewonnene Koalitionsfreiheit zu nutzen. Zunächst hatte man Gruppen erfaßt, die in der Kirche ein-

gerichtet worden waren für die Schüler, nicht von den Schülern. In den Jahren zwischen 1919 und 1924 fanden sich aber mit diesen Kräften der Jugendpflege solche der Jugendbewegung. Letztere ist älter außerhalb der katholischen Kirche als bei uns, aber daß ihre Elemente in der Kirche überhaupt heimisch wurden, ist im wesentlichen das Verdienst des Neudeutschen Bundes. Dadurch verband sich das Charakteristikum der Jugendbewegung, der Wille zu einem natürlichen, wahrhaftigen, aus eigener Verantwortung gestalteten Leben, mit Motiven des Glaubens und der Kirchlichkeit zu einem Programm: »Neue Lebensgestaltung in Christus«. Das »neu« bezog sich auf die jugendbewegten Elemente, das übrige, im Rückgriff auf die Kirche formuliert, auf Christus, den Herrn der Kirche. Dieses bedeutsame persönliche Verhältnis zu Jesus Christus verdanken wir vor allem Pater Esch und Pater Manuwald. Hinzu kam früh ein neues Element von Kirchlichkeit, das von Romano Guardini ausging: das »Erwachen der Kirche in den Seelen«. Wir nahmen teil an der Entdeckung, daß die Kirche nicht primär ein gesellschaftlich-politisches Gebilde ist, sondern zunächst der geheimnisvolle Leib Christi selbst. Diese Sicht bewahrte uns vor einem einseitigen klerikalen Weg im deutschen Katholizismus. Nach Abschaffung der Fürstbischöfe und damit der klerikalen Bindungen zu Beginn des 19. Jahrhunderts war das ein selbstbewußtes Laientum, das das Verhältnis zur neuen Zeit ausbaute, nicht die Hierarchie. Diese Entwicklung fand ihren letzten Niederschlag in den Aussagen des Zweiten Vatikanums über die Mitverantwortung der Laien in der Kirche. Dieses zweite, für unseren Bund wesentliche Element hat zu einer eigentümlichen Zusammenarbeit zwischen Priestern und Laien geführt. Das Zusammenwirken beider Elemente trug dazu bei, daß wir auch in eigentümlicher Weise im Leben unseres Bundes das Natürliche und die Welt wertvoll und ganz ernst nahmen. Wir haben darüber nicht allzusehr reflektiert, aber wir haben es weitgehend gelebt. Ein drittes, damals sehr wichtiges Element war die Liebe zu unserem Volk. Das bei vielen noch nachwirkende Erlebnis von Krieg und Massentod junger Menschen, das

Versinken einer Welt und das Anbrechen einer neuen war mit entscheidend für die Wahl des Namens: sie wollten ein anderes, ein neues Deutschland.
Die Durchsetzung dieser Gedanken stieß auf viele Widerstände: aus den Resten eines nicht mehr zeitgemäß wirkenden Vereinswesens, aus dem Gedanken, die Eigenverantwortlichkeit der Jugend gefährde das Autoritätsprinzip in der Kirche, aus der Befürchtung, es mache sich ein gewisser Subjektivismus und Naturalismus breit. Glücklicherweise gab es bedeutende Männer in der Kirche, Bischöfe, aber auch Pädagogen wie Guardini, die Vertrauen hatten zu dieser Jugend. Neue Lebensgestaltung in Christus. – Wir fanden von diesem unserem Wort her früh ein Verhältnis zu der damals anhebenden Bibelbewegung, wir haben den Appell zur Verantwortung der Laien in der Kirche in der Gestaltung weltlicher Bereiche aufgegriffen, wir fügten in das schon geschriebene Hirschberg-Programm den Satz ein, daß wir unser Wollen gemäß dem verstehen, was in der soeben erschienenen Enzyklika Pius' XI. über das Königtum Christi gesagt war.
Noch wenig klar war uns damals, ob unsere Bewegung im Raum der Schule bleiben sollte oder ob sie sich auf die Hochschule erstrecken sollte. Zunächst verteilten sich die Neudeutschen auf die bereits vorhandenen katholischen Studentenorganisationen, in welche sie die für die Erneuerung unseres Hochschulwesens heilsame Spannung zwischen den sogenannten alt- und neustudentischen Formen trugen. Wir haben uns aber dann doch entschlossen, den Älterenbund mit dem Schwerpunkt an der Hochschule zu schaffen. Wenn auch nicht alle aus dem Jüngerenbund in den Hochschulring gehen würden, so würde doch auch für die, die an der Hochschule einen eigenen Weg gehen würden, ein eigener Hochschulring wichtig sein.
Nicht klar entschieden haben wir damals die Frage der Fortsetzung unserer Gemeinschaft nach Abschluß von Schul- und Hochschulbildung. Erst nach 1945 bedachten wir, daß unsere Arbeit nicht gerade sehr bewußt darauf hinzielte, daß ein großer Teil unserer jungen Menschen später heiraten würde. Wir mußten uns mit dem Gedanken

auseinandersetzen: Wenn ein Jugendbewegter eine Jugendbewegte heiratet, dann sind sie sozusagen menschlich homogen; es ist besser, wenn in dieser Beziehung ausgesprochene Spannungen zwischen ihnen bestehen, dann wachsen sie tiefer zusammen. Ich glaube nicht mehr an diese These, ich glaube vielmehr, daß sich auch dort, wo sich auch ohne eigentliche Ehevorbereitung bei uns im Bund Menschen gefunden haben, wirklich eine gute Einheit des Weltlichen und des Religiösen ergeben hat und daß auch die Fragen Ehe und Familie von unseren Leuten doch in einem Umfang mit Christus und der Kirche in Zusammenhang gebracht worden sind, daß wir tatsächlich viele glückliche Ehen und Familien haben. Wie wären sonst die Familienkontakte in Gruppen und bei regionalen Treffen, bei Gildetreffen und Familienferien und bei den Bundestagen vorstellbar?
Als der Nationalsozialismus bereits begann, seine Schatten zu werfen, stellten wir uns 1932 in Limburg erneut die Frage: Wie verhält sich das Leben unseres Bundes zu Beruf, Volk und Staat? Aus der Hirschberg-Formel über das Verhältnis von Natur und Gnade, aus den Gedanken der Autonomie der innerweltlichen Sachbereiche und der Eigenverantwortung der Laien und aus der eng damit verbundenen Gründung unseres Lebens auf Christus und seine Kirche haben wir einen wacheren Sinn für die Verantwortung unserer Männer für Volk und Staat gefunden. Viele, die damals den besten Willen hatten, nun in einer neuen Weise Glauben und Leben in einen Zusammenhang zu bringen, sind dazu nicht gekommen: Im Zweiten Weltkrieg sind 7000 Neudeutsche gefallen. Hier ist nun des Widerstands zu gedenken gegen eine Welt, die im Gegensatz zu Christus und seiner Kirche stand. Auch bei uns gab es Leute, die zunächst glaubten, wir könnten das System von seinen Jüngsten her unterwandern. Der Nationalsozialismus selber sah hier klarer und hat früh unseren Bund verboten. Viele haben damals gelitten, haben nicht jene Chancen gefunden, sich in das öffentliche Leben und in viele Berufe einzugliedern; auch das hat uns nach 1945 geschadet. Viele mußten sich damals aus den Verbänden heraus

zurückziehen auf die innerkirchliche Arbeit. Das führte nach 1945 dazu, daß viele nicht mehr die Rückkehr zum Bund wünschten, sondern meinten, eine streng hierarchisch gegliederte Organisation sei die unserem deutschen katholischen Leben angemessenere Form. Obwohl aus dem Bund viele Geistliche hervorgegangen sind, war es in manchen Diözesen schwierig, überhaupt wieder die Zulassung zu bekommen und genug Geistliche zur Mitarbeit zu finden. Diese Not ist bis heute geblieben, ja, sie wächst noch. Ich weiß nicht, ob es eine Lösung ist, wenn sich nun immer mehr die Diakone oder die Pastoralassistenten um alle diese Fragen kümmern, oder ob wir nicht hier neue Konsequenzen aus unserer Eigenverantwortung, auch der Erwachsenen, für die Bereiche der Erziehung und der Jugendarbeit erwägen sollen.

Eine zweite Einsicht aus der nationalsozialistischen Zeit ist die, daß unser begnadetes christliches Leben nicht einfachhin vollendete und verwirklichte Natur ist. Die Verwirklichung der Lebensgestaltung in Christus geht den Weg des Kreuzes. Viele aus unseren Reihen mußten in der NS-Zeit erhebliche Opfer bringen, viele haben mit dem Opfer des Lebens gezahlt, viele sind im offenen Widerstand gestorben. Ich brauche hier im Südwesten nur an zwei zu erinnern, die Eurer Arbeit besonders verbunden sind: Willi Graf und Alfred Delp, mit dem zusammen ich zwei Jahre studieren durfte. Ich bin so froh darüber, daß gerade die Jungen aus der Schülergemeinschaft im ersten Teil der Plattform, in der Umschreibung ihres Verhältnisses zu Christus, das Motiv des Gekreuzigten nicht vermissen wollen, sondern groß hineingeschrieben haben.

Ich komme jetzt zu der Zeit der Neubegründung unseres Bundeslebens nach dem Ende des Nationalsozialismus. Das erste, was wir dort erlebten, war ein stärkeres Auseinanderwachsen zwischen Älteren und Jüngeren. Männerring bedeutete eine neue Generation gegenüber den Jüngeren, und die Jüngeren fanden kein rechtes Verhältnis mehr zur Jugendbewegung. Statt dessen griffen sie das Ja zur Natürlichkeit mit all ihren Formen, dem Lied, dem Gemeinschaftsleben und ganz bewußt die andere Tradition des westeuropäischen Jugendwirkens in Kirche und Welt auf, die Cardijn begründet hatte. Der Emotion und Romantik in der deutschen Jugendbewegung zogen sie die Nüchternheit des industriellen Zeitalters, deren bürgerlichem Element das soziale der Präsenz der Kirche in der Welt der Schule vor. Von dort kam eine starke, bewußte Aktionsbetonung in unserer Jungengemeinschaft. Erst später realisierten wir, daß auch hier Elemente von Jugendbewegungen sichtbar waren. Ich frage mich manchmal, ob unsere heutigen Schwierigkeiten zwischen Männerring und Schülern so groß sind wie jene damals, als wir 1950 fragten: Sind wir überhaupt noch ein Bund? Wir haben sie damals dadurch gemeistert, daß relativ viele, die im Männerring standen, den Jugendlichen beweisen konnten, daß auch sie eine von Christus und der Kirche herkommende Nähe zur industriellen Welt hatten. Wir hatten immer viele unter uns, die öffentliche Verantwortung übernommen haben, wenn wir darüber auch nicht immer soviel gesprochen haben wie etwa der CV, dem es dann auch immer wieder vorgehalten wurde. So haben wir in den fünfziger Jahren sehr stark den europäischen Gedanken aufgegriffen; auch das Verhältnis Kirche – Schule – Hochschule hat uns damals viel beschäftigt. Ursprünglich hatten wir die Gruppe nicht in den Dienst der Schule oder Familie gestellt; die Gruppe war der Ort des Eigenlebens, wo man jung sein konnte und nichts anderes als das. Dieses Verhältnis hat sich inzwischen auch dadurch gewandelt, daß sich das Problem der Präsenz der Christen in der Welt der Schule heute vollständig neu stellt. Und das ist ja ein Hauptproblem der KSJ in der Plattform. Ähnlich entscheidend hat der Bund das Leben an den Hochschulen mitgeprägt; ich brauche hier nur Walter Kampe zu nennen. Seit den sechziger Jahren haben sich die Verhältnisse an den Hochschulen gewandelt; am Ende dieser Zeit ist der Bund an der Hochschule in eine Krise geraten, die uns im letzten Jahr gelegentlich zweifeln ließ, ob wir die mittlere Gemeinschaft überhaupt im Bund halten könnten. Ich bin dankbar, daß wir, nach einem Rückgang auf zwölf nun wieder 24 Hochschulringgruppen haben, so schwer es auch ist,

zwischen den Studenten, die nichts tun als nur studieren, und denen, die nichts kennen als bloß politische Tätigkeit an der Hochschule, noch das Mittlere aufzubauen, in dem unsere Hochschularbeit ihren Dienst tun kann.
Aber bleiben wir beim Männerring: Was hier gewachsen ist, ist die Arbeit in den Familien, die Tatsache, daß unsere Treffen auf allen Ebenen das Familienelement sehr stark berücksichtigen und dabei so etwas wie eine große Lösung grundsätzlicher Art von Problemen der Kleinfamilie in der industriellen Welt anbieten. Wir sollten uns aber bewußt bleiben, daß heute, ebenso wie die Situation von Schülergemeinschaften und Hochschulring, auch die des Männerrings neu durchdacht werden muß. Nicht, daß wir uns den Namen einer Familienbewegung geben sollten – das halte ich trotz der neuen Beteiligung der Frauen an unserer Arbeit nicht für notwendig –, aber wir haben eine Reihe von anderen Problemen: Wie entfalten wir nun weiter die Einsichten, die in Neuhaus, Nordkirchen und Eringerfeld gewachsen sind, und beteiligen möglichst alle daran? Wie beziehen wir in diesen Tagen auch die anderen Gemeinschaften des Bundes ein? Was machen wir mit jenen, denen die Formen dieser Bundestage nicht entsprechen? (Weil sie zu laut sind, oder weil ihre ganze eigene Lebensform hier nicht zu dieser ganz bestimmten Familienprägung paßt?) Wie bestehen wir das zum Generationenproblem gewordene Problem der innerkirchlichen Pluralität? Damit hängt die Auseinanderentwicklung in der kirchlichen Jugendarbeit zusammen. Weiter besteht die Gefahr, daß die katholischen Laienorganisationen, etwa die im Zentralkomitee der deutschen Katholiken oder in der Arbeitsgemeinschaft der katholischen Verbände organisierten, nach der Öffnung der Kirche zu einem reicheren Dialog hin keine rechten Gesprächspartner mehr sind für bestimmte Gruppen unseres Volkes. Denken Sie an die Frage, ob die Kirche in Deutschland ihren Weg nur mit einer einzigen Partei gehen kann. Dies alles zwingt zum Gespräch gerade mit den Jüngeren, und wir dürfen uns hier nicht beirren lassen durch mutige Anfragen unserer Jugendlichen. Sie verstehen die »Plattform« nicht so, wie bei uns das Hirsch-

berg-Programm verstanden wird, und das Beste dort ist m. E. auch mit unserem Hirschberg-Programm in Einklang zu bringen. Deshalb müssen wir sprechen und, wichtiger noch, zusammenarbeiten mit ihnen und das nicht nur in den obersten Instanzen oder kleinen Funktionärsgruppen, sondern auf allen Ebenen. Es ist eine ganze Menge von Dingen, über die wir nicht bloß im Männerring, sondern auch schon in den Veranstaltungen des ganzen Bundes miteinander sprechen. Es wäre schön, wenn auch heute das Gespräch sich so konkret diesen Punkten widmet. Wenn wir auch in den beiden Regionen hier einen tapferen Schritt hineingehen »in die nächsten dreihundert Jahre«.

Christusverständnis in der Kirche heute

Die beiden Texte über das Christusbild (1. 7.) und den Wandel des Kirchenverständnisses (1. 8.) behandeln zugleich ein theologisches Thema und die Geschichte des Bundes. Durch den jeweiligen Schwerpunkt ergeben sich unterschiedliche Perspektiven, die eigene Vergangenheit aufzurollen.
Schon vom Rahmen her ist beim ersten Vortrag Rückbesinnung angezeigt: er wurde gehalten bei der Feier zum 25jährigen Bestehen der Bundestage des ND-Männerrings. Hier wird nicht nur ein Wandel des Bundes, sondern auch der seines Bundeskaplans deutlich. Im Aufgreifen des Referats von 1951* wird Bleibendes und wird Neues aufgezeigt. Abgedruckt wurde der Text zuerst im Hirschberg 8/9 1976.

Als wir vor 25 Jahren hier mit unseren Bundestreffen begannen, da stand unsere Festakademie unter einem Wort aus dem Christusbekenntnis des Konzils von Chalkedon, dessen 1500-Jahr-Feier wir damals begingen. Dieses Wort hieß: »in integra veri hominis perfectaque natura verus natus est deus, totus in suis, totus in nostris« – im ungebrochenen und vollendeten Wesensbestand eines wahren, vollen Menschen ist der wahre Gott geboren, ganz in Seinem und ganz in Unserem. Der ganze Christus! »In Ihm, aus Ihm und auf Ihn hin«, wie eine spätere Formulierung im Hirschberg-Programm besagt, verstanden wir das, was wir von Anfang an im Bund mit »Lebensgestaltung in Christus« ausdrückten. Lest doch noch einmal, wenn Ihr könnt, die ersten zaghaften Formulierungen über das Christusbild unseres Bundes in der eigentlich nicht ganz ungeschmälert erhaltenen ersten Fassung von 1923. Eigentlich ist von Christus nur in einem Satz die Rede. Und dieser Satz heißt: »Christus ist die Mitte unseres Bundes.« Erst in der Fassung des folgenden Jahres kam das herein, was nachher das sozusagen zentral Durchhaltende blieb, das Wort von der »Lebensgestaltung in Christus«.

* s. o. S. 24 ff.

Arbeit an dieser Welt

Wenn wir schon beim Hirschberg-Programm sind, dann erinnere ich auch daran, daß drei Jahre vor diesem Hirschberg-Treffen vor 25 Jahren hier in Brückenau das Hirschberg-Programm seine Nachkriegsfassung bekommen hat. Bestimmte Attribute, die wir unserem Herrn Jesus Christus in den Vorkriegsfassungen aus den zwanziger Jahren gaben, das Wort vom »Gottmenschen«, das Wort von dem »Urbild«, nach dem wir geprägt sind, das Wort von dem »Haupt der Kirche«, sind geblieben bis in die letzten Fassungen hinein. Es sind einige Attribute damals in Brückenau dazugekommen unter dem Erlebnis des Zweiten Weltkriegs, unter dem Erlebnis unserer 7000 Toten, unter dem Eindruck des Todes von Pater Delp. Das waren die Worte: »Dieser Christus, an den wir glauben, ist der gekreuzigte Christus.« Dieser Christus, an den wir glauben, ist der, der uns seinen »Heiligen Geist« gesandt hat und in dessen Wirken wir selbst stehen in der »Arbeit an dieser Welt«. Dieser Jesus ist der, der »wiederkommen wird in Herrlichkeit«.

Christus

Was ist hier geschehen? Es ist ein und derselbe Christus, der »Christus gestern, heute und in Ewigkeit«. Aber über diesen Christus ist auch in den verschiedenen Zeiten unseres Bundes unser Verständnis unterschiedlich ausgesagt worden. Und um dieses Thema geht es uns eigentlich heute. Wenn wir heute in der Festakademie über das »Christusverständnis heute« in der Kirche sprechen, dann möchte ich zunächst zurückkehren zu jenem Ausdruck, den das Christusverständnis in der Kirche damals auf dem größten Konzil des kirchlichen Altertums, wir konnten sagen, damals 1951, auf dem größten Konzil der Kirchengeschichte überhaupt – nur das Zweite Vatikanum war größer – gefunden hat. Wir haben dieses Wort von Chalkedon damals vor 25 Jahren hier in Brückenau ganz zentral herausgestellt in unserer Festakademie. Es heißt dort, daß die Konzilsväter sich zu Jesus Christus in einem ganz bestimmten Sinn bekennen: »Folgend den heiligen Vätern lehren wir alle einstimmig, einer und derselbe, der Sohn und unser Herr Jesus Christus, ist vollkommen seiner Gottheit nach, vollkommen seiner Menschheit nach, wahrer Gott und wahrer Mensch, bestehend aus einer vernünftigen Seele und aus einem irdischen Leib, wesensgleich mit dem Vater der Gottheit nach, wesensgleich auch uns in seiner Menschheit, uns in allem gleich geworden, ausgenommen die Sünde. Wir bekennen alle einen und denselben Christus, den Sohn, den Einziggeborenen, der in zwei Naturen unverwandelt, ungetrennt und ungesondert existiert; denn niemand verleugnet hier den Unterschied der Naturen, die Einung in der Person. Es wird die Eigentümlichkeit jeder Natur vielmehr gewahrt, wenn beide in einer Person zusammenkommen. Wir bekennen einen in zwei Personen geeinten und nicht in zwei Personen zerrissenen; wir bekennen einen und denselben Herrn Jesus Christus, den die Propheten vorausgesagt, wie ihn unser Herr Jesus selbst uns zu sehen gelehrt hat, wie ihn das Glaubensbekenntnis unserer Väter überliefert hat. Und da wir nun mit großer allseitiger Umsicht und Genauigkeit diese Entscheidung hier treffen, beschließt die heilige und allgemeine Kirchenversammlung, daß niemals jemand einen anderen Glauben vorschreiben oder niederschreiben, verfassen, bekennen oder lehren darf.«

Fragen nach Christus

Ich stelle ausdrücklich dieses Bekenntnis von Chalkedon in die Mitte unseres Treffens. Denn darauf kommt es an, daß das letzte Wort dieses Konzils sich auch unter uns erfüllt. Was geschieht nun in unseren Tagen? Was wir erleben, ist, daß das Fragen nach Christus und das Suchen nach neuen Ausdrucksformen für die gleiche Wirklichkeit, die Chalkedon hier umschrieben hat, in einer Weise zu einer christologischen Reflexion in der Kirche geführt hat, wie wir sie seit Chalkedon in wenigen Jahren nicht erlebt hatten. Das charakterisiert die kirchliche Entwicklung der letzten Jahre.

Das ist eigentlich überraschend. Denn im Zweiten Vatikanischen Konzil war ja gar nicht Christus in die Mitte der Auseinandersetzungen gerückt, sondern die Kirche. Das hat eine Chance gehabt, nämlich einmal Christus von der Kirche her zu sehen; das hat auch eine Gefahr gehabt, nämlich Christus vor der Kirche zu übersehen. Und vielleicht hat der betonte Weltbezug des ausgehenden Konzils dazu geführt, daß zunächst einmal noch mehr als auf dem Konzil selbst Christus zurücktrat in unserer Kirche und die Kirche, die Kirche in der Welt von heute, in den Vordergrund der theologischen Reflexion führte. Das ist seit drei Jahren etwas anders geworden in der Kirche.

Christus im Mittelpunkt

Wir haben in den letzten Jahren eine Fülle davon in dicken theologischen Werken über Christus bekommen. Ich denke an die vielfältigen Beiträge von Karl Rahner, von Urs von Balthasar, von Ratzinger, von Küng, von Wiederkehr, von Lehmann, bei Walter Kasper, um bloß einige zu nennen, die bei uns in Deutschland besonders gut bekannt geworden sind. Walter Kasper hat darauf hingewiesen, daß wir in wenigen Monaten in Deutschland drei ganz dicke Bände über die Christologie erlebt haben in den letzten Jahren. Und das ist nicht bloß in Deutschland so. Denken Sie an Schoonenberg, und denken Sie an Schillebeeckx mit ihren Christuswerken in Holland. In Frankreich haben wir etwas ähnliches. Und es sind nicht bloß katholische Theologen, die so Christus wieder in den Mittelpunkt rücken; denken Sie an Pannenberg und Moltmann bei uns in Deutschland auf der evangelischen Seite. Denken Sie an das, was zu einer tieferen Erkenntnis Christi selbst die jüdische Theologie heute beiträgt (das berühmte Christusbuch von Machovec ...), und selbst wenn ein ehemaliger Bundesbruder von uns wie Augstein ein so queres Buch über Christus geschrieben hat, dann glaube ich, letztlich deswegen, weil auch er nicht loskommt von dem, den er einmal mit uns zusammen bekannt hat, und das ist eine letzte Hoffnung, die wir auch für ihn haben.

Bekenntnis in Bewegung

Ich sage, hier ist also vieles in Bewegung gekommen im Verständnis unseres Bekenntnisses zu Christus, und zu-

gleich in Bewegung gekommen – ich hoffe es – im Verständnis dessen, was für uns im Bund »Lebensgestaltung in Christus« bedeutet. Ich hatte meinen Vortrag vor 25 Jahren hier an dieser Stelle gegliedert: 1. das Ringen um das rechte Christusbild in Chalkedon und darüber hinaus, 2. die Bedeutung dieses Christusbildes für die Bewältigung unserer abendländischen Situation, für unseren Einsatz, für die Überwindung der Gegensätze von Ost und West, denn das Christusbild in der Kirche hat sich ja auch mit schicksalhaften Konsequenzen für die Kirche in Ost und West entwickelt, und 3. schließlich auch die Bedeutung dieses Christusbildes für unseren Bund und das Verständnis dessen, was wir »Lebensgestaltung in Christus« nennen.
Erstens: das Ringen um die rechte, Jesus Christus bekennende Ausage in der Kirche heute. Wenn das Konzil von Chalkedon so spricht über Christus und so entschieden am Schluß betont, darüber hinaus gebe es nichts Neues, warum begnügen wir uns nicht damit? Warum wiederholen wir nicht immer und immer wieder die Formeln von Chalkedon, wenn wir unser Christusverständnis in der Kirche verdeutlichen wollen? Um diese Frage zu beantworten, müssen wir uns ein wenig auseinandersetzen mit Motiven und Trends in den christologischen Werken der Gegenwart, von denen ich vorhin gesprochen habe.
Man wird fragen können, hat nicht diese klassische Formulierung des Christusverständnisses in Chalkedon doch einen ganz bestimmten geschichtlichen Hintergrund? Ist es nicht so gewesen, daß hier Christus gesehen wurde im Rahmen eines umgreifenderen Verständnisses, das die Kirche in den zwei Jahrhunderten zwischen Nikäa und Chalkedon sich mühselig erringen mußte gegenüber der Gefahr der Verkürzung der Gottheit Christi durch Arius und gegenüber der Gefahr immer wieder hochkommender gnostischer Auffassungen des Menschlichen in Christus, durch den Monophysitismus, der die wahre Menschheit Jesu in die Gottheit hinein absorbiert? Ist es nicht notwendig gewesen, demgegenüber herauszustellen die Ganzheit des Göttlichen und die Ganzheit des Menschlichen in Jesus Christus?

Dreifaltiger Gott

Aber welches ist der umgreifende Rahmen dieses Christusbekenntnisses? Das ist das Bekenntnis zum dreifaltigen Gott, um das sich die gleiche Kirche in jenen Jahrhunderten bemüht hat. Das ist das Bekenntnis zum Vater, von dem dieser Jesus als der Sohn ausgeht, und das Bekenntnis zum Heiligen Geist, in dem dieser Jesus sein Wirken unter uns hier auf Erden vollendet. Dieser dreifaltige Rahmen des Gottesverständnisses aber – ist er noch die selbstverständliche Grundlage unseres Gottesbildes, wenn wir danach fragen, was uns Jesus bedeutet?

Der Mensch Jesus

Hier unterscheiden die neuen Christologien zwischen einer sogenannten *»Christologie von oben«* und einer *»Christologie von unten«*, einer Christologie von oben, die das ganze Geheimnis der Menschwerdung des Sohnes Gottes begreifen möchte von dem Geheimnis des dreifaltigen Gottes aus. Primär steht in diesem Bekenntnis das Bekenntnis zum Vater *und* dem Sohn *und* dem Heiligen Geist. Nicht so wie die Kirche in den Jahrhunderten vorher zu beten gewohnt war; denn diese Dreifaltigkeitsformel unseres Betens stammt erst aus der späteren Zeit. Die erste Zeit pflegte zu sagen, daß sie Gott, den Vater, anbetet *durch* den Sohn *im* Heiligen Geist. – Erst der Drang, die Gleichheit aller Personen zu betonen, führt dazu, das Unterschiedliche der Personen etwas zurücktreten zu lassen. Genau das aber scheint heute nicht mehr so selbstverständlich. Brauchen wir nicht, um zu diesem dreifaltigen Gott zu kommen und zum Verständnis der wahren Gottheit und wahren Menschheit Jesu Christi, jenen Weg, den die Heilige Schrift selbst geht: den Weg über den Menschen Jesus Christus? Dieser Weg zu Christus erscheint dann als Christologie von unten. Dahinter steht also die pastorale Not, daß viele, von denen wir heute über Christus zu sprechen haben, nicht mehr vom Gott her, dem Dreifaltigen, zu Christus kommen, sondern einfachhin vom Menschen Jesus Christus, so, wie er uns in den Evangelien begegnet.

Entmythologisierung
Und damit ist ein Zweites in der neuen Christologie gegeben: *die sehr starke Betonung des anthropologischen Ansatzes* dieser Christologie, das alte Wort: durch Christus, den Menschen, zu Christus, dem Gott. Da steht heute im Grunde eine etwas andere pastorale Not dahinter. Viele haben den Eindruck, daß manches, was wir aussagen von Christus, angefangen von der Menschwerdung Gottes in Jesus Christus bis zur jungfräulichen Geburt dieses unseres Herrn Jesus Christus, bis zur Auferstehung dieses unseres Herrn, bis zu unserem Glauben an die Wiederkunft dieses unseres Herrn, für eine große Anzahl von Menschen mythologische Restbestände des Sprechens von Gott zu enthalten scheinen. Sie haben den Drang, das alles in ihrer Sprache von Christus zu »entmythologisieren«; sie bleiben dann bei diesem menschlichen Ansatz so stehen, daß die »Theologie von unten« überhaupt nicht findet zu der »Theologie von oben«, die unverzichtbar mit ihr zusammen festgehalten werden muß; daß die Theologie, die ansetzt vom Menschlichen, nicht mehr dazu kommt, ein ganz klares Wort zu Christus als Gott zu sprechen. Wir müssen uns aber fragen: Wissen wir denn so genau, was das Menschliche ist? Ist es nicht vielleicht so, daß gewiß das Verständnis vom Menschlichen und der Ausgang vom Menschlichen uns hinführen kann zu dem Gott-*Menschen* Jesus Christus, daß aber andererseits vielleicht das, was der Mensch ist, nur recht verstanden werden kann von diesem *Gott*-Menschen Jesus Christus? Jesus Christus ist mehr als eine exemplarische Form des generellen Typus Mensch in der Schöpfung.

Der historische Jesus
Damit komme ich zu einem Weiteren, was zu diesen beschriebenen zwei Typen der Christologie heute tritt, nämlich, daß man viel stärker in ihr ausgeht von dem historischen Jesus. Zunächst einmal schien das ja durch die kritischen Arbeiten der Exegeten unmöglich gemacht. Die Evangelien, so haben sie uns gezeigt, enthalten ja doch nicht in dem Sinn, wie wir es oft gemeint haben, eine Bio-

graphie Jesu Christi. Enthalten sie aber für das, was der Jesus der Evangelien ist, vor allem der vorösterliche Jesus, so wenig, daß wir keinen gesicherten Zugang haben zu den Grundzügen dessen, was Jesus Christus hier auf Erden gesagt und gewollt hat? Hier begegnen wir ja heute schon jener Entwicklung, die sozusagen wiederum ins Umgekehrte umschlägt, daß das, was jenseits seines Todes am Kreuz liegt: Auferstehung, Geistsendung, als etwas im Grunde biblisch Sekundäres erscheint. Nehmen Sie den Akzent, den hier etwa Schillebeeckx in seinem letzten Jesusbuch gesetzt hat. Aber so kann es doch auch nicht sein, daß sozusagen der Tod nur die Bewährung des Propheten Jesus in dem Tragenden seiner irdischen Wirklichkeit ist. Es muß doch nach dem biblischen Zeugnis dieses Leben selbst verwandelt weitergehen in der Art und Weise, wie er durch seinen Heiligen Geist aus seinem Sein beim Vater der Kirche bleibend verbunden ist in der Umgestaltung dieser Welt.

Drohende Verkürzungen

Und schließlich ein Letztes in diesem Zusammenhang. Es hat einer von unseren Theologen, diesmal einer von unseren Bundesbrüdern, nämlich *Welte* in Freiburg, darauf aufmerksam gemacht, daß vielleicht in dieser gesamten Neubesinnung auf Christus Folgendes geschieht: Wie nämlich in der gesamten Zeit vor Chalkedon die damalige Kirche darum kämpfte, die Christusbotschaft rein so zu verkündigen, wie sie eingeleitet wird durch die Aussage der Propheten, wie sie Jesus Christus selbst dargestellt hat, wie es sich findet in den neutestamentlichen Schriften und in den Zeugnissen der Väter, und wie sie sie sichern mußte gegenüber der Gefahr, von der ganzen griechischen Weltanschauung aus, dem Hellenismus her, hellenistisch zu verkürzen, so heute gegenüber heute drohenden Verkürzungen. Keine Zeit ist imstande, dem Ganzen Christi gerecht zu werden. Jede Zeit ist in der Gefahr, die Botschaft auf ihre Maße zu verkürzen. Das sind damals die hellenistischen Maße gewesen. Und was haben die Väter von Chalkedon gemacht? Indem sie das Instrumentar ihrer ganzen geistigen Welt einsetzten, haben sie die Gefahr abgewehrt, daß das Christusbild von den Einseitigkeiten dieser Weltsicht her ausschließlich verstanden wurde. Das ist aber etwas Bedeutsames. Wenn in Chalkedon das metaphysische Weltbild der Griechen durchschlägt in den Formulierungen von »Natur« und »Person«, und wenn das nicht mehr dem Weltbild von heute entspricht, dann bleibt uns gar nichts anderes übrig (auch unseren forschenden Theologen nicht und gerade denen nicht), als zu versuchen, in einer Sprache, die den Menschen in den heutigen Weltbildkategorien zugänglicher ist, einen besseren Zugang zu der Ganzheit Jesu Christi zu finden. Aber genau, wenn sie das tun und wenn sie das in der Sprache unserer Zeit – in der Sprache, die vom Naturwissenschaftlich-Technischen her etwa mitgeprägt ist – tun, geraten sie doch unvermeidlich – denken Sie an einen anderen großen Christologen, der noch lebendig ist, an Teilhard de Chardin – in die Gefahr, auch das Christusbild in die Maße unserer Zeit einzuschließen.

Vom Vater her

Das ist der Kern der vielen Bedenken, die immer wieder geltend gemacht werden gegen die Ansätze der Christologie heute. Derjenige, der diesen Prozeß ernst nimmt, das Ringen der Geister um Christus, wird sehr vorsichtig sein und sehr behutsam, vorschnell Seite um Seite Häretisches herauszulesen. So einfach ist das nicht, meine lieben Freunde. So einfach ist es nicht bei Küng, so einfach ist es nicht bei Schillebeeckx, so einfach ist es nicht bei Teilhard de Chardin. Aber wenn wir die Geschichte der Christologie, wenn wir Chalkedon ernst nehmen, dann muß auch ernst bei ihnen gefragt werden – dort, wo wir den Eindruck haben: Diese Aussage wird dem Christusbild der Evangelien, diese Aussage wird dem Christusbild der Konzilien der Kirche, diese Aussage wird der Tradition des christlichen Glaubens nicht ganz gerecht. Nicht bloß in diesen formalen Betrachtungen sind Welte und im Anschluß an ihn Walter Kasper stehengeblieben. Sie weisen darauf hin, in welchem Umfang, in welchem gesicherten Umfang doch Christus selbst nicht verständlich ist ohne seinen Bezug zum Vater. Vom ersten Sprechen an: »Wußtet Ihr nicht, daß ich in dem sein muß, was meines Vaters ist?« bis zum letzten Wort am Kreuz: »Vater, in Deine Hände gebe ich meinen Geist.« ist Christus nur zu verstehen und versteht Christus selbst sich nur und verstehen wir Christus *vom Vater her.* Aber wie Christus sein Leben als eine Bewegung hinstellt, die ausgeht vom Vater, stellt er sie auch hin als eine Bewegung, die heimführt zum Vater. Neben dem Abstieg steht in der Selbstaussage auch das Wort von der Heimkehr zum Vater. Und wir können keine andere Lebensgestaltung in Christus vollziehen, ohne daß wir uns in Christus hineinstellen, in diese Bewegung, die nicht stehenbleibt bei diesem Christus homo, bei diesem Menschen Jesus Christus, sondern die ihn selbst hineinstellt in jenes Geheimnis, in das die »klassische« Christologie, in das die Christologie von oben ihn hineingestellt hat; in den Zusammenhang des dreifaltigen Gottes. Nicht, daß sozusagen durch den Lebensvollzug Christi das Dreifaltigkeitsgeheimnis Gottes erst konstituiert wird, sondern in dem andern Sinn, daß sich erst im Lebensvollzug Christi der geheimnisvollere des umgreifenden Ganzen Gottes enthüllt: des Vaters, der durch seinen Sohn im Heiligen Geist daran ist, Gott zu werden »alles in allem«.

Aufgaben der Zeit

Nicht so ausführlich wie im ersten Teil möchte ich etwas sagen zu dem zweiten Teil, über den ich damals in Brückenau gesprochen habe, über die Bedeutung dieses Christusbekenntnisses für die Aufgaben unserer Zeit. Mir ist dieser Tage noch einmal das Manuskript meines Vortrags vor 25 Jahren in die Hand gefallen, und ich habe mich über mich selbst gewundert, mit welcher Unbefangenheit ich damals aus trinitarischen und christologischen Gesichtspunkten heraus den West-Ost-Konflikt, unseren europäischen Auftrag und den Dienst des Abendlandes an der Welt herausgestellt habe. Der alte Augustinus hat ein Büchlein geschrieben »Retractationes« – ich sehe schon die Zeit kommen, wo ich auch etwas schreiben und sagen muß über all das, was ich zu korrigieren habe in den einmal gehaltenen Vorträgen. Aber ich möchte eines betonen, die Kernaussagen unserer praktischen Christologie, nämlich, daß unter allen Umständen die Verwirklichung der Ganzheit des Menschen nicht möglich ist ohne das Festhalten am ganzen Christus. Ist es da grundsätzlich gefährlich, wenn wir sagen, der Zug, der heute mit Recht an Christus herausgestellt wird, ist dieser, daß Christus »der Mensch für andere« ist? Ja, der Gott, den wir bekennen in Christus, der Vater, ist der »Gott für den Menschen«, der Gott, der sich geoffenbart hat dadurch, daß er die Welt so geliebt hat, daß er seinen eingeborenen Sohn hineingab in diese Welt, um diese Welt nicht zu richten, sondern zu retten.

Kirche und Welt

Wir kommen damit zu einer Auseinandersetzung, die heute zu den fundamentalsten unter uns gehört in der Kirche, in der nachkonziliaren Zeit. War diese Wende zur Welt hin in der Pastoralkonstitution »Kirche und Welt«, in der auch die schönsten Stellen über Christus und die tiefsten Stellen des Konzils über Christus stehen, war diese Wende selbst falsch, einseitig? Sind da nicht manche Leute in der Gefahr, aus einer Einseitigkeit in die andere hineinzugeraten? Ich sage ja zu dem Anliegen, das gestern Karl Holzamer so eindrucksvoll herausgestellt hat bei seinem Wort zum Primat, den in der Verwirklichung unseres christlichen Lebens der Kult haben muß. Aber mir wird immer auch ein klein bißchen unheimlich, wenn man sagt *»und nicht das Soziale«*. Es wird mir unheimlich, weil ich den Eindruck habe, daß mehr als die Hälfte der Welt dann unser Christusverständnis nicht mehr mitvollziehen kann. Es wird mir unheimlich, weil ich den Eindruck habe, daß einer der Grundzüge der heutigen Bemühungen um das Christusbild nicht lebendig genug mehr gesehen wird.
Sind wir nicht in der Gefahr, zu übersehen, daß die primäre Begegnung mit Christus auch sein kann die mit demjenigen, der am Rand unserer Straßen liegt, ausgeplündert, und an dem der Mann des Kultes, der Priester und der Levit, vorübergeht? – Kann es nicht sein, daß das Absteigen vom Roß und das Sichbemühen um mehr soziale Gerech-

tigkeit die zeitlich *vor*gegebene Aufgabe des Christusdienstes wird? Denn: »Was ihr dem Geringsten getan habt, das habt ihr mir getan!« Und nicht bloß »Das habt ihr dem getan, der mich gesandt hat«. Was ist der Kult denn anderes, als eben auch dies zu realisieren? Ist lebendiger Glaube etwas anderes als die Bereitschaft, auch in gegebener Form Diakonie das Primäre sein zu lassen? Wir haben als Jesuiten heute eine ganz große Schwierigkeit. Unsere letzte Generalkongregation hat bei der Frage nach der Akzentsetzung des Ordens in der Zukunft herausgestellt, daß wir ein klein bißchen Abschied nehmen müssen von dem Primat, den wir gewissen Formen der »Diaconia fidei«, des Dienstes am Glauben, gegeben haben. Könnte man nicht versuchen, was diese Generalkongregation versucht, nämlich zu sagen: Unsere Option als Orden heute ist die *Einheit der diaconia fidei* mit der *promotio justitiae.* Diaconia fidei *et* promotio justitiae. Kann nicht die promotio justitiae zu der zeitgeforderten Form der diaconia fidei werden?

Christusbild und Plattform

Ich möchte schließen in diesem Zusammenhang mit einem ganz konkreten Problem, das wir im Bund haben. Das ist das Problem: Wie steht denn nun zu diesem unserem Christusbild, zu dem wir uns heute und hier so bekennen, die »Plattform« der Schülergemeinschaft? Es ist ein Zweifaches, was mir auffällt bei dieser Plattform. Das erste ist ein gegenüber dem Hirschberg-Programm anderer Ansatz. »Die Katholische Schülergemeinschaft (KSJ) ist eine freie Gruppierung innerhalb der katholischen Kirche. Da es in der Kirche um die Sache Jesu geht, muß die KSJ deutlich machen, in welcher Richtung sie die Entscheidung zur Gestalt Jesu suchen will.« Davon hängt ihre Identität mit uns und die Einheit unseres Bundes ab. Darüber müssen wir uns klar sein. »Eine solche Verdeutlichung soll keinen ausschließen, der noch nicht zu einer bewußten und freien Entscheidung zu Jesus Christus gekommen ist.« Denn das ist die Realität einer großen Anzahl von Gruppen in der Katholischen Schülergemeinschaft. Das war bei uns anders. Oder war es doch nicht so anders? Wie steht es mit unserem Christusbild? Ist unser Christusbild noch so ungebrochen, das Christusbild der »Lebensgestaltung« in unserem ersten Aufbruch im Bund? Oder spürt nicht der eine oder andere von Euch, vielleicht mehr als zugegeben, die Angefochtenheit seines Glaubens, auch bis gerade in das Christusgeheimnis hinein?

Hilf meinem Unglauben!

Ich habe mit Brüdern hier in unserem Bunde gesprochen, die eine ganz merkwürdige Zumutung brachten, nämlich »Ich kann nicht mehr so recht an Christus glauben, darf ich aber trotzdem noch im Bund bleiben?« Das waren nicht Fragen derer, die vor der Christusentscheidung ihrer jungen Jahre standen, das waren andere, die in der Verwirrung ihres Glaubensverständnisses als ältere Neudeutsche stehen. Ich weiß, wie schwer sich manche Gruppen und manche Regionen in der ganz konkreten Lösung solcher Fragen heute tun. Und ich habe, als ich zum letzten Mal hier in Neuhaus sprechen durfte, wo ich ein ganz klein bißchen aus der Geschichte meines eigenen Glaubens berichtet habe, erzählt, daß ich Phasen gehabt habe, wo ich den echten Kinderglauben hatte und echten Glauben des Aufbruchs vom Bund in der ersten Hirschberg-Begeisterung; dann Zeiten, wo ich die ganze Problematik des Glaubens eines Theologiestudenten und eines Theologieprofessors erlebte; wo ich dann im Grund bestärkt wurde im Glauben durch das Glaubenszeugnis vieler Menschen, mit denen ich zusammenkam, auch vieler Mitbrüder im Bund, bis ich dann die Überzeugung hatte: Wer so viel von der Wirksamkeit des Glaubens an Christus im Leben erfahren hat wie ich, der kann eigentlich nicht mehr schwach werden im Glauben. Und trotzdem ist meine letzte Formulierung im Gebet meines Glaubens keine andere als die des Evangeliums: »Ich glaube, Herr. Hilf meinem Unglauben.« Jeder hat in diesem Zusammenhang sein persönliches Christusverhältnis zu formulieren.

Suchen ernst nehmen!
Und ich möchte schließen damit, daß ich sage: Ich versuche wenigstens das zu sein, wozu sich die Leute in der Schülergemeinschaft bekennen, nämlich ein Mensch, der zu einem wirklich ehrlichen Verhältnis zum ganzen Christus finden will, zu einer echten Entschiedenheit. Und so, glaube ich, müssen wir vielleicht doch, und zwar nicht bloß in der Diskussion mit den Theologen, vielleicht haben zu viele Theologen hier mitgeholfen in der Formulierung der Plattform, uns fragen, läßt sich das Verständnis des Christusglaubens nicht klarer formulieren, als wenn gesagt wird: »Christen bekennen Jesus als den Christus, weil sie das Beste von dem, was sie bewegt, in ihm wiedererkennen und daher bereit sind, seinen Weg zu gehen.« Und wenn dieser Christus »das Beste« von ihnen darin in Frage stellt, was dann? Ist nicht auch damit zu rechnen? »Die von Jesus ausgehende ›Faszination‹ hat eine doppelte Ursache: Einmal beeindruckt die Radikalität, mit der Jesus human gewesen ist und Solidarität mit den Menschen in Predigt und Leben praktiziert hat.« Das ist eine Wahrheit, aber wie versteht Jesus, was »human« ist? Und was bedeutet Praxis in Lehre und Leben bei ihm? Ist das hier ganz festgehalten? Schließlich: »Zum andern beeindruckt Jesus durch die dynamische Zentralität seines humanen Engagements. Damit ist gemeint, daß Jesus in einer einzigartigen Weise die jeweilige konkrete Problematik auf ihre Mitte hin, auf die letzte Sinnfrage, auf Gott hin durchschaut und von daher in Frage stellt.« Was ist hier Gott? »Mit diesem Gott, den er seinen Vater nennt, identifiziert er sich in einer so einmaligen und absoluten Weise, daß in ihm und seiner Nachfolge ein letzter göttlicher Sinn deutlich wird, der ansatzweise und bruchstückhaft überall in der Welt zu finden ist.« Genügt das? Ist das schon Chalkedon? Ist das das Neue Testament? Ist das das Christusverständnis – so frage ich mich – meiner Mutter? Ist das der Christus, in dem ich in den Bund eingetreten bin? Ist das der Christus, so wie ich ihn bis zu meinem Lebensende doch festzuhalten hoffe? Ich gebe dazu keine Antwort. Ich habe den Eindruck, wir sollten das Suchen ernst nehmen, aber wir soll-

ten die Formulierung, bis zu der dieses Suchen hier kommt, nicht als das mögliche letzte Wort betrachten. Dann aber müßten wir über das Ringen nach unserem Wort in einem anderen Umfang als bisher mit diesen Jüngsten sprechen und – weil das Entscheidendste in der Christusnachfolge, wie sein Geheimnis selbst, überhaupt nicht aussprechbar ist – leben. Sie werden soviel Christusverständnis haben, als wir bereit sind, ihnen aus gelebtem vollen Glauben mitzuteilen.

Kirche im Wandel

Verschiedenen Schwerpunkten im Kirchenverständnis lassen sich Phasen der Bundesgeschichte zuordnen. Aus dem jeweiligen Bild von der Kirche ergibt sich auch die Selbsteinschätzung in ihr, die größere Identifizierung oder Distanz. Der Text ist den Seiten 6 bis 14 des Hirschberg von 1978 entnommen.

I. *Wille zur Einheit*

Hinter dem Thema, über das wir heute abend sprechen wollen, »Kirche im Wandel«, steht eine Frage unseres Bundes an sich selbst, nämlich: Lebt in den drei Gemeinschaften des Bundes der Wille zur Einheit dieses Bundes trotz der unverkennbar unterschiedlichen Einstellungen, die sowohl bei den einzelnen Mitgliedern bestehen wie bei den einzelnen Gemeinschaften, und zum Teil ja auch quer durch die Gemeinschaften hindurchgehen. Die Frage hat einen mehrfachen Sinn und vor allem einen mehrfachen Anlaß. Ein Anlaß ist z. B. der, daß in den letzten Jahren uns doch eine gewisse Anzahl verlassen hat mit der Erklärung: Für mich ist das nicht mehr der Bund, in den ich eingetreten bin. Auch der Übertritt der einzelnen von einer Gemeinschaft in die andere kann durch eine solche Fragestellung erschwert sein: Trete ich, wenn ich von der Schülergemeinschaft übertrete in den Hochschulring, tatsächlich in eine andere Gliederung eines und desselben Bundes ein? Häufig wird diese Frage ja zweifellos beim Übertritt in den Männerring gestellt.

Fragen, die hinter dieser konkreten Frage nach der Identität unseres Bundes stehen, sind durch gewisse Verstehensschwierigkeiten unseres Hirschberg-Programms mitbedingt. Auch wenn wir das Hirschberg-Programm mehrfach umformuliert haben, um der besseren Verständnismöglichkeiten willen in den nacheinander folgenden Generationen, so ist doch das, was darin etwa in einer letzten Form gesagt wird, in der Münchener Fassung von Ostern 1965, nicht für jeden so eindeutig; genau dieselben

Schwierigkeiten gibt es, wenn wir die Frage anschneiden: Warum zögern manche Eltern, die zu unserem Bund gehören, ihre Kinder auch in seine Schülergemeinschaft hineinzugeben? Warum zögern manche Bischöfe und manche Theologen, dem Bund noch jenen Vertrauensvorschuß zu geben, den wir sicher zu bestimmten Zeiten in einem größeren Umfang gehabt haben als wir ihn – wenigstens vielleicht – heute haben? Sind sie der Überzeugung, wir hätten uns hier gewissen ideellen – manche fragen sogar faktischen – Unterwanderungen im Bund ausgesetzt; die Frage sei also nicht so ohne weiteres selbstverständlich, ob wir noch das heute sind, womit wir begonnen haben, und was wir zu anderen Zeiten unseres Bundes vielleicht fragloser waren, als wir es heute sind.
Das hängt selbstverständlich damit zusammen, daß unser Bund sich wandelt. Und der Wandel unseres Bundes hängt nicht zuletzt damit zusammen, daß er ein Bund in unserer Kirche ist, und daß die Kirche sich wandelt. Kein Begriff ist von dieser Kirche bei der Kennzeichnung ihrer augenblicklichen Situation in der Schlußkonstitution des Zweiten Vatikanischen Konzils so oft in Anspruch genommen worden wie der Begriff des Wandels. Die Kirche steht selbst in einer umfassenden Fülle von Wandlungen und macht diese Wandlungen selber durch. Ist ein Bund selbst eine Gliederung innerhalb der Kirche, dann ist er selbstverständlich den gleichen Wandlungen unterworfen, entsprechend der Eigenart seines eigenen Wollens. Nehmen wir den Begriff der »Lebensgestaltung in Christus«, dann gibt es zweifellos einen Gestaltwandel des Christusbildes bei uns in unserem Bund. Gleichzeitig folgt aber diesem Wandel des Christusbildes der Wandel des Selbstverständnisses in der Kirche.
Wenn ich mich noch daran erinnere, wie die ersten Diskussionen auf dem Zweiten Vatikanischen Konzil in der Vorbereitung der großen fundamentalen Aussage über das Selbstverständnis der Kirche anliefen, so hat sich der Entwurf der Aussagen, die dort – in unterschiedlichen Einzelformulierungen – immer wieder neu aufgestellt und verworfen wurden, so erheblich gewandelt, daß man es wirk-

lich schwer hat, die Identität zwischen dem ersten Entwurf der Aussage und dem dreizehnten Entwurf dieser Aussage zu bejahen, wobei man nur die Entwürfe zählt, die allgemein durchdiskutiert worden sind. Zählt man die Entwürfe in den einzelnen Sachkommissionen, dann sind es dreimal soviel. So stark wandelt sich in der Kirche der Versuch, über sich auszusagen, was sie selber ist. In diesem Zusammenhang steht das Thema, über das ich sprechen will.

II. *Die erste Gestalt des Kirchenbildes*

Das Unumstrittenste im Christusbild: »Neue Lebensgestaltung in Christus«, wirft schon eine Reihe von Fragen auf. Wie war das denn mit jenem *Christus*bild, mit dem in der Wende nach dem Ersten Weltkrieg zu den Jahren 1919, 1923, 1924 das Christusbild und das Kirchenbild unseres Bundes zum erstenmal ausgesagt wurde? Da, glaube ich, geht zunächst beides, das Christusbild und das *Bild der Kirche*, von dem aus, was wir damals *das neue Menschenbild der Jugendbewegung* nannten. Jugendbewegung, so wie sie sich selbst verstand, allerdings bereits in der Wende von ihrer ersten, relativ individualistischen Periode, wie sie sich auf dem Hohen Meißner formulierte, zu ihrer zweiten Gestalt nach dem Ersten Weltkrieg, die gekennzeichnet ist vom *Übergang zum Bündischen*, wo also neben die individualistische oft an Stelle der individualistischen – die *soziale Sicht* tritt. Der Mensch dieser jugendbewegten Sicht betont vor allem die Wahrhaftigkeit seines Wesens (»Mensch, werde wesentlich«; so eine der großen Aussagen damals), die Wahrhaftigkeit gegenüber sich selbst, die nichts Unechtes in der ganzen Sprache und Lebensführung zuläßt, das »Ja« zu der Leiblichkeit des Menschen und von dort her die Bejahung dieser Existenz des Lebens im Leibe auf der Fahrt, in der Geselligkeit; das Ja zum Volk und zu seinen Liedern und seinen Traditionen, das Ja vor allem zur persönlichen Verantwortung jedes einzelnen gegenüber den Vermassungserscheinungen, gegenüber den Manipulationserscheinungen einer in ihren letzten Zügen begriffenen bürgerlichen Gesellschaft. Dem entsprach das

Christusbild dieser Jugendbewegung. Jesus Christus ist wahrhaftig ein Mensch. In Christus selbst sieht diese unsere Jugendbewegung im Hirschberg-Programm sozusagen den idealen Menschen der gesunden Natur. D. h. also: »*Christus als Eigenpersönlichkeit* ist das erhabenste Vorbild auch in allem rein menschlich Schönen und Feinen.« Wer damals mitgemacht hat, wie wir in der Konfrontation mit Christus Menschlichkeit übten, der weiß, eine wie tiefe Aussage hier über das Menschliche überhaupt gemacht wurde, über den natürlich feinen Menschen.

Es geht dann der Text weiter: »Seinem gottmenschlichen Leben streben wir nach in einer bewußten, religiösen Selbsterziehung. Praktische Mittel sind uns ein inniges eucharistisches Leben, Marienminne« – hören Sie die romantische Sprache! Das Ganze hat ein gutes Stück Romantik in sich gehabt – »Exerzitien, Seelenführer u. ä. Die Nachahmung der Persönlichkeit Christi, der Sinn für das Übernatürliche ist uns die ideale, katholische Verklärung der Forderung ›Sinn für Natürlichkeit‹.«

Das ist ein sehr klar umschriebenes Christusbild. Wer die Exerzitien von Esch mitgemacht hat und die Christuskreise von Manuwald, weiß: das wurde uns als Christusbild dieser ersten Jahre so vermittelt, daß ich den Eindruck habe, so wie das Christusbild die Jugend von damals im Bund geprägt hat, so hat es keine Generation in ähnlicher Tiefe und Intensität später erlebt. Das ist jedenfalls eines der Zeugnisse der Ältesten, die diese Zeit erlebt haben und die den Bund noch bis heute erleben.

In diesem Zusammenhang gibt aber die erste Formulierung unseres Hirschberg-Programms auch die Antwort auf die Frage: Wie verstehen wir die Kirche? Das hängt eng mit dem ersten zusammen, nämlich: der natürliche Mensch ist der Mensch in Gemeinschaft, und Kirche ist für uns die übernatürliche Verklärung unseres Willens zur *Gemeinschaft.* So wird es hier klar im ersten Programm ausgesprochen. Es hat also das damalige Aufleben des bündischen Elements in der Jugend etwas Unmittelbares damit zu tun, daß wir den Individualismus und die Gefahr des Subjektiven in der ersten Phase der Jugendbewegung überwunden

haben durch unser bewußtes Ja zu der Kirche. Ich würde glauben, daß das für die meisten von uns von einer ähnlich prägenden Tiefe war wie das, was wir über Christus erfahren und erlebt haben.
Das heißt: wir standen damals mitten in der lebendigen Erneuerung einer Kirchenerfahrung, die die Kirche selbst mitmachte. Das war die Zeit des »Erwachens der Kirche in den Seelen«, von der damals Guardini geschrieben hat. Das war die Zeit, wo das Schrifttum von Möhler über die Kirche in unseren Händen war. Das war die Zeit, wo die Theologen, die aus dem Bund herausgingen, nicht mehr die Schriften von Scheeben aus der Hand legten. Es war eine sehr lebendige Bewegung zur Kirche hin. Die ganze liturgische Bewegung, die damals aufbrach, die ganze pastorale Erneuerungsbewegung in der Kirche kommt aus dieser Christuserfahrung heraus. Der Wille zum Dienst in der Kirche, der damals bis zu einem guten Drittel aller Priesterkandidaten bei uns aus dem Bund hervorgehen ließ, war eine Frucht dieses Kirchenerlebnisses.
In diesem Zusammenhang stand auch in der Durchsetzung der sozialen Gestalt unseres Bundes manches, was von vornherein nicht selbstverständlich war. Ich zähle dazu etwa das bewußte Ja zur kirchlichen Hierarchie, aber das Verlangen, daß bei uns im Bund nicht die Gegenüberstellung der Hierarchen und der anderen sein sollte, sondern eine intensive Lebensgemeinschaft der Geistlichen und der Jugendlichen. Wir ließen die ganzen Diskussionen um den Präses und Beirat an den Kern unserer jungen Kirchenerfahrung, was den Bezug auf die Dienste anging, nicht herankommen. Wir waren äußerst vorsichtig, daß unser verbandliches Wollen, eben unser bündisches Wollen, nicht verwechselt wurde mit sonstigem Vereinswesen in der Kirche; nicht verwechselt wurde mit der Art der Marianischen Kongregationen in der Kirche; nicht verwechselt wurde mit katholischen studentischen Verbindungen an unseren Universitäten. Dahinter stand eine vom Kirchenbewußtsein her geprägte Eigenerfahrung. Auch die ganzen Schwierigkeiten, die wir im Bund hatten, sozusagen in diesem bündischen Element, in diesem lebensmäßigen Über-

spielen der bloß rechtlichen Unterscheidungen, sind geprägt von der ersten Gestalt unseres Kirchenbildes im Bund. Ich glaube, daß wir es der ersten Generation verdanken, daß davon etwas, Gott sei Dank, auch noch heute im Bund lebendig ist.

III. *Die zweite Gestalt des Kirchenbildes*
Es war so ungefähr in der zweiten Hälfte der zwanziger Jahre, da wurde ein neues Bild, nicht ohne Zusammenhang mit dem vorher genannten, das vorherrschende bei uns im Bund, nämlich: Die Kirche ist *der geheimnisvolle Leib Jesu Christi.* Der Gedanke an die Identität der Kirche mit Christus ist damals eines der entscheidendsten Motive unseres gesamten kirchlichen Erlebens gewesen. Das kam von den genannten Gedanken von Möhler her, der gerade von diesen Gedanken aus ja eine zu juridische Entwicklung des Kirchenbegriffes, bereits 150 Jahre vorher mitüberwinden half; das hatte Folgen bei dem ersten Versuch der Kirche, das auch dogmatisch aufzuarbeiten: im Ersten Vatikanischen Konzil. Nur, daß es ja im Ersten Vatikanischen Konzil nicht gelungen war, neben den Aussagen über das päpstliche Amt die Gesamtaussage über die Kirche zu formulieren. Ein gutes Stück von dieser Erfahrung der Identität der Kirche mit Christus ging damals zusammen mit dem neuen Fest des Königtums Christi. Was für uns vor allem mitentscheidend war: In diesem Königtum Christi wurde zurückgegriffen auf das Christusbild des Epheser- und Kolosserbriefes. Das Christusbild des Epheser- und Kolosserbriefes ist eben Christus, das Haupt des ganzen Leibes seiner Kirche, wobei schon die kosmische Dimension Christi in diesem Bild gleichzeitig mit anklang.
Sie ist nachher, von einer ganz anderen Seite her, wie ich sagen möchte, noch einmal in das Leben des Bundes eingetreten.
Wir haben das damals nicht in einer theologisch allzu reflektierten Art und Weise gesehen und ausgesagt, aber es war so etwas wie der Grund eines ausgesprochenen Kirchenpatriotismus in unseren Reihen. Unser Lied war »Ein Haus voll Glorie schauet, weit über alle Land«. In diesem

Sinn ist in der zweiten Hälfte dieser zwanziger Jahre auf einmal in die Christuskreise und Exerzitien eine neue Gesamttönung hineingekommen. Derjenige, der im Bund m. E. vielleicht am eindrucksvollsten diese Wende mitvollzogen und mitvermittelt hat, ist Pater Theo Hoffmann, erst in Köln und nachher in Berlin. Ich werde nie den Exerzitienkurs vergessen, den ich bei ihm im Jahre 1925 vor meinem Eintritt in die Gesellschaft Jesu mitgemacht habe. Mein Bild Jesu ist in der Zeit vor meinem Eintritt vor allem durch das geprägt, was ich in Neudeutschland über die Kirche als geheimnisvollen Leib Christi erfahren habe.

IV. *Der dritte Zusammenhang*

In diesem Zusammenhang taucht dann ein zweites Wort neben dem Wort vom Leib Christi auf, das die weitere Geschichte unseres Kirchenverständnisses begleitet. Es ist das *Wort vom »Reich«*. Es steht schon im ersten Hirschberg-Programm. Es nimmt sehr unterschiedliche Züge an. Es verwirrt sich am Ende dieser zweiten Epoche gelegentlich in Auseinandersetzung mit den Reichsideen des Nationalsozialismus. Wir haben uns gelegentlich schwergetan in den beginnenden dreißiger Jahren, nicht von Reichsideologien her eine Annäherung von Kirche und nationalsozialistischem Staat zu suchen. Wir haben im Bund Mitglieder gehabt, die sich in dieser Beziehung schwergetan haben. Irgendwie ist dieser Anfechtung – als solche möchte ich sie betrachten – auch manches von dem ausgesetzt gewesen, was gelegentlich damals Pater Esch gesagt hat. Ich erinnere mich an seine berühmte Predigt im Jahre 1935 im Dom zu Limburg, wie er auf dem gleichen Felsen den Dom und das Rathaus stehen sah, also Kirche und Staat.
Hier waren einige von uns unscharf gegenüber der Reichsidee in unserem Kirchenverständnis, wie manche aus der katholischen Sozialarbeit des Volksvereins dem Mißverständnis der Volksidee nachgaben. Das war ja eine nicht weniger belastende sprachliche Problematik. Ich glaube aber: Es war im Grunde ein Zeichen der originären Tiefe und Kraft unseres Kirchenverständnisses, daß wir doch bereits, als wir noch »erlaubt« waren in Deutschland, über

diese Gefährdung hinweggekommen waren aus eigener innerer Einsicht. Es näherte sich vielmehr die wahre dritte Gestalt unseres Kirchenverständnisses, die sich dann niedergeschlagen hat in jener Fassung, die wir dem Hirschberg-Programm dann in Brückenau nach dem Ende dieses Krieges gaben. Das war die Notwendigkeit, uns damals abzusetzen von der Vorstellung: Neudeutschland ist und bleibt Jugendbewegung. Wir haben gesehen, daß wohl etwas von dem Wollen und der Form der Jugendbewegung im Bund bleiben mußte.

V. *Die vierte Gestalt: Sendung der Kirche*

Aber als diese Jugendbewegung überging zu der »Lebensbewegung« in Neudeutschland, da trat hier etwas Wichtiges neu ein in unsere Entscheidungen.

War im Zusammenhang mit der Jugendbewegung unser Verhältnis zu Christus im wesentlichen bestimmt durch den Begriff des Lebens, der Lebensgemeinschaft mit Christus, so tritt jetzt an die Stelle des *Lebens*akzentes der *der Sendung.* Es war das Verdienst der Stuttgarter, der Freiburger. Die ganze Bewegung damals, bei der in den Schwerpunkt, den wir unserer Arbeit in Deutschland von der Jugendbewegung her gegeben hatten, jetzt auf einmal das tritt, was der spätere Kardinal Cardijn in Belgien mit hereingebracht hat, nämlich das Bewußtsein: Wir stehen nicht bloß in Lebensgemeinschaft mit Christus, sondern wir sind *die Träger seiner Sendung in dieser Welt.* Und Sendung, das heißt hineingehen in den *Arbeitsbereich,* in den hinein man gesandt ist. Wir sind nicht nur eine lebendige Bewegung im Volk. Wir sind eine Bewegung, die geht in die Jugendarbeit, in die Schule hinein. Wir sind eine Bewegung, die geht in die Berufsarbeiten der Männer mit hinein. Sie muß sich auch, darüber hatte sie sich in den ersten Zeiten wenig Gedanken gemacht, auseinandersetzen mit der Innenwelt von Ehe und Familie. Infolgedessen bekommt hier Kirche den Charakter des Bereichs *Leben der Menschen in der Welt der Arbeit,* in dem sie – ein Wort, das damals hochkam! – unter allen Umständen *»präsent«* sein will.

Präsenz der Kirche in der Welt, vor allem der Arbeit, das ist damals der entscheidend neue Akzent gewesen. Kirche, sagte damals Pius XII. – ein Lieblingswort des Pater Gundlach –, ist »das Lebensprinzip der menschlichen Gesellschaft«. Der Gesellschaftsbezug ist in jenen Jahren stark hereingenommen worden in das Wirken des Bundes. Daß wir damals in das Hirschberg-Programm von Brückenau auch den Bezug auf die Soziallehre der Kirche hineingenommen haben, steht im gleichen Kontext. Daß wir aber auch dann mit besonderer Wachheit, und hier auf den Spuren von Cardijn, gekämpft haben gegen ein einseitiges Pfarrprinzip, daß wir gekämpft haben in diesem Zusammenhang gegen eine Vereinseitigung des »Pastoralen« in der kirchlichen Gesamtarbeit, daß wir in dieser Zeit besonders die Eigen- und Mitverantwortung der Laien in der Kirche betont haben: alles das steht im Zusammenhang mit dieser *dritten Gestalt der Kirchenerfahrung im Bund.*

Das ist also innere Entwicklung. Zunächst Lebensgestaltung in Christus in der Weise: Kirche *als geistliche Form unserer Erfahrung von Gemeinschaft.*

Zweitens: Kirche als *geheimnisvoller Leib unseres Herrn* bis zu der kosmischen Dimension, wie der Epheserbrief sie zeigt; und drittens: Kirche als »Lebensprinzip der menschlichen Gesellschaft«. Da prägt sich dann die Kirchenerfahrung in den Jahren nach dem Zweiten Weltkrieg bis hin zum Zweiten Vatikanischen Konzil; bis zu einem neuen Strittigwerden des Kirchenbildes unseres Hirschberg-Programms, das am Ende dieser Zeit des Zweiten Vatikanischen Konzils, 1965, steht. Die Christuserfahrung, die dort hereinkommt bei uns im Bund, ist das Christusbild Teilhard de Chardins: Christus als das Alpha und Omega, Christus als DER, von dem alles ausgeht und auf den alles hingeht in der Schöpfung im Universum. Dem entspricht das Kirchenbild der Pastoralkonstitution »Kirche in der Welt von heute«.

Die vier Abschnitte des ganzen ersten grundlegenden Teils dieser Pastoralkonstitution, in denen die Rede ist von der menschlichen Person, von der menschlichen Gemeinschaft, von der menschlichen Arbeit, schließen jedesmal in einem Christusbekenntnis, ein fast hymnisches Christusbekenntnis mit einer kirchlichen Dimension. Das ist eingegangen in die Formulierung des Hirschberg-Programms von 1965, da, wo von der Kirche die Rede ist. Die vierte Gestalt unseres Kirchenverständnisses, wahrscheinlich umstritten, wie Teilhard de Chardin selbst auf dem Konzil. Sie wissen, in welcher Weise bestimmte innerkirchliche Oppositionen gerade darin die Fehlorientierung des Konzils behauptet haben. Ich denke bloß an einen Mann, der diese Opposition nachkonziliar artikulierte: Lefèbvre, auf dem Konzil der große Gegner dieses Christus- und dieses Kirchenverständnisses; er ist es bis heute geblieben.

VI. *Die letzte Gestalt*

Die letzte Gestalt unseres Kirchenbildes im Bund trägt das Gepräge der auf ihm sich bildenden Weiterentwicklung der Kirche. Eines scheint mir in diesem Zusammenhang charakteristisch zu sein. Das ist, daß eigentlich die neuen Konturen des Christusbildes, die die Diskussion um das Kirchenverständnis im Zweiten Vatikanischen Konzil auslösten, nicht ausgezogen sind in den Gesamtaussagen des Konzils im Sinn der Teilhardschen Linie. Da steckte noch sehr viel mehr drin. Und was mehr »drinsteckte«, das erwies sich gerade fruchtbar in den von den konziliaren Impulsen her und ihren geistlichen Voraussetzungen her noch sehr unterschiedlichen Akzenten der nachkonziliaren Zeit. Der wichtigste Vorstoß in diese neue Richtung herein auf dem Zweiten Vatikanischen Konzil war der Vorstoß von Kardinal Suenens mit Kardinal Montini und Kardinal Lercaro am Ende der ersten Sitzungsperiode. Ein Dreifaches belastet seit Jahrhunderten unsere Auffassung von der Kirche, so sagte Bischof de Smedt an dieser Stelle: Die Kirche ist zu sehr gesehen worden als ein bloß rechtlich-gesellschaftliches Gebilde; die Kirche ist zu sehr identifiziert worden mit der Hierarchie; und die Kirche ist viel zu »triumphal« gezeichnet worden. Demgegenüber stellt er die Forderung nach einer Kirche, die ein sakramentales Geheimnis ist. Die Kirche ist das Sakrament der Verbundenheit der Menschen untereinander aus ihrer Verbundenheit mit Gott heraus, die sie bezeichnet und bewirkt. Unser Bundesbruder Pater Semmelroth hat entscheidend mitgearbeitet an dieser Aussage.

Das Zweite: Gegenüber der Kirche und Hierarchie einfachhin identifizierenden Sicht folgt bezeichnenderweise jene Umstellung, die im Konzil vorgenommen wurde. Nachdem im Entwurf zunächst einmal ein allgemeines Kapitel über biblische Aussagen zur Kirche stand, im zweiten dann als erstes Hauptkapitel die Aussage über die kirchliche Hierarchie, und dann erst im dritten Kapitel die über das Kirchenvolk, wurde diese Reihenfolge umgedreht: Die Aussage über das Kirchenvolk wird vor die Aussage über die Hierarchie gestellt. Die Hierarchie ist nur ein Teilbereich der Kirche, das Umfassendere ist die Gesamtheit des Kirchenvolkes. Dieses Motiv wird konsequent durch die ganze Konstitution durchgezogen. Das war außerordentlich wichtig und unmittelbar praktisch für das Selbstverständnis, auch der katholischen Laienarbeit, speziell auch der katholischen Organisationen. Der Schwerpunkt der Sicht katholischer Verbände war unter dem Einfluß der »Katholischen Aktion« dahin verlagert worden, daß der Sinn der Tätigkeit der Laien in der Kirche Teilnahme am Dienst der kirchlichen Hierarchie bei der Verwirklichung ihres Auftrags sei. Jetzt wird gesagt: Es geht nicht um die Mitverwirklichung des Auftrages der Hierarchie bei dem Wirken der Laien, sondern um die Verwirklichung des einen Auftrages der Kirche; gleich unmittelbar sind Hierarchie und Laien der einen Sendung der Kirche verpflichtet.

Das war ein ganz entscheidender Wechsel der innerkirchlichen Verbandsarbeit. Wir spüren das in Deutschland vielleicht nicht so, weil bei uns die »Katholische Aktion« immer eine etwas unklare Sache war. Aber in Italien, in Spanien, in Lateinamerika bedeutete das Überwindung einer zu hierarchischen Gestalt des Verbandskatholizismus. Ohne das verstehen wir die Situation der Laien in Italien nicht, verstehen wir politische Schwierigkeiten des katholischen Spanien nicht; verstehen wir die Situation eines großen Bereiches der Erneuerung der Kirche in den lateinamerikanischen Staaten nur schwer. Hier geschieht also eine entscheidende Ausweitung der Sicht von Kirche und kirchlicher Sendung. Das, was Pius X. so in seiner Weise gesagt hatte, »die Kirche sind wir«, das wird hier erfaßt: Der Dienst, den die katholischen Organisationen, auch und gerade die Laienorganisationen tun, ist der Dienst der Kirche an der Welt und nicht der Dienst an der Beratung des Klerus in dieser Welt.

Noch zum Dritten: der Gestalt der »triumphalen« Kirche, sozusagen der unerwünschte Nebeneffekt der Auffassung von der Kirche als Leib Christi. Der Trend, das immer zu identifizieren, Christus und die Kirche, schlägt jetzt ins Gegenteil um: in die Lehre von der »Ecclesia semper reformanda«. Die Kirche muß ständig geändert und gebessert werden. Buße ist nicht bloß ein Ruf, der an den einzelnen ergeht, sondern der auch an die Kirche als Ganzes ergeht. Es gibt nicht bloß eine Kirche aus Sündern und Heiligen, sondern die Kirche betrachtet sich selbst als eine sündige Kirche. Hier tritt der extremen Identifizierung der Kirche mit dem Heiligen Gottes jetzt auf einmal die umgekehrte Tendenz gegenüber, der Wille, die Kirche möglichst abzusetzen von dieser Identifizierung mit Christus; unser Ja zur Kirche unter ganz andere Vorbehalte zu stellen als unser Ja zu Christus. Wenn Sie dafür einen klassischen Text haben wollen, dann lesen Sie den Text aus der Plattform.

»Die Kirche kann niemals Selbstzweck sein, sondern steht stets unter dem Anspruch Jesu im Dienst am Menschen. Hinter diesem Anspruch bleibt sie jederzeit zurück und muß sich von ihm ständig in Frage stellen lassen. Deshalb ist eine unkritische Identifikation mit der konkreten Gestalt der Kirche nicht möglich. Überall etwa, wo sie, statt zu dienen, zu herrschen versucht, muß sie sich der Selbstkritik unterziehen.« – »Die KSJ ist, indem sie sich auf die Sache Jesu beruft und ihn als den Herrn bekennt, Teil dieser Kirche. Sie will durch ihre Arbeit Schüler befähigen, jeweils ihre gegenwärtigen individuellen und politischen Bedingungen in Gesellschaft und Kirche zu erkennen. Aus dieser Erkenntnis bemüht sich die KSJ immer wieder Projekte zu entwickeln, die eine neue, bessere Lage der Schüler und der Gesellschaft bewirken. Ein effektives Engagement für den Menschen wird durch den solidarischen Zusammenschluß Gleichgesinnter am besten gewährleistet. Dieser Zusammenschluß muß auf einem Konsens über Zielvorstellungen basieren, um Bestand zu haben.« Diesen Konsens sucht die Schülerarbeit zu vermitteln: »Sie legt ... ihre Einstellung als Grundlage ihrer Arbeit offen, um damit denen, die bei ihr mitarbeiten wollen, die Entscheidung zu ermöglichen.«

Dabei setzt sie nicht sozusagen ein Nonplusultra des Ja zur Kirche voraus, sondern dieses bescheidene Ja, so wie es in der Einleitung zur Plattform gesagt wird: »Die KSJ ist eine freie Gruppierung innerhalb der katholischen Kirche.« Dabei bleibt sie. »Da es in der Kirche um die Sache Jesu geht, muß die KSJ deutlich machen, in welcher Richtung sie die Entscheidung zur Gestalt Jesu suchen will. Eine solche Verdeutlichung soll keinen ausschließen, der noch nicht zu einer bewußten und freien Entscheidung zu Jesus Christus gekommen ist.« In dem Maß als er dazu nicht gekommen ist, ist er auch nicht zur Kirche gekommen. Das sieht sie selbst und sagt sie hier offen. »Mit dieser Einschränkung kann die KSJ eine Aussage über Herrschaft Gottes und Kirche wagen.« Das ist eine sehr viel bescheidenere Sprache als die Sprache vom »Haus voll Glorie«. Aber ich glaube, sie entspricht dem Kirchenbild der Gegenwart.

VII. *Kirchenbild der Kirche der Gegenwart*

Damit habe ich das, was ich ausführen wollte, über Kirche im Wandel im wesentlichen gesagt.

Ich möchte ganz am Ende die Richtung andeuten, in der ich Chancen und Möglichkeiten der Reflexion über diesen Wandel erblicke. Das Erste, was ich in diesem Zusammenhang sagen würde, ist, daß heute *der christologische Akzent im Kirchenverständnis* stärker geworden ist. Wir haben im Konzil fast zuviel von der Kirche und zuwenig von Christus gesprochen. Und wir erleben jetzt seit dieser Zeit nach dem Konzil ein Anschwellen der christologischen Reflexion in der Kirche, in der Theologie der Kirche. Wir haben seit Jahrhunderten nicht so viel in der Kirche über Christus nachgedacht und über Christus ausgesagt, wie in den letzten zehn Jahren. Das prägt heute auch noch unser Kirchenbild. Und ich glaube, wir können sagen, ein Stück von dieser dringenden Prägung sehen wir gerade auch in der »Plattform«. Ein »Stück« von dieser Prägung. Deswegen sage ich es so, um anzudeuten, daß auch die ganze unausgestandene Problematik der Diskussion um Christus sich noch spiegelt in dieser »Plattform«.

Wir können, glaube ich, von unseren jungen Neudeutschen nicht verlangen, daß sie schärfer formulieren, dogmatisch abgesicherter formulieren, als Dogmatiker es heute tun. Aber diese führenden Dogmatiker sind in diesen ihren Positionen nicht unumstritten. Darum, das müssen wir auch sehen, müssen wir weiter mit ihnen und mit der Gesamtkirche, einschließlich ihres Lehramtes, arbeiten. Wir sagen nicht, hier ist ein Irrweg, ich sage nur: Hier muß die Sprache noch klarer und entschiedener werden. Und darum haben wir alle zu ringen. Das ist nicht bloß eine Frage der Schülergemeinschaft, sondern des ganzen Bundes. Das Zweite, was ich dem Gespräch wünsche, ist eine neue »Bescheidenheit« in der Art, kirchlich von sich zu sprechen von ihr und zu ihr. Es gab ein Buch über Neudeutschlands Bescheidenheit. Wir brauchen eine Neuauflage.

Das Dritte. Es ist auch, glaube ich, in der »Plattform« enthalten. Das ist, daß die Radikalität und Zentralität des Engagements Jesu sich gerade in seinem Leiden und Sterben offenbart. Vergleichen Sie, wie die Motive etwa der Kreuzestheologie Moltmanns usw. übernommen worden sind! Ich halte das für einen unverzichtbaren Bestandteil unserer Aussage über Christus und über Gott. Wir wissen nichts von Christus und wir wissen nichts von Gott, wenn wir nicht die Wirklichkeit des Kreuzes mit hineinnehmen, und wir wissen nichts von uns, wenn wir das nicht tun. Das war eine überwältigende Erkenntnis der Besten unserer Leute, die im Zweiten Weltkrieg gefallen sind. Vergessen Sie nicht, es waren doch 6000. Wir fügten es untilgbar ein in das Hirschberg-Programm. Und schließlich ein Letztes in dem gleichen Zusammenhang. Es ist das Ernstnehmen der

Geistesgaben in der Kirche, die, nach dem Wort von Petrus an Pfingsten, uns allen zuteil geworden sind. Jeder von uns hat eine seiner menschlichen Eigenart entsprechende Geistaufgabe zum Aufbau der Kirche. Jeder hat sie. Sache des kirchlichen Dienstes ist es, sagt das Zweite Vatikanische Konzil, diese Geistesgaben anzuerkennen, nicht durch Ausbau der Amtstätigkeiten sozusagen ersetzen zu wollen, ihr koordiniertes Zusammenwirken in der Kirche durch den Dienst der Einheit zu fördern. In dieser Beziehung darf in der Kirche nicht die charismatische Kraft des einzelnen ausgespielt werden gegen den Dienst des Amtes. Beide sind unverzichtbar und aufeinander angewiesen. Aber noch einmal: Das Amt ist angewiesen darauf, die Geistgaben selbst zu entdecken, zu fördern und freizugeben in der Kirche. Ich habe leider das Gefühl, daß dieser Akzent, der sehr betont im Zweiten Vatikanischen Konzil gesetzt wurde, in der nachkonziliaren Zeit zu kurz gekommen ist.
Ich habe dieser Tage einen Aufsatz eines markanten Kirchenrechtlers in Deutschland gelesen über die Entwicklung des Kirchenrechtes in der nachkonziliaren Zeit, in dem der Satz steht: Von diesem Recht der Charismatiker ist nichts eingegangen in die nachkonziliare Rechtsentwicklung. Das mag etwas zu weit gehen. Aber es weist hin auf eine große Gefahr der nachkonziliaren Kirche: die Entgeistlichung eines geistlichen Ereignisses. Rechte aber sollen auch wahrgenommen, nicht nur gefordert werden.
Ich schließe mit einem letzten Eindruck. Allen unseren Hirschberg-Programm-Aussagen ist ein marianisches Wort gemeinsam. Ich vermisse es in der »Plattform« der KSJ. Die marianische Aussage gehört zum Adäquaten der Kirche über Christus und sich selbst. Sie bedarf – gerade darauf hat Artikel II des Vaticanums hingewiesen – einer neuen Gestalt.
Wir müssen uns um sie auch in unserem Bund mehr bemühen. Das neue Zueinander der Geschlechter gibt ihm Chancen.

Geistliche Perspektiven zu Geschichte und Zukunft des Bundes

Der folgende Streifzug durch die Bundesgeschichte ist recht ausführlich. Er ist zusammengesetzt aus mehreren Referaten, gehalten zum 60jährigen Bestehen des Bundes Neudeutschland beim Donau-Regionaltag in Regensburg am 24./25. November 1979. Eine nicht redigierte Textfassung findet sich in: Bund Neudeutschland, Informationen aus Geschichte und Gegenwart, Frankfurt 1982. Dort sind aber zum Teil Namen falsch geschrieben, Zitate nicht kenntlich gemacht u.ä. mehr, da es sich um eine Tonbandabschrift handelt. Der letzte Referatteil wurde bereits für den Hirschberg 3, 1981 überarbeitet.

1. *Geistliche Perspektiven zur Geschichte des Bundes*

60 Jahre lang besteht jetzt unser Bund Neudeutschland. Das begann damals so: Am 31. Juli des Jahres 1919 zog Kardinal Felix von Hartmann die bereits in Druck gegebene Nummer seines »Kölner kirchlichen Anzeigers« zurück, weil eine vordringliche andere Verkündigung an ihre Stelle gesetzt werden mußte, nämlich die Ankündigung, daß jetzt in den kommenden Wochen in Deutschland ein Reichsverband der Schüler an den höheren Lehranstalten als kirchlicher Verband gegründet werden sollte und die verschiedenen Gymnasien, Religionslehrer, Eltern und selbstverständlich vor allem die Jugendlichen eingeladen wurden, sich bei dieser Aktion zu beteiligen.
»Ein Reichsverband von Schülern an den höheren Lehranstalten.« Man muß den Hintergrund dieser Aktion des Kardinals kennen. Es war kurz nach den ersten Neuordnungen des Staates, zu denen unter anderem die vollständige Herstellung des Koalitionsrechtes im Bereich der Jugendarbeit in Deutschland gehörte. Wer wußte, was das Koalitionsrecht für die deutschen Katholiken im Verlauf des Jahrhunderts vorher bedeutet hatte, der merkte hier auf: im Grunde war es ja so, daß die Übersetzung des politischen und sozialen Willens der deutschen Katholiken im 19. Jahrhundert nicht mehr mit jenen Instrumenten erfol-

gen konnte, die der Kirche in den Jahrhunderten vorher die Möglichkeit der Einflußnahme auf gesellschaftliches und politisches Leben gewährleistet hatten. Das war die Tatsache, daß die Bischöfe gleichzeitig Fürsten waren, das war die politische Übersetzung, und 2. daß die Kirche eine der reichsten Grundbesitzerinnen war. Andere Positionen waren durch die Säkularisation der Kirche verlorengegangen, und für die Einflußnahme auf Gesellschaft und Staat waren deswegen die Bischöfe in eine sehr arme Situation gekommen; daß im Verlauf der ferneren Jahrzehnte des 19. Jahrhunderts das anders wurde, das verdanken die deutschen Katholiken vor allem dem Geschick, mit dem eine Reihe ihrer führenden Persönlichkeiten, und zwar hauptsächlich Laien, das Koalitionsrecht auswerteten. Das waren karitative Organisationen, das waren politische Organisationen, das waren soziale Organisationen, die im Lauf weniger Jahrzehnte einen Verbandskatholizismus schufen, der vielleicht von wenigen anderen Ausnahmen in Europa, etwa Belgien und Irland, abgesehen, seinesgleichen suchte. Auf der Basis der Koalitionsfreiheit und damit der persönlichen Mitverantwortung als Glieder der Kirche unmittelbar Einfluß zu nehmen auf die Gestaltung der gesellschaftlichen Einflußnahme der Kirche, und damit auch auf die gesellschaftliche Gestalt der Kirche selbst, das gelang nicht in allen Bereichen gleichzeitig und gleich gut. Der Bereich, der im Zusammenhang des Kulturkampfes ausgeschlossen war, war der Bereich der höheren Schule. Im Zusammenhang mit der Stellung, die damals an der höheren Schule vorher noch Marianische Kongregationen hatten, und im Zusammenhang mit dem Verhältnis der Marianischen Kongregation zum Jesuitenorden waren diese Vereinigungen an den höheren Schulen in den siebziger Jahren auch ein Opfer des Kulturkampfes geworden; und es war trotz der Versuche, die immer wieder in einer Reihe von Städten gemacht worden waren, nicht gelungen, an den höheren Schulen auch Vereinigungen der Schüler als kirchliche Verbände zu begründen.
Wie sehr hier eine Gruppe von Katholiken, eben diese Schüler, auf eine solche Gelegenheit warteten, das zeigt

das Echo auf diese vom Kardinal erlassenen Aufrufe: denn der Bund hatte – Ende Juli zusammengerufen – im Dezember bereits 10 000 Mitglieder in über 100 Ortsgruppen. Ein halbes Jahr später waren es 150 Ortsgruppen und über 15 000 Mitglieder. Und ein Jahr später waren es an die 25 000 Mitglieder, die hier zusammenkamen. Es war also zweifellos so etwas wie ein Gesetz der Stunde, die Freiheit, die man bekommen hatte, durch die Gewährung des Koalitionsrechtes sofort auszunützen. Es waren viele, die außer den Schülern und ihren Eltern darauf gewartet hatten, u. a. viele Religionslehrer. Ein Religionslehrer wurde der erste Präsident des Bundes, Schumacher in Köln. Es hatten darauf gewartet eine Reihe von Jugendseelsorgern aus den Orden. Bereits vor dem Ersten Weltkrieg hatte sich Pater Esch mit dem Gedanken einer solchen Jugendorganisation getragen, er und mehrere andere Mitbrüder, die damals zu den führenden Pädagogen im katholischen Bereich gehörten, darunter Leute wie Pater Dunin-Borkowski oder Pater Schröteler. Sie alle waren der Überzeugung: hier geht es um eine außerordentlich wichtige Angelegenheit. Bei denjenigen, die unmittelbar betroffen waren, waren viele Heimkehrer aus dem Ersten Weltkrieg. Sie hatten den Zusammenbruch ihres Volkes im Ersten Weltkrieg erlebt, sie hatten gar keinen Blick für die ganzen Dimensionen dieses Zusammenbruchs, wie wir heute nachträglich beim Rückblick auf den Ersten Weltkrieg feststellen können. Aber sie hatten einen unglaublichen Schwung und Glauben an die Bedeutsamkeit dieser Sammlung katholischer junger Kräfte an der höheren Schule. Eins hatten sie allerdings nicht: ein Programm. Sie wußten am Anfang gar nicht, was im Zusammenhang mit einer derartigen Organisation in dieser Hinsicht fällig war. Es gab zwar eine Reihe von Jugendzeitschriften, darunter der Leuchtturm des Trierer Domkapitulars Anheier, der ziemlich früh dem Bund über Pater Habrig von München her zur Verfügung gestellt wurde. Es gab eine Reihe von anderen Zeitschriften, die sich zur Verfügung stellten, darunter auch die spätere »Burg«. Es war nicht bloß ein Problem der Schüler. In der ersten Zusammenkunft in Köln waren auch Freideutsche und Quickborner dabei, die von der Jugendbewegung kamen. Es waren dabei bestimmte Persönlichkeiten, die später den Männerverband aufgebaut haben, wie Prälat Mosters. Sie hielten es für notwendig, daß auch im Bereich der höheren Schule ein Schülerverband mit in diese Solidarität der katholischen Verbände als eine Gliederung der Jugendlichen mit eigener Verantwortung eintrete. Aber sie dachten an eines noch nicht, was dann wenige Jahre später das Gepräge dieser Jugendorganisationen ausmachte, sie dachten noch nicht an die Jugendbewegung. Was ihnen vorschwebte, war im wesentlichen so etwas wie ein Wiederaufleben der Marianischen Kongregation. Pater Esch in Köln leitete damals selbst eine Marianische Kongregation und lang dachte er daran, die große Masse der Schüler in einem möglichst großen Verband zu erfassen. Und Elite sollte über die Kongregation herausgebildet werden. Richard Egenter hatte in München seine Kongregation in der damaligen Zeit, und es lag nah, für die Gestalt des neuen Bundes an die Tradition der Kongregationen im 19. Jahrhundert anzuknüpfen. Daß das danach ganz anders kam, ist im wesentlichen die Leistung der Jugendlichen selbst, die Begegnung mit der Jugendbewegung der frühen Jahrzehnte dieses unseres Jahrhunderts. Die Gespräche mit Wyneken von der Freideutschen Jugend führten dazu, daß sie sich sagten, eine derartige Organisation der Jugend darf nicht auf der Basis der Jugendpflege stehen, wie dies für die meisten der damaligen Jugendorganisationen galt, sondern es muß die Jugendbewegung sein. Es müssen die Jugendlichen selber auch mitverantwortlich das ganze Geschehen tragen. Es gab in den folgenden Jahren, vor allen Dingen in Normanstein und auf dem Hirschberg, leidenschaftliche Auseinandersetzungen, in deren Zusammenhang sich ja auch einige Gruppen, die Normansteiner zum Beispiel, lösten von der ganzen Bewegung. Nicht alle von den 25 000, von denen ich vorhin sprach, blieben bei der Bewegung. Aber als dann so etwa um 1923 immer stärker das jugendbewegte Element sich als gestaltendes Prinzip in den Vordergrund schob, da sagten auch die etwas behutsameren Pädagogen: das ist der richtige Weg; und selbst

Pater Esch und Pater Manuwald, die wohl beide als alte Militärseelsorger keine ausgesprochen Jugendbewegten waren, sagten ja zu dem, was hier wurde und was dann von Pater Manuwald mit dem sogenannten Hirschberg-Programm im Jahre 1923 zum erstenmal formuliert wurde. Wir besitzen eigentlich gar nicht den ursprünglichen Text dieser ersten Formulierung, aber die sich in den späteren zwanziger Jahren von Jahr zu Jahr immer schärfer ausformulierenden Zielsetzungen zeigten, wohin der Weg ging. Hirschberg 1923, vor allen Dingen aber die Formulierung von Normanstein 1924. »Unser Ziel, die *neue Lebensgestaltung in Christus.*« Alle drei Worte sind von außerordentlichem Gewicht für diese jungen Menschen: *Lebensgestaltung.* Es sollte nicht bloß irgend etwas Vereinsmäßiges sein, sondern es sollte etwas sein, das ihr ganzes Leben prägte. 2. *Neue Lebensgestaltung:* Weihbischof Kampe hat in Altenberg vor einigen Wochen in einem Rückblick auf die verschiedenen Programmierungsversuche bei uns im Bund darauf hingewiesen, daß bei der letzten Formulierung in München dieses »Neue« weggefallen ist. Was war denn eigentlich bei dem Wollen dieser Jugendlichen mit dem Wort »neue Lebensgestaltung« gemeint? Es war eben die Jugendbewegung gemeint; ganz eindeutig. Und im Zusammenhang mit der Jugendbewegung stand dann das dritte Wort hier. Das Wort *Christus.* Sowohl das Persönlichkeitsideal dieser jungen Menschen wie auch der Inhalt ihres Wollens waren ausgesprochen bewußt hingeordnet auf die Passion Jesu Christi. Das hatten sie als das Distinktivum der Neudeutschen Jugend gegenüber der Freideutschen Jugend herausgearbeitet in den Auseinandersetzungen mit Wyneken, der ganzen Bewegung, die von der Jahrhundertwende an die deutsche Jugendbewegung außerhalb der Kirche, wenn wir vom Quickborn absehen, geprägt hatte. Neue Lebensgestaltung in Christus.

In dieser Zielsetzung begegnet immer wieder ein Wort, das den sehr starken Zusammenhang mit dem Kongregationsgedanken herausstellt. Nämlich das Wort vom *Apostolat.* Es sollte nicht bloß Persönlichkeitsgestaltung bedeuten, sondern gleichzeitig auch die Gestaltung der gesamten

Umwelt sein, in der sie lebten. *In uns und um uns.* Immer wieder begegnen uns solche und ähnliche Formulierungen. Das war das Ziel. Zielbewegung wollten sie sein und dazu der Weg.

»Sinn und Wille zu gesunder Jugendbewegung oder natürliche Grundlagen der neuen Lebensgestaltung.« Da begegnet uns ein weiteres wichtiges Wort dieser ersten Zeit, das Wort von der *Natürlichkeit.* Sicher gerade mit Rücksicht auf die Jugendbewegung übernommen, im theologischen Kontext aber dadurch von einer großen Bedeutung, daß es dieser Jugendbewegung um eine Ganzheit des Lebens geht. Sie hatten den Eindruck, bei uns in der Kirche wird zu sehr Natur und Übernatur auseinandergerissen. Wir müssen das wieder zu einer lebensmäßigen Einheit verbinden. Ein Gedanke, der etwa zwei Jahrzehnte hindurch die Geistigkeit dieser Bewegung so prägte, daß erst nach dem Zweiten Weltkrieg noch ein Wort hinzukam zu dem oft zitierten scholastischen Satz: »Gratia supponit naturam – Die Gnade setzt die Natur voraus.« Nach dem Zweiten Weltkrieg fügte man hinzu *»auf dem Weg des Kreuzes«.* Man hatte diese unbedingte Synthese von Natur und Übernatur, an die der Idealismus der Jugendbewegung von Anfang an glaubte, korrigiert durch die schweren Erfahrungen der Verfolgungszeit im Nationalsozialismus und des Krieges, der den Bund an die 6000 Mitglieder gekostet hat. Man merkte, das ist ein Weg des Kreuzes, wenn man den Namen Christus nennt. Das bedeutet, weiter ausgeführt, nicht bloß Wille zu gesunder Jugendbewegung, wobei einen besonderen Akzent die schöpferische Tat erhält, sondern die Gemeinschaft des Lebens und schließlich auch die Hinordnung auf Wahrhaftigkeit und Treue gegenüber dem eigenen Volk: Neudeutsche.

Ein weiterer Punkt in diesem Programm: »Ernster Wille zu innerlich echtem Katholischsein oder *die übernatürliche Vollendung in Christus.«* Natur vollendet sich in der Übernatur, die Gemeinschaft in der Gruppe, die Gemeinschaft des Volkes vollendet sich in der Gemeinschaft der Kirche, und das Persönlichkeitsideal des jungen und, wie gewöhnlich hinzugefügt wird, feinen Menschen vollendet sich in

Christus. Ich habe niemals sonst die Formulierung gehört, daß Christus ein feiner Mensch ist. Das war eine der Prägungen dieser Jugendbewegung.
Hirschberg-Programm. Es ist in den folgenden Jahren noch in mancher Hinsicht bereichert worden. Ich will einiges davon nennen, was im Lauf der Zeit etwas untergegangen ist im Bewußtsein des Bundes. In der ersten Zeit war der Bund geprägt von einem ausgesprochenen karitativen Willen. Es waren sehr viele Jugendliche, die für andere Jugendliche Dienste übernahmen in der schwierigen Zeit unmittelbar nach dem Ersten Weltkrieg, und vieles davon ist geblieben. Es war zweitens eine Gruppe, die innerhalb der Kirche sehr früh das Evangelium entdeckte und die Liturgie, das Wort und das Sakrament. Es war ja jene Zeit, in der – vorbereitet durch Maria Laach und Guardini – während des Ersten Weltkrieges die neue Gestalt der Messe bekannt wurde, und Neudeutschland war eine der ersten Gruppen, die diese Form der Messe von Pater Kramp in Frankfurt übernahmen, sozusagen bis zu den äußersten Möglichkeiten. Der Kanon wurde ganz, einschließlich der Wandlungsworte, auf Deutsch bei ihnen gebetet, und das Ganze sprach die Jungen so an, daß sie den Antrag an die Fuldaer Bischofskonferenz stellten, diese Form der Messe als ihre Form der Messe immer einsetzen zu können, sooft sie zusammenkamen. Die Fuldaer Bischofskonferenz zitterte einen Augenblick vor den Konsequenzen eines solchen Beschlusses und es gelang dem Kardinal nur dadurch seine Durchsetzung, daß er seinen Mitbischöfen versicherte: Wenn ihr es ihnen verbietet, machen sie's ja doch; wenn ihr's ihnen nicht verbietet, dann wird es nach kurzer Zeit vergessen sein. Und da merken Sie, wie auch einmal das Lehramt der Kirche sich irren kann. Genau das ist nicht eingetreten; die Jungen, die hier diese Form der Messe als ihre Form mitreklamierten, haben in den nächsten 15 Jahren einen hohen Prozentsatz der deutschen jungen Priester gestellt, und die haben dann als Kapläne, sei es in Neudeutschland oder in der übrigen katholischen Jugend, die Vorbereitung für die liturgische Erneuerung in unserem Volk getroffen. Die Form, in der ihnen die Hei-

lige Schrift damals besonders begegnete – wir standen ja auch unmittelbar vor der Bibelbewegung in Deutschland –, diese Form waren die *Christuskreise,* vor allem von Pater Manuwald. Sie haben damals einer großen Zahl von jungen Menschen ihr persönliches Verhältnis zu Christus geprägt. Ich habe selber jene ersten Jahre mitgemacht unten an der Saar, und ich muß sagen, wenn ich so auf das spätere Leben, die späteren Erlebnisse in der Jugendarbeit zurückschaue, ich glaube nicht, daß es bei uns eine Bewegung gab, die zu einem derartig persönlichen Verhältnis einer großen Zahl von Jugendlichen zu Christus führte, wie die Christuskreise von Pater Manuwald und die Exerzitien von Pater Esch. Das waren die spirituellen Dimensionen, die von Christus her auf dem Weg über lebendige Jugendbewegung damals eine ganze junge Generation ansprachen.

Genauso wie hier das Bild Christi geprägt wurde, wurde das Bild der Kirche geprägt. Es besteht ja ein innerer Zusammenhang zwischen dieser Bibelbewegung damals und der neu aufkommenden Sicht der Kirche, jener Sicht, der Guardini Ausdruck gab in seinem Wort vom »Erwachen der Kirche in den Seelen«, die dazu führte, daß wir damals eine so breite Kirchenliteratur hatten. Scheebens »Die Mysterien des Christentums«, seine Dogmatik, wurde neu herausgegeben, das Kirchenbuch von Hill kam aus dem letzten Jahrhundert, eine ganze Reihe anderer Schriften über den geheimnisvollen Leib des Herrn unserer Kirche. Wenn ich heute in der gleichen neudeutschen Jugend über die Kirche spreche: wie anders ist da das Kirchenbild geworden! Zunächst einmal muß sich die Jugend distanzieren von der Kirche, um bei anderen Jugendlichen überhaupt anzukommen, und bei der Einleitung ihres Programms muß sie darauf hinweisen, daß selbstverständlich die Mehrzahl der Jugendlichen überhaupt kein positives Verhältnis zur Kirche mehr hat. Damals war eben doch Christus selbst die Kirche, es bestand noch die Identität von Christus und Kirche und nicht jener Akzent, dem wir heute immer wieder begegnen, daß man um Gottes Willen nicht die Kirche mit Jesus Chistus identifizieren darf.

Ich möchte noch einen letzten Gedanken aus diesem ersten bringen und die stille Qualität unseres Bundes einbeziehen. Im Hintergrund steht hier die katholische Laienbewegung, wie sie durch Papst Pius XI. geprägt wurde, das Wort von der Mitverantwortung der Laien in der Kirche und – im Zusammenhang mit der Mitverantwortung der Laien in der Kirche – das Wort von der Katholischen Aktion. Seit jener Zeit hat bei uns Neudeutschland zunächst einen gewissen Trend gehabt, selbst Katholische Aktion im Sinne der päpstlichen Enzykliken zu sein, bis sie merkten – und das war nun eines der großen Probleme, mit denen diese Jugend zu ringen hatte –, daß diese Sache einen Haken hatte. Denn die Katholische Aktion wurde ja definiert als die Kooperation der Laien mit dem Apostolat der Hierarchie in der Kirche. Hier stellt sich die Frage: Ist denn die Mitverantwortung der Laien in der Kirche nur das, Mitverantwortung im Vollzug des Apostolats der Hierarchie in der Kirche? Hier sagte später das Zweite Vatikanische Konzil das ganz andere und viel grundlegendere Wort, daß eine Sendung die Sendung der ganzen Kirche ist und daß – entsprechend ihrer Berufung – an dieser einen Sendung die Hierarchie und die Laien einen unterschiedlichen Anteil haben; aber beide eine eigene echte Verantwortung. Es war damals das Problem, das sich anschloß an die Problematik der Marianischen Kongregation. Pater Esch versuchte, bei der Prima primaria, der jede Kongregation in Rom angegliedert sein mußte, wenn sie als Kongregation errichtet wurde, bei seinem eigenen Ordensgeneral eine Anerkennung von Neudeutschland als Marianische Kongregation zu erreichen. Und Pater Ledochowski ließ diesen Antrag scheitern, weil diese neue Jugend nicht das rechte Verhältnis zur kirchlichen Autorität hatte, weil diese neue Jugend nicht dem Geistlichen in der Jugendorganisation die gebührende Stelle gab. Der ganze Kampf um den geistlichen Beirat endete damit, daß zwar Mosters für seine Organisation in Köln und in Rom die Anerkennung als Marianische Kongregation erlangte, nicht aber die Neudeutschen, weil sie nicht das rechte Verhältnis zur kirchlichen Autorität hatten. Das Problem ist also relativ früh offenkundig. Nachher konnte der gleiche Bund erleben, wie die Marianische Kongregation in dieser Beziehung eines Tages auf seine Linie einschwenkte. Das, was dann bei der Marianischen Kongregation als Richtlinie gewählt wurde, sieht durchaus die gleiche Stellung der Verantwortung auch für den Jugendlichen vor, wie die Neudeutschen sie frühzeitig entdeckt hatten. Ich erinnere mich an das Jahr 1926, ich nahm damals an der ersten Neudeutschen Pilgerschaft nach Rom teil; und ich erinnere mich, wie Pater Esch vor der Audienz bei dem Heiligen Vater zitterte, wo diese Dinge behandelt werden sollten. Es war dann für ihn eine unendliche Genugtuung, als er erlebte, wie der Papst selbst unsere Wimpel weihte, unsere Wimpel in die Hand nahm und mit ihnen die Gesänge dirigierte, die wir dann sangen und wir den Eindruck gewannen: jetzt sind wir endlich anerkannt. Aber die Frage der Autorität hatte so wichtige Leute wie Pater Schröteler aus dem Neudeutschen Bund hinausgeführt, hatte zu einem jahrzehntelangen Konflikt der Jesuiten vor allem hier in Süddeutschland geführt, über das Verhältnis der Jesuiten zu den Marianischen Kongregationen und zu Neudeutschland, und erst allmählich klären sich hier diese Fronten. Als schließlich das Problem des geistlichen Beirates im Hirschberg-Programm auf eine Weise formuliert wurde, bei der der geistliche Beirat als eben solcher und nicht als Präses über Marianische Kongregationen anerkannt wurde, aber doch als geistlicher Beirat anerkannt wurde, da war, glaube ich, etwas sehr Wichtiges geschehen.

Es gab übrigens neben diesem kirchlichen Autoritätsproblem noch ein anderes Autoritätsproblem, das war das Problem, das heute in den Schriften einiger katholischer Sozialwissenschaftler gegen die katholische Jugendorganisation wieder auflebt. Nämlich die Behauptung, daß ja das Koalitionsrecht eigentlich, wenn es sich um Jugendliche unter 18 Jahren handle, noch nicht ein Recht der Jugendlichen, sondern der Eltern sei, daß also nur aufgrund der elterlichen Anmeldung Jugendliche Mitarbeiter des Bundes werden konnten. Wer weiß, wie viele Jugendliche in der damaligen Zeit nur noch durch den Bund einen Kontakt mit der Kirche hatten, der weiß auch, wie unmöglich die Forderung gewesen wäre, die Dinge über die Eltern laufen zu lassen.

Ich bin sehr froh, daß wir bereits in den zwanziger Jahren diese Probleme durchdacht haben und nicht erst heute die Diskussion über das Verbandsproblem in der katholischen Kirche führen müssen.

Das *Hirschberg-Programm* erhielt Gelegenheit zur Bewährung am Ende dieser ersten Periode, vor allen Dingen auch dadurch, daß es in steigendem Maße auf die sozialen Ideen der Kirche zurückgriff. Es ist im Hirschberg-Programm selbst die Christkönig-Enzyklika von Papst Pius XI. genannt worden. Später wurde die Stelle im Hirschberg-Programm abgelöst durch ein klares Bekenntnis zur gesamten Soziallehre der Päpste. Über diesen Begriff der Soziallehre, nicht eigentlich unmittelbar vom Jugendlichen her, setzte sich der Bund auch früh mit politischen Fragen auseinander. Aber es war ja bekannt, daß vielleicht das romantische Element in der Jugendbewegung, im Unterschied etwa zu der Freideutschen Jugend oder sogar zu der Sozialistischen Jugend, bei uns die Auseinandersetzung mit den politischen Fragen erschwerte. Genauso wie das etwa bei Quickborn der Fall war. Wir haben aber gegen Ende der zwanziger Jahre, Gott sei Dank, diesen Bezug zur Soziallehre der Kirche so gehabt, daß wir bei der Auseinandersetzung mit dem Nationalsozialismus auch auf sie zurückgreifen konnten.

Das war nicht selbstverständlich in der ersten Zeit der Begegnung mit dem Nationalsozialismus. Sie wissen, daß auch im katholischen Bereich manche unsicher waren, wie man dieses Verhältnis jetzt anpacken sollte, daß auch ein Teil der katholischen Theologieprofessoren und sogar ein Teil der Bischöfe hier Schwierigkeiten hatten und Schwierigkeiten machten.

Ich war Anfang der dreißiger Jahre während der Konkordatsverhandlungen in Rom und habe selbst manches kritische Wort von Bischof Berning von Osnabrück und von Erzbischof Gröber in Freiburg über den Verbandskatholizismus gehört und miterfahren damals, wie Esch und Wol-

ker in den Vorzimmern des Vatikans warten mußten, was die Bischöfe über die Verbände beschlossen. Die Bischöfe, nicht die Verbände selber. In dieser Zeit damals war eben das gesamte Problem: hat nicht unter Umständen der Nationalsozialismus eine organischere Vorstellung vom Reich und von der Polis als etwa der Verbandskatholizismus des 19. Jahrhunderts.
Es gab da eine Reihe von Pastoraltheologen, die auch bei uns diese These vertreten haben. Tatsächlich aber zeigte sich dann doch im Laufe der Auseinandersetzung, wie sich im Ringen um den theologischen Gehalt des Wortes »Reich«, das ja auch eine theologische Seite hat, der Widerstand der katholischen Verbände gegen den Nationalsozialismus auch in politischer Weise immer stärker artikulierte.
Ich werde in diesen folgenden Jahren zwei Menschen nicht vergessen, mit denen ich öfter über das Verbandsprinzip im Verhältnis zu der politischen Umwandlung damals gesprochen habe. Der eine war der Ihnen bekannte Pater Alfred Delp, der in dieser Beziehung außerordentlich klar sah, der andere war eine katholische Frau, die mit ihrem Instinkt für geistige Realitäten genauso klar sah, nämlich Edith Stein, die ja auch ein Buch über den Staat geschrieben hat, das zu wenig bekannt ist.
Diese Auseinandersetzung mit dem politischen Problem des Nationalsozialismus führte im Grund zu der Aufhebung des Bundes, aber doch so, daß der Bund mit der Aufhebung nicht aufhörte, zu existieren. Wir haben an vielen Stellen in Deutschland unter der Hand weitergearbeitet. Ich werde nie vergessen, daß wir in Paderborn noch während des Krieges in der Weihnacht, in der Nähe der Stadt, mit über 120 Jungen verbotenerweise die Messe feierten und wie, als dies am folgenden Tag herauskam, eine große Verhaftung drohte, die nur durch einen glücklichen Umstand damals politischerseits abgewehrt werden konnte. Obwohl wir in der nationalsozialistischen Zeit nicht immer schon wußten, wie das Ganze weitergehen würde, möchte ich doch für eines aus meiner Erfahrung Zeugnis geben: kein Problem war für die Mehrzahl der Deutschen, mit de-

nen ich damals zusammenkam, so schwierig, als unter einer solchen politischen Führung in den Krieg berufen zu werden und nicht zu wissen, wofür das überhaupt gut war. Ich meine, von all den Kreuzen, die wir meinen, wenn wir nach dem Krieg das Kreuz hineingeschrieben haben in unser Programm, war dieses Kreuz das schwerste. Gott sei Dank steht das Kreuz auch heute noch im Programm als etwas Unverlierbares.

Damit habe ich im Grunde sozusagen die erste geschichtliche Zeit etwas umschritten, angefangen also von der Einberufung des Bundes durch Kardinal Hartmann bis zu der gesamten Zeit der zwanziger Jahre und schließlich der Zeit während des Zweiten Weltkrieges und der nationalsozialistischen Verfolgung.

Ich komme jetzt zu der zweiten Fassung des Hirschberg-Programms, die aus dem Jahre 1948 stammt, zu den weiterführenden organisatorischen Zielsetzungen.

Wir waren uns 1945 darüber im klaren, daß der Bund überdauern müßte; es war jedoch nicht selbstverständlich. Er war schon einmal aufgegeben worden, auch von seinen führenden Leuten, zugunsten eines Pfarrprinzips, das uns um wesentliche Dimensionen des Arbeitsprinzips gebracht hätte, unter denen wir angetreten waren. Es war gut, daß wir diese Option nach 1945 durchhielten und dann neu formulierten, in der sogenannten Brückenauer Fassung unseres Programms von Ostern 1948. Neudeutschland war nicht mehr ein großer Schülerverein, sondern *Neudeutschland* war *eine Lebensbewegung,* die auch die Erwachsenen umfaßte; Neudeutschland lebte in drei Gliederungen: dem Männerring, dem Hochschulring und der Schülergemeinschaft, und trat seinen weiteren Weg bis zum Zweiten Vatikanischen Konzil in dieser Verbundenheit an.

Was ist für diese zweite Epoche des Bundes besonders wichtig, vor allem in bezug auf die spirituellen Impulse? Ich glaube, es ist die Gefährdung des jugendlichen Elements am Anfang dieser zweiten Epoche. Neben die Jugendarbeit, die während der zwanziger Jahre in Deutschland aufgebaut worden war und immer stärker von der Jugendbewegung mitlebte, trat damals eine zweite Form der

Jugendarbeit in der Kirche, die die folgenden Jahre entscheidend – ja wenn man weltweit sieht – sogar entscheidender als die deutsche Form der Jugendbewegung mitprägte. Das war das Lebenswerk von Kardinal Cardijn in Belgien; er hatte in seiner Art und Weise, die Jugend um den Ort ihres Arbeitens zu organisieren – zunächst die arbeitende Jugend, dann aber auch die studierende Jugend, die Landjugend und die übrigen Gruppen der Jugendlichen –, eine Form der Jugendarbeit geschaffen, die auf das jugendbewegte Element der deutschen Jugend vollständig verzichtete, zugunsten der Aktionsgemeinschaft am Arbeitsort, d.h. des Auftrags, Christus am Arbeitsplatz, in der Schule, im Betrieb, präsent werden zu lassen. Da mußte das Lied, das Spiel, die Fahrt, die Wanderung und alles, was uns die jugendbewegte Form so schön gemacht hat, zurücktreten gegenüber den technischen, den sozialen und den politischen Notwendigkeiten, in denen diese Jugend lebte. Unsere Jugend wollte nichts mehr wissen von jenen Formen, den romantischen wie den ritterlichen, in denen wir zunächst in den zwanziger Jahren gelebt hatten.

Und sie hat in Zusammenarbeit mit der französischen und belgischen Jugend damals international eine katholische Jugend geschaffen, die alles in allem nicht geringer zu achten ist als das, was die Jugendbewegung bei uns geschaffen hatte. Es gab bei uns harte Auseinandersetzungen, ob wir nicht das Beste unserer Jugendbewegung verrieten, wenn wir in diese Linie von Cardijn einschwenkten. Im Laufe der Zeit reifte dann doch die Erkenntnis, daß es möglich ist, Elemente des einen mit Elementen des anderen zu verbinden. Und ich glaube, am Ende dieser zweiten Epoche unseres Bundes haben wir ebensoviel von den Belgiern und Franzosen gelernt, wie die Belgier von uns gelernt haben.

Vor allen Dingen war die Epoche für die Durchsetzung der Soziallehre der Kirche, zu der man sich bekannt hatte, von Bedeutung. Sie war eine Bereicherung unserer deutschen Jugend und sie hat sich am Ende dieser Zeit auch in den Prämissen niedergeschlagen, unter denen das Zweite Vatikanische Konzil die Jugendarbeit behandelt hat. Dem-

entsprechend waren auch die Aussagen im Hirschberg-Programm in der Brückenauer Fassung von 1948.
Behutsam wird noch an der Jugendbewegung festgehalten; dem Willen zu echtem Menschsein, dem Sinn für Natürlichkeit, dem Willen zur Gemeinschaft, zur Tat. Aber wenn man solch eine Diskussion nach dem CAJ-Prinzip durchgemacht hatte, zunächst einmal sehen, danach urteilen und handeln, dann hatte man etwas anderes hinter sich gebracht als eine neudeutsche Gruppenstunde aus den zwanziger oder dreißiger Jahren. Da spürte man die volle Härte der industriellen Gesellschaft, da erkannte man, was damals kirchlich Gundlach meinte, wenn er von der Kirche als Lebensprinzip der menschlichen Gesellschaft sprach und gerade diesen Akzent setzte. Es gibt keinen Zweifel daran, daß der Bund in diesen Jahren unmittelbar nach 1945 sich von der Schülergemeinschaft her anders gestaltete als in der Weimarer Zeit von dem heutigen Männerring her. Die ersten der Probleme, die wir heute zwischen Männerring und Schülergemeinschaft kennen, zeichneten sich bereits in jenen Jahren ab, als sie die eigentliche Arbeit zwar gelegentlich erschwerten, aber nicht unmöglich machten.
Das wichtigste vom Neuen war, daß der Bund in drei Gliederungen lebte. Diese Schülergemeinschaft mit Aktionsgruppen in der Schule selber, mit dem klaren Abstellen auf die Schulprogrammatik, die Präsenz Christi und der Kirche in der Welt der Schule. Das gleiche Anliegen wurde in der zweiten Gliederung, in der Hochschulgemeinschaft aufgegriffen. Manche Vorgänge in den sechziger Jahren haben im Bund den Eindruck entstehen lassen, als hätte es vorher keine eigentliche Hochschularbeit gegeben. Aber eine Hochschularbeit hatten wir sowohl im älteren Bund der vierziger Jahre, schon vorher in den dreißiger Jahren, eine Hochschularbeit hatten wir auch während der fünfziger und der sechziger Jahre, und nicht erst nach der Hochschulrevolte im Jahre 1968.
Das muß deswegen festgehalten werden, weil ich glaube, die Hochschulstudenten erwiesen sich in der zweiten Phase eigentlich als immer wieder reflektierende Elemente

bei uns im Bund. Sie reflektierten nicht bloß über die Form ihrer Arbeit und über die Gestalt der Schule und der Hochschule, sie reflektierten auch über den Geist unserer Bewegung. Sie waren damals von einer großen Unruhe darüber erfüllt, daß im Hirschberg-Programm nicht all das ausgesprochen worden war, was eigentlich spirituell bei uns im Bund gegeben war. Und sie ließen keine Ruhe, bis das Brückenauer Programm, das ihnen am Anfang vorgegeben war, durch das Münchener Programm vom Jahre 1965 abgelöst wurde. Was das Münchener Programm von 1965 nämlich bietet, das sind jene Reflexionen, die in der gleichen Zeit das Zweite Vatikanische Konzil in Bewegung gebracht haben. Infolgedessen habe ich den Eindruck, wir sollten darauf achten, daß wir jene geistigen Elemente, die wir im Hirschberg-Programm von Ostern 1965 in München finden, nicht zu kurz kommen lassen gegenüber dem sehr oft bei uns mit Recht gerühmten Programm von 1948. »Wir wollen unser Leben in Christus gestalten. Alles ist in Ihm und auf Ihn hin erschaffen und durch Ihn mit Gott versöhnt. In der Kirche läßt er uns teilnehmen an seinem Leben.« Das sind alles Gedanken, die noch konkreter ausgedrückt in Sätzen der Pastoralkonstitution »Gaudium et spes« auf dem Zweiten Vatikanischen Konzil standen.

Jene Studentenschaft, die das Hirschberg-Programm von 1965 formulierte, war durchdrungen von den großen neuen Gedanken des Zweiten Vatikanischen Konzils. Vor allem ging es um die Pastoralkonstitution »Kirche in der Welt von heute«.

Ich erinnere mich noch an die Münchener Auseinandersetzung, bei der sich die drei großen Themen der deutschen und der französischen Bischöfe auf dem Zweiten Vatikanischen Konzil niederzuschlagen begannen, ausgehend von den Schriften von Teilhard de Chardin. Die Franzosen standen auf dem Standpunkt, daß drei theologische Gedanken das Werk der Christen in der Welt prägen. Das ist 1. der Gedanke der Menschwerdung des Sohnes Gottes, 2. der Glaube an das österliche Geheimnis, 3. die Überzeugung von der Wiederkunft unseres Herrn. Alle drei Gedanken finden sich in dieser Form in unserem Hirschberg-

Programm. Die Deutschen hatten gegenüber einer gewissen Einseitigkeit, mit der die Franzosen diese Akzente setzten, drei weitere Gedanken danebengestellt: nämlich: die Welt, in der wir wirken, ist zunächst auch gefallene Welt. Wir dürfen die Wirklichkeit von Schuld und Gefallenheit nicht verkürzen. Man kann so positiv von der Schöpfung denken und sprechen, daß man das zu kurz kommen läßt. Dies ist einer der Vorwürfe, die man der Pastoralkonstitution »Kirche in der Welt« auch nach dem Konzil immer wieder gemacht hat. 2. ist es der Gedanke, der bereits in der Hirschberg-Programmatik von 1948 steht, daß zur Wirklichkeit der Welt die Wirklichkeit des Kreuzes gehört. Und 3. ist es der Gedanke, daß die Wiederkunft unseres Herrn bereits im Kommen, im Vollzug aber noch nicht abgeschlossen ist, sondern sich noch weiter vollzieht, daß sie noch ständig im Kommen ist. Und in der Verbindung dieser zweimal drei Elemente des französischen und des deutschen Beitrags zum Konzil schlagen sich die Gedanken des Hirschberg-Programms von München nieder, und mit diesen Gedanken sind wir nach der Vollendung des Konzils in die Zeit hineingegangen, in der wir nun kein Programm mehr haben, wie man so sagt – außer dem Hirschberg-Programm –, wohl aber eine Plattform, die durch die Schülergemeinschaft eingebracht worden ist und das geistliche Problem des Bundes heute ausmacht.

Noch die Zusammenkunft vor ein paar Wochen in Altenberg ließ die ganze Auseinandersetzung um diese Plattform aufleben; schon der erste Satz war dort alarmierend: »Die KSJ ist eine freie Gruppierung innerhalb der katholischen Kirche. Da es in der Kirche um die Sache Jesu geht, muß die KSJ deutlich machen, in welcher Richtung sie die Entscheidung zur Gestalt Jesu suchen will. Eine solche Verdeutlichung soll keinen ausschließen, der noch nicht zu einer bewußten und freien Entscheidung für Jesus Christus gekommen ist.« Das hätte 1920 niemand gesagt, auch 1948 nicht, aber es ist Wirklichkeit in den Gruppen unserer Schülergemeinschaft, daß eine große Anzahl von ihnen noch auf dem Wege zu Christus, noch auf der Suche nach

Christus ist. Zumindest die Mehrheit der Jugendlichen, insbesondere aus den Familien, in denen die Eltern kein selbstverständliches Verhältnis zu Christus mehr haben. Kann ein Bund in der Gemeinschaft von so heterogenen Gruppen die Spannung durchhalten? Es gibt in dieser theologischen Plattform eine ganze Reihe von Fragen, die ähnlich scharf gestellt werden, wie die hier gleich am Anfang.
Und trotzdem, ich habe immer den Eindruck gehabt, daß man heute auch bei uns im Bund nicht die Zugehörigkeit davon abhängig machen kann, daß einer bereits ein volles Ja zu Christus gesprochen hat. Auch der darf zu uns stoßen, der noch auf dem Wege ist; denn ich glaube, man kann zu Christus in einer Weise auf dem Wege sein – dies ist ein Gedanke des heiligen Augustinus –, in der man ihm näher ist, als wenn man glaubt, ihn bereits gefunden zu haben oder gar zu besitzen. Und das ist ein Stück Wahrhaftigkeit bei dieser Jugend, die sich auch in der Diskussion um die Plattform immer wiederum ausdrückt.
Ich glaube nicht, daß man sagen kann, jede Formulierung in der Plattform ist theologisch gegenüber Mißverständnissen abgesichert. Aber ich glaube, daß man diese Jugend, die sich zu solchen Sätzen bekennt, zunächst einmal ertragen muß. Daß man diese Jugend hören muß in dem, was sie sagt, und daß man dieser Jugend helfen muß, mehr zu sagen, als sie hier sagt. Auch für uns mehr zu sagen, als wir heute von Christus sagen können, halte ich für unumgänglich. Finden sich denn nur in der Jugend Zweifel? Oder haben nicht auch die Männer ihre Form von Zweifeln und ihre Schwierigkeiten innerhalb ihres Verhältnisses zur Kirche?
Zum Beispiel sagt die Plattform, daß die Kirche niemals Selbstzweck sein kann, sondern stets entsprechend der Forderung Jesu am Dienst am Menschen gemessen werden muß. »Hinter diesem Anspruch bleibt sie jederzeit zurück und muß sich von ihm ständig in Frage stellen lassen.« Da besteht selbstverständlich ein ganz großer Unterschied zwischen dem Kirchenbild vom geheimnisvollen Leib Christi, der mit Christus identischen Kirche und dieser Kirche, die sich nicht identifizieren läßt in ihrem bloßen Sosein.

Sie mögen aus dem Ganzen heraus merken, ich habe die KSJ als unsere Jugend nicht aufgegeben, und je länger ich Zusammenkünfte miterlebe, wo wir wirklich mit ihnen zusammen sind, um so mehr glaube ich an sie. Ich nähre von dorther die Hoffnung, daß es dem neuanfangenden Gespräch zwischen unseren drei Gemeinschaften wirklich gelingen wird, eine Zukunft für unseren Bund freizuschaffen.

Es ist die Jugend, die das Thema vom Kreuz aus der Zeit des Zweiten Weltkrieges wieder aufgreift. Übersehen Sie das nicht: diese Jugend hat es alles in allem in ihrer Situation an der Schule, in ihrer Situation in der heutigen Welt nicht mehr so leicht wie wir zu unserer Zeit. »Jesus erweist die Radikalität und Zentralität seines humanen Engagements gerade in seinem Leiden und Sterben und wird darin durch die Auferstehung von Gott bestätigt«, und das ist eine Besonderheit von ihm, das gehört zu den Unvergleichlichkeiten unseres Herrn. »Sein Leben und sein Programm ist die Verkündigung der Herrschaft Gottes. Diese als endgültiges Heil zugesagte Herrschaft Gottes ist anfanghaft überall schon da, wo Menschen für Friede, Freiheit, Gerechtigkeit, Glück, Geborgenheit und Versöhnung eintreten.« Ich glaube, niemand übersieht die Gefahr, daß das menschliche, soziale Engagement dieser Jugend einen Akzent setzt, dem gegenüber die sogenannte Vertikale, der unmittelbare Bezug auf das Göttliche unseres Herrn zurücktreten kann. Aber es ist gerade hier jener Zug im Verhältnis zum Christusbild, mit dem auch wir in der Schülergemeinschaft einmal angefangen haben. Das Christusbild der Christuskreise von Esch und Manuwald, das Christusbild, das die Neudeutschen den Freideutschen gegenüberstellten, war das Christusbild, das uns in den menschlichen Zügen seines Lebens im Evangelium berichtet wird. Das war immer der Inhalt unserer Christuskreise, das war die erste Prägung, die der Bund uns einmal gegeben hat.

»Herrschaft Gottes ist alternativ zu jeder denkbaren menschlichen Herrschaft.« Hier sitzt ein gewisser Kern der gegenwärtigen schwierigen Auseinandersetzungen un-

seres Bundes zwischen dem Männerring und der Schülergemeinschaft. Die Kritik an jeder denkbaren menschlichen Herrschaftsform droht so negativ zu werden, daß viele von den Älteren den Eindruck haben, so kann man doch nicht von der Herrschaft Gottes, die das Evangelium bezeugt, zu einer fast negativen Einstellung zu jeder Herrschaftsform unter Menschen kommen. Muß nicht hier unter Menschen um jener Ordnung willen, die die Schöpfung beinhaltet, immer auch Herrschaft sein? Gerät hier nicht unsere Jugend in ein Verhältnis etwa zur politischen Wirklichkeit, die sie zu einer universalen, sozialen und politischen Kritik führt, die keine gemeinsame Basis mehr bietet zu dem, was die Älteren unter uns in den besten Jahren ihres Lebens, auch aus dem Geist, den ihnen der Bund gegeben hatte, geschaffen haben?
»Herrschaft Gottes macht es unmöglich«, so sagen die Jugendlichen, »die Geschichte jemals für abgeschlossen zu halten. Herrschaft Gottes erfordert, daß jede geschichtliche Realität in Frage gestellt wird und zielt auf die Überwindung gesellschaftlicher Herrschaftssysteme; in diesem Zusammenhang verpflichtet Herrschaft Gottes zu ständiger Ideologie-Kritik«. Das sollte man nie vergessen: was beanstandet wird, ist das ideologische Element, das leicht alle Herrschaftsformen annehmen, und ich möchte sofort hinzufügen, bis hinein in Herrschaftsformen, die auch in der Kirche geübt werden in der Ausübung jener Herrschaft, die Christus den Seinen übertragen hatte, als er sagte: »Mir ist alle Gewalt gegeben im Himmel und auf Erden, darum gehet hin.«
»Herrschaft Gottes ist Grund einer Hoffnung, die durch die Erfahrungen der Menschen mit ihrer Geschichte häufig widerlegt zu werden scheint; sie gibt dem Menschen den Mut, das Leben nicht als sinnlos und absurd zu deuten, denn Sinnlosigkeit und Absurdität sind in Kreuz und Auferstehung Jesu überwunden. Bekenntnis zu Jesus von Nazareth beinhaltet deshalb die Verpflichtung zu wachsamem Engagement für den anderen, insbesondere für benachteiligte oder unterdrückte Minderheiten und Ausgebeutete.« Fragen wir uns ehrlich: Haben wir in der Zeit der

ersten und der zweiten Gestalt unseres Bundes bei aller sozialen Komponente, die wir in der ersten Zeit im karitativen Engagement hatten, bei allem sozialen Engagement, das die Linie von Cardijn in der zweiten Epoche in den Bund hineingebracht hat, etwas von jener Leidenschaft der jüngsten Epoche in der Schülergemeinschaft, wenn sie auf das Problem der benachteiligten oder unterdrückten Minderheiten und Ausgebeuteten hinweisen? Diese Jugendlichen leiden zum Teil unter diesem Zustand der Welt in einer Intensität, in der wir zu unserer Zeit die Ungerechtigkeit in der Welt nicht erlebt haben, und es erinnert etwas an das wahrhaft apokalyptische Leiden unserer Besten in der nationalsozialistischen Zeit. Wenn sie unter dem Eindruck dieses ihres Leidens etwa bei ihren Projekten für die Hilfe in der Dritten Welt, bei der Auseinandersetzung um das Problem der Theologie der Befreiung in Lateinamerika und darüber hinaus, wenn sie in dieser Auseinandersetzung bei ihren politischen Optionen etwas linker geraten als der Durchschnitt unserer ersten und zweiten Generation im Bund, wenn sich eine leidenschaftliche Diskussion, vielleicht die leidenschaftlichste überhaupt, in Altenberg darüber ergab, ob ein Führer der Schülergemeinschaft in Köln zugleich ein Juso sein könne, dann sind das alles Erscheinungen im Bereich der Jugendlichen, die in diesen Zusammenhang hineingestellt werden müssen. Das sind ihre Fragen, bei denen wir uns auch als Männer die Auseinandersetzung, den Dialog nicht leicht machen können; und es wurde sichtbar, wie leidenschaftlich hier in einem echten Dialog gerungen wird.
Ich würde glauben, wenn dieses leidenschaftliche Leiden unter dem Unmaß der Ungerechtigkeit in der Welt von heute bleibt, dann bleibt auch ein Teil des Bekenntnisses zu der Korrigierbarkeit und Korrigierungsbedürftigkeit aller menschlichen Herrschaftsformen durch die Herrschaft des Reiches Gottes. Wenn Sie unter diesem Eindruck in der Jugend meinen, daß die traditionelle Soziallehre der Kirche doch ausreicht, um Lösungen zu finden für dieses Problem auf der Welt, dann erinnere ich Sie bloß an das, was wir gestern abend über China gehört haben. Glauben Sie

wirklich, daß man mit einer verhältnismäßig leichten katholischen Soziallehre diese Probleme lösen kann? Ich möchte den Gedanken auch deswegen an den Anfang des Rückblicks heute morgen stellen, weil ich persönlich den Eindruck habe, wenn wir nachdenken über die Perspektiven der Zukunft unseres Bundes, dann sind die meisten von uns in der Gefahr, die Zukunft unseres Bundes wie die Zukunft unseres Volkes und die Zukunft der Welt und die Zukunft der Kirche allzuleicht als Verlängerung unserer heutigen Gegenwart zu betrachten.

2. *Geistliche Perspektiven zur Zukunft des Bundes*

Es ist meine feste Überzeugung, daß in den kommenden Jahrzehnten die Strukturen der Welt in einer Weise aufgerüttelt werden, daß das ganze Antlitz der Welt sich ändern wird, daß wir keine Ahnung haben, was auf die Jüngsten und damit auf die Zukunft unseres Bundes zukommt. Wenn man von dorther die einzelnen Fragen nun angeht, nüchtern und ganz konkret die, die die Zukunft unseres Bundes bestimmen, dann lautet im Anschluß an das Gesagte die erste Frage bei uns, wie soll sich im Bund aus den drei Gemeinschaften heraus das zukünftige Verhältnis zu der Schülergemeinschaft, vor allen Dingen seitens des Männerringes, aber auch von seiten der Hochschulgemeinden, entwickeln. Diese Schülergemeinschaft hat, das sagte ich Ihnen gestern, durchaus ein problematisches Verhältnis zu unserem Bund. Es gibt eine ganze Reihe von Schülern, die können sich unter Neudeutschland nichts mehr, aber auch gar nichts mehr vorstellen. Sie gehören in unseren Zusammenhang herein, sie leben aus diesem Zusammenhang, aber in ihrer Reflexion bedeutet der Bund sehr wenig, darüber dürfen wir uns keine Illusionen machen. Und es besteht nicht nur das Problem, ihnen das Wort »Neudeutschland« noch verständlich zu machen, sondern auch die Sache, um die es uns wirklich beim Hirschberg-Programm ging und geht. Dabei ist gar nicht in erster Linie die Auseinandersetzung mit bestimmten einzelnen Punkten das Entscheidende, sondern die neue Welt, in die sie jetzt hineingewachsen sind, gerade im Zusammenhang mit dem, was die Tradition mit sich bringt. Sie haben Gruppenleben. Eine der ersten Fragen ist, wie ist das Gruppenleben. Eine der entscheidendsten Fragen in diesem Zusammenhang ist allerdings, wodurch unterscheidet sich dieses Gruppenleben von unseren traditionellen Gruppen, in denen doch die jungen Neudeutschen dieses einmalige Bild von Christus, das sie für später prägte, übernommen haben. Weitaus die meisten Gruppen haben keinen Priester mehr. Wer soll ihnen dieses Christusbild noch vermitteln? Wir haben eine interne Auseinandersetzung im Bund, wie man diese Fragen der Zukunft angeht. Eine Möglichkeit ist der Weg, daß man sich doch noch einmal vertrauensvoll an jene Priester wendet, die bei uns aus dem Bund hervorgegangen sind. Aber wer darauf seine Hoffnung setzt, der verkennt total die Situation dieser Priester. Die hervorragende Arbeit, die die Vielzahl von ihnen in ihren Gemeinden oder in ihren sonstigen Diensten leisten muß, ist so umfangreich, daß da wirklich nicht mehr viel abfällt für eine Arbeit in unseren Gruppen. Es wäre eine Illusion zu glauben, daß auch bei Verbesserung der Nachwuchsverhältnisse noch einmal das wiederhergestellt werden kann, was der Kaplan und der Religionslehrer einmal für uns in der Schülergemeinschaft bedeutet hat. Von dorther ergibt sich nun die zweite Frage: haben wir denn heute nicht in den theologischen Hochschulen für diese Aufgabe eine Reserve in der überaus großen Anzahl von jungen Menschen, die bereit sind, auch hauptamtlich in den Dienst der Kirche und der kirchlichen Jugendarbeit zu gehen, um dann die Stellen zu übernehmen, die dort früher einmal die Kapläne und die Religionslehrer im Bund gehabt haben. Zahlenmäßig sind diese Leute gewiß da; wir haben heute alles in allem mehr Leute, die für einen hauptamtlichen Dienst in der Kirche bereit sind, als wir jemals in den letzten Jahrhunderten in Deutschland gehabt haben. Aber daß diese Leute geeignet sind, diesen Dienst in unserem Bund zu übernehmen, daran gibt es erheblichen Zweifel. Es gibt sehr viele unter diesen jungen Studenten, die warten auf den Tag der Aufhebung des Zölibats und glauben dann, daß sie in diese Funktion hineinwachsen, und sind von dieser Komponente her bereits für eine derartige Arbeit so vorbelastet, daß ich nicht sehe, daß das gutgehen könnte. Ob es möglich wird, durch eine geeignete Gesamtausbildung, die wir allerdings in unseren Ausbildungsanstalten jetzt noch nicht haben, sondern erst aufbauen sollten, die Probleme des hauptamtlichen und kirchlichen Dienstes, die sozusagen von der Theologieseite kommen, zu überwinden, das wage ich zu bezweifeln. Es gibt einen anderen Weg, der auch in steigendem Maß gesucht wird; das ist der Weg gegen alle Hoffnung fest darauf zu vertrauen, daß sich im Lauf der nächsten Jahre auch im Männerring Männer in einem größeren Umfang bereit finden, eine derartige Arbeit eines Erwachsenen mit spirituellem Schwergewicht in der Schülergemeinschaft zu tun. Dies wird sehr ernsthaft überlegt. Ich könnte mir vorstellen, daß sich vor allen Dingen in dem Arbeitskreis Spiritualität, der gut angefangen hat, und wie ich glaube, auch in Zukunft weiterarbeiten wird, entsprechende Kräfte allmählich mobilisieren ließen; denn der Wille im Männerring, der Schülergemeinschaft zu helfen, ist in den letzten Monaten fast fühlbar gewachsen. Interessant in diesem Zusammenhang ist aber, daß dabei die Schüler ebenso selbst erst spüren, wie weit Männer und Schüler auseinandergewachsen sind. Das gilt vor allen Dingen für die Älteren, und das ist ein zweites Problem bei uns in der Auseinandersetzung zwischen Männerring und Schülergemeinschaft. Die internen Auseinandersetzungen über ihren geistigen und geistlichen Ort sind im Männerring größer als im allgemeinen die Auseinandersetzungen zwischen Männerring und Schülergemeinschaft überhaupt. Wir sollten nicht vergessen, daß wir mehrere Generationen im Männerring selber haben, die ganz verschiedene Epochen der Geschichte unseres Bundes durchlaufen haben und daß sich deswegen für uns zunächst einmal die Frage stellt, was wir im Männerring selbst ändern müssen, damit wir unseren Dienst an der nachwachsenden Generation und – es gibt so etwas wie eine Verpflichtung des Bundes – auch den Dialog zwischen den Generationen weiterführen können.

Das können wir aber nur tun, wenn wir einen Gedanken

von vornherein ausschließen. Dieser Dienst an der Schülergemeinschaft durch den Männerring darf nicht auf der Sorge um seinen eigenen Nachwuchs beruhen. Wir müssen ihn leisten, auch wenn wir damit rechnen müssen, daß der Nachwuchs des Männerrings nur zu einem kleinen Teil aus der Schülergemeinschaft kommen wird. Das war schon in der Vergangenheit so, das wird in der Zukunft auch weiter der Fall bleiben, und zwar mehr als bisher. Ich erinnere wiederum an etwas, was am Anfang des Bundes stand, an etwas, woran der Kardinal von Köln, der Nachfolger von Kardinal Hartmann, uns unlängst erinnert hat, daß ursprünglich Neudeutschland als eine Schülerbewegung gedacht war, die nach der Schülerzeit ihre Auswirkung in die gesamte katholische Arbeit haben sollte und nicht nur in einem Männerring und in einer Hochschulgemeinde. Frage: Sind wir, indem wir nach 1945 in Anschluß an Vorentscheidungen diesen Weg in drei Gemeinschaften gegangen sind, den auf die Dauer richtigen Weg gegangen, müssen wir nicht das Zueinander von Schülern und Männern mit der Problematik der Hochschulgemeinden noch einmal anders durchdenken? Dann hätte ja vielleicht auch in diesem Zusammenhang die Frage mit den Priestern einen etwas anderen Stellenwert.
Ich möchte in diesem Zusammenhang noch etwas anderes sagen, nämlich, daß sich in den letzten Monaten die Zahl der Priester überraschend gemehrt hat, die auch wiederum eigene Priestergemeinschaften im Bund wünschen.
Ich könnte mir denken, daß im Zusammenhang mit den augenblicklich in Gang gekommenen Besprechungen im Lauf der nächsten Jahre die Priester im Bund eine neue Funktion übernehmen. In diesem ganzen Bereich ist eine Reihe von Dingen in Bewegung. Sie gehören zu den Aufgaben, die sich augenblicklich der Männerring stellt. Einige von jenen Problemen, unter denen besonders die Schülergemeinschaft leidet, sind die, daß die Schülergemeinschaft nicht genügend erkennt, in welchen Aktivitäten sich das Engagement der Männer aus dem Geist ihres Wollens heraus konkretisiert. Wir haben vor allen Dingen damals in den Entscheidungen von 1948, im Brückenauer

Programm, bewußt einen anderen Weg eingeschlagen als die Schülergemeinschaft. Die Schülergemeinschaft wollte ganz bestimmte, betont politische Optionen und im Geist dieser Optionen, ohne einen Anspruch auf eine Monopolstellung in der katholischen studierenden Jugend, dazu erreichen, daß man auch ganz konkrete Forderungen in den politischen Bereich hineinstelle. Wir haben im Männerring gerade das vermieden und einen relativ breiten Pluralismus von Entscheidungsmöglichkeiten gelassen mit der Möglichkeit, daß auch politisch sehr unterschiedliche Positionen bei uns vertreten werden können. Die Pluralität, auf die die Schülergemeinschaft heute Anspruch erhebt, ist aber so breit, daß es schwierig ist zu sehen, wie sich auf der Basis eines solchen Pluralismus noch ein gesamter Bund bewegen kann. Wir werden in dieser Beziehung überlegen müssen, wo die Grenzen zu ziehen sind, zumal die Bischöfe Wert darauf legen, daß ein gut Teil der Schülerseelsorge bei uns bleibt. Dies ist schwierig zu realisieren, wenn wir hier eine sehr starke politische Differenzierung zulassen. Sie merken, wie schwierig die Differenzierung im Bund jetzt für die Zukunft geworden ist. Die Bischöfe erwarten zum Anfang des nächsten Jahres auf eine ganze Reihe dieser und ähnlicher Fragen eine Antwort, nicht bloß seitens der Schülergemeinschaft, sondern auch seitens des ganzen Bundes.
Es gibt in diesem Zusammenhang ein weiteres Problem in der Schülergemeinschaft, das ich anschneiden will. Das hängt zusammen mit dem Verbandscharakter unseres Bundes. Wir erleben in einer ganzen Reihe deutscher Diözesen eine Entwicklung der kirchlichen Verwaltung der Jugendarbeit in den einzelnen Diözesen, die ein gut Stück Initiative, die in der Vergangenheit vor allem von der Schülergemeinschaft getragen wurde, auf das kirchliche Amt verlagert mit einer stärkeren Integration der gesamten Jugendarbeit in das kirchliche Amt hinein. Das Zentralkomitee der deutschen Katholiken hat vor einem halben Jahr in einer Stellungnahme an die katholischen Verbände vor Entwicklungen gewarnt, die Verbandsfunktion der Tradition allzusehr in die gemeindlichen Strukturen zu übertra-

gen. Wir haben die Auseinandersetzung nach 1945 schon mit dem Pfarrprinzip gehabt, ähnliche Schwierigkeiten haben wir auch heute. Damit tritt natürlich die Gestaltungsmöglichkeit einer Zentrale sehr stark zurück gegenüber den Kräften, die ihren Schwerpunkt in den Diözesen und diözesanen Verwaltungen der kirchlichen Jugendarbeiten haben. Diese haben natürlich ein starkes Interesse an gewissen Zentralisierungen, sie haben auch ein gewisses Interesse an der stärkeren Regelung vieler Angelegenheiten durch den diözesanen Mann, der nicht immer ein Priester zu sein braucht, der aber ein vom kirchlichen Amt abhängiger Mann ist. Da ist z. B. die Frage, wieviel wert uns die Eigenverantwortung ist, ein ungelöstes Problem in der Gegenwart.

Wir sollten uns in unseren ganzen organisatorischen Strukturen und in der inneren Einstellung viel stärker an der Familie orientieren. Ich glaube, daß von den 6000 Mitgliedern, die wir haben, jedes Jahr ein gutes Drittel auf dieser Ebene schon zusammenkommen und diskutieren. Soll man diesen Weg nachgehen? Die Schülergemeinschaft hat schon Angst davor, daß bei Veranstaltungen, wie wir sie etwa bei den Bundestagen in Ottobeuren oder vorher in Eringerfeld haben, eine neue Jugendarbeit neben der bisherigen wächst, daß die Kinder, die dort mit ihren Eltern diese Tage mitgestalten, eine zweite neudeutsche Jugendarbeit aufbauen. Es gibt aber auch innerhalb der Regionen entsprechende Probleme. Wie soll man in der Zukunft in all das Ordnung hineinbringen? Wir haben die Dinge im Männerring relativ laufen lassen; es scheint nun, daß die Zeit gekommen ist, in diese zukünftige Arbeit irgendwelche straffende Zügel einzuführen. Was aber soll man dort festlegen angesichts einer Entwicklung, wie wir sie z. B. im Zusammenhang mit dem Schicksal unserer Jugend vorfinden. Damit ist sehr vieles bei uns in Bewegung geraten, und ich glaube, eine Konsequenz, die wir ziehen sollten, ist, daß der spirituelle Zusammenhalt des Bundes stärker gepflegt werden muß als alle anderen organisatorischen und veranstaltlichen Daten des Bundes. Vielleicht, daß wir in diesem Zusammenhang auch Experimente unterschiedlicher Art in den verschiedenen Regionen machen. Die Dinge laufen ja sowieso im Norden anders als im Süden. Auch die Priesterfrage wird in den nächsten Jahren eine Lösung finden müssen. Mit anderen Worten: der Bund ist in die Zukunft hinein in Bewegung. Um so wichtiger ist es, daß wenigstens der Kern festgehalten wird, und zu dem Kern gehört eben zunächst einmal Christus als Zentrum, es gehört das Ja zur ganzen Kirche, zum Wort und Sakrament, es gehört zu dem wichtigsten ein Kernbestand dessen, was wir mit Natur- und Jugendbewegung gemeint haben und was heute angesichts neuer Ansätze im Zusammenhang mit dem Umweltproblem und vielen anderen ähnlichen Problemen wieder neues Gewicht bekommt. Es gehören in diesem Zusammenhang sicher die sozialen Komponenten in Verbindung mit dem entsprechenden Engagement bei der Jugend dazu, ganz besonders lebhaft heute in ihrem Einsatz für die Dritte Welt; es gehört im Zusammenhang mit dem Konzil dazu das Herausbrechen aus allem zu starken Partikularismus einschließlich des Nationalen in eine stärkere Pflege der Verbindung mit der übrigen Welt, der europäischen wie auch neuerdings der im Osten. Es gehört in diesem Zusammenhang das neue Finden eines Wegs zwischen Priester und Laien in der Kirche dazu und bei aller Problematik des Übergangs in der Weltkirche, im Papsttum, dem Wechsel vom italienischen auf den polnischen Papst, die Umstellung darauf, daß in Zukunft zweifellos in der Weltkirche selber sowohl der Universalismus eine größere Bedeutung haben wird als die Tradition der Einzelkirche in ihren kulturellen Formen. Wir werden auch als Abendländer eine neue Funktion wahrzunehmen haben gegenüber der Welt, wenigstens solange wir sie bestehen lassen.

THEOLOGISCHE SPLITTER

Ostersieg – Osterfriede

Diese Betrachtung, abgedruckt in der Westfalenzeitung vom 16. April 1949, ist eine frühe Beschäftigung mit einem aktuellen Thema. Es ist das österliche Pendant zur »Weihnachtsbotschaft der Engel«*.

Wir sind gewohnt, Weihnachten das Fest des Friedens zu nennen. Das Recht dazu gibt uns die Botschaft der Engel in der Heiligen Nacht: »Friede auf Erden den Menschen, die guten Willens sind.« Das neugeborene Kind, das in seiner Person göttliches und menschliches Wesen vereint, ist dieser Friede in seiner Person. Friede ist ruhige Fülle geordneten Daseins. Sie hat ihren Grund in der Verbundenheit des Menschen mit Gott. Sie wirkt sich aus in der Verbundenheit von Mensch zu Mensch. An Weihnachten spürt der Mensch stärker, wie nahe die Menschwerdung Gottes den Menschen dem Menschen gebracht hat.
Aber auch das *Osterfest* hat seinen Frieden. – »Friede sei mit Euch« ist das erste Wort, das aus dem Herzen des auferstandenen Siegers in die verschüchterten Herzen der Seinen dringt. »Friede sei mit Euch« – das war in der Zeit, in der sie lebten, der gewöhnlichste aller Grüße des Alltags. Aber am Ostertag hat das Gewöhnlichste einen außergewöhnlichen, einen verwandelten Sinn. Dieser Sinn nähert sich einzigartig dem tiefsten Sinn eines Friedens in einer gefallenen Welt. In der gefallenen Welt ist der Friede immer nur wirklich als Gnade des Siegers.
Friede ist Gnade. Sein Gegenteil, der Krieg, hat es zu tun mit dem Recht. Friede aber ist immer mehr als die bloße Wiederherstellung der Ordnung des Rechtes. Dem Sieg des Rechtes folgt immer die Spur der Bitterkeit. Solches Siegen gewinnt eine Sache, es gewinnt keine Herzen. Der Besiegte ist geschlagen; aber auch der Sieger verlor, gelang es ihm nicht, im Sieg das Herz des Besiegten für sich zu gewinnen. Man kann den Krieg gewinnen und so den Frieden verlieren.

* Vgl.: Ja zu Gott im Dienst an der Welt, S. 88 ff.

Der auferstandene Herr gewann einen Krieg. »Ich habe die Welt überwunden.« Die letzte Waffe des Hasses und Neides gegen ihn war der Tod. Er ist in der Auferstehung besiegt. »Tod, wo ist dein Sieg?« Die Niederlage der Gegner Christi ist hoffnungslos. Wird er sie zermalmen? Nein! Das Ostergeschenk des Auferstandenen an die Besiegten ist das Angebot des wahren Friedens. In ihm trifft der Sieger das Herz des Besiegten. In ihm gewinnt er den Frieden!

Er trifft das Herz des Feindes da, wo die Ursache allen Unfriedens liegt. Er trifft es in seiner Schuld. Er stellt es vor seine Schuld. Ist es nicht seltsam, daß ausgerechnet am Osterabend der auferstandene Gottmensch von der Auferstehung des Menschen aus seiner Schuld spricht? »Empfanget den Heiligen Geist. Welchen Ihr die Sünden nachlassen werdet, denen sind sie nachgelassen.«

Wir berühren hier den geheimnisvollen Grund, warum so viele Siege nicht zum Frieden führen. Sie treffen den schuldigen Streiter nur äußerlich. Dann aber verhärten sie ihn in seiner Schuld. Er knirscht an gegen die Übermacht des Siegers. Das Zerbrechen der äußeren Kraft ist nicht das Ende des inneren Widerstandes. Und hier liegt die Ursache für den kommenden, neu aufbrechenden Streit. Es ist im Grunde der alte Streit. Man beugt ihm nur vor, wenn der Sieg, der den Besiegten zu Boden streckt, ihn auch vom Boden wieder erhebt. Der Sieg ist immer für den Besiegten die größte Versuchung. Der Sieg demütigt, und gegen die Demütigung trotzt die menschliche Natur an. Dieser Versuchung ist der Besiegte nur dann gewachsen, wenn die demütige Großmut des Siegers sie ihm überwinden hilft. Demütige Großmut entwaffnet. Die Schuld hat noch immer in der Gnade ihren Meister gefunden. Die Gnade berührt nicht nur Herzen, sie wandelt sie um.

Der auferstandene Sieger übernimmt das Wagnis solcher Großmut. Er stellt den Besiegten ausdrücklich noch einmal vor seine Schuld. Die Hände, in denen er seine Gnade anbietet, sind die von der Schuld durchbohrten Hände. Das Herz, aus dem ihr Angebot kommt, ist das von der Schuld geöffnete Herz. Aber Hände und Herz leuchten im Glanz

der Verklärung. Sie sind keine Anklage mehr. – »Selige Schuld, die uns einen solchen Erlöser gebracht hat!« – Der Auferstandene stellt seine Besiegten noch einmal vor ihre Schuld. Aber er tut es als einer, der selbst in den äußersten Abgrund dieser Schuld hinabstieg, der sie dort auf sich nahm und in göttlichem Verzeihen überwand. Nicht als Ankläger, nicht als Richter steht er vor den Menschen, sondern als ihr Begnader. »Der Menschensohn ist nicht gekommen, die Welt zu richten, sondern zu retten.«
So weit geht das Wagnis des göttlichen Siegers, daß es den Menschen bis zu jener Höhe rehabilitiert, von der er fiel – und von der der Rückfall möglich bleibt. Die Furcht vor diesem Rückfall hemmt immer wieder den irdischen Sieger. Gott traut dem Menschen, den er besser kennt als der Mensch, mehr als der Mensch. Sein Vertrauen in den Menschen schafft aber auch in diesem ein Selbstvertrauen, das ihn mit Hilfe der Gnade leichter vor diesem Rückfall bewahrt. Indem der Mensch dem Menschen mehr mißtraut, wird er selbst leichter mitschuldig an seinem Rückfall.
Und so kommt es, daß unter Menschen nicht nur der Sieger dem Besiegten mißtraut, sondern auch der Besiegte dem Sieger. So weit geht das Mißtrauen, daß er selbst seiner Großmut mißtraut. Trägt der Sieger nicht auch mit an der Schuld des Besiegten? Müßte dies nicht ihm den Weg zur Einsicht in die eigene Schuld und in die Bekehrung erleichtern, statt ihn in ohnmächtiger Klage und Anklage immer wieder gegen den anderen zu verfestigen? Es gehören eben zwei zum Frieden. Auch, wenn der Friede Gnade ist. – Und es genügt nicht nur das Herz, das sich ihr öffnet, es muß auch sie anzunehmen bereit sein. Das Angebot Gottes kann die Herzen erschließen – es zwingt sie nicht. Das böse Herz, das den Frieden nicht will, kann an diesem Angebot noch schuldiger werden. Dann gilt das zweite Wort von jenem Abend: »Welchen ihr sie behalten werdet, denen sind sie behalten.« Nicht in die Willkür ist die Entscheidung über die Gewährung der göttlichen Amnestie gelegt. Diese Gewährung erfordert den guten Willen.
Und hier berührt der Osterfriede den Frieden der heiligen Weihnacht. Der gute Wille schafft es nicht allein. Notwen-

dig ist immer auch – und zuerst, denn sie schafft ihn erst – die Gnade. Aber auch die Gnade allein genügt nicht. Der erste Schritt zum Frieden ist die Großmut des Siegers. Der zweite Schritt ist die Demut des Besiegten. Die Großmut neigt sich zur Schwäche. Die Demut erhebt sich zum Vertrauen. In dieser Begegnung verliert sich der Unterschied, den das Ende des Krieges, der Sieg, schuf: der Unterschied zwischen Siegern und Besiegten. Der Friede kennt nur noch Sieger.

Die kommende Gestalt der Kirche

Dieser kurze Text ist einem Hirschberg-Artikel entnommen, der den Titel trägt: »Neudeutschland heute«*. Gerade diese Passage verdient besondere Betonung und soll daher hier für sich stehen, um sie nicht im Rahmen einer ND-Geschichte in den Hintergrund treten zu lassen. Hier handelt es sich nämlich um die Vision einer großen Synthese der Menschheit, von der alle, die ihn kannten, wissen, daß sie Pater Hirschmann in seinen späteren Jahren besonders am Herzen lag.
Dieser Text von 1956 belegt, daß es sich hier um eine lange gehegte Perspektive handelt, die nicht erst ein Ergebnis der theologischen Entwicklung seit dem Konzil ist.
Der letzte Satz stammt aus einem anderen Textabschnitt, ist für den ND sicher nach wie vor aktuell und soll daher hier nicht unterschlagen werden.

Wo stehen wir heute? Ein Geschlecht, das vom »Ende der Neuzeit« spricht, hat dieses Ende bereits überschritten und ist in eine neue Gestalt unserer geschichtlichen Welt eingegangen. Eine neue Epoche der abendländischen Kirche? In eine neue – vierte – weltgeschichtliche Periode? Ich glaube, *die kommende Gestalt der Kirche* trägt zwei geschichtliche Züge: im abendländischen Kulturraum den Zug einer Synthese der wertbeständigen Kulturelemente des Mittelalters und der Neuzeit; in ihrer Gesamtheit den Zug einer Synthese dieses weiterzuentfaltenden abendländischen Erbes mit den neu zu assimilierenden Kulturwerten des außerabendländischen Raums.
Als *Synthese der wertbeständigen Kulturelemente des abendländischen Mittelalters und der Neuzeit* wird in all unseren Lebensgestaltungen die Verbindung von Einheit des religiösen und metaphysischen Grundes unserer Kultur mit der Differenzierung ihrer Sachbereiche, die Verbindung von Sinn für Wesen und Wesensverwirklichung mit dem Sinn für die Geschichtlichkeit unserer Existenz, die Verbindung von Objektivität und Subjektivität in unserem

* Hirschberg 11/1956

Wissen, Gewissen und Wollen das Entscheidende sein. Wer die lebendigen Gegenwartsströmungen im Leben unserer Kirche aufmerksam beobachtet, wird in ihrem heutigen Willen zur Weiterentfaltung von Dogma, Kult und Recht diese Züge bestätigt finden. Nicht weniger der, der das Leben der abendländischen Welt in all ihren Kulturbereichen: Familie, Arbeit, Wirtschaft, Bildung, Kunst, Gesellschaft, Politik daraufhin beobachtet. Vielleicht wird ihn bei dieser Beobachtung die Macht des innerweltlich-humanitären Liberalismus und des Marxismus noch stören. Aber beide haben keine echte Zukunft mehr, da sie allzusehr den Grenzen der Neuzeit verhaftet sind. In unserem Kulturraum helfen sie nur noch mit an der Überwindung seiner untragbaren mittelalterlichen Restbestände und als vorläufige Heimat derer, die zur Kirche nur deshalb noch nicht zurückgefunden haben, weil diese in ihren gelegentlichen Bindungen an solche Restbestände ihnen noch nicht wohnlich genug geworden ist.

Auch *das Verhältnis von katholischer Kirche und evangelischer Christenheit* ist in diesem Zusammenhang in eine wichtige Bewegung geraten. Das geschichtliche Nebeneinander der beiden Konfessionen in der Neuzeit ist entscheidend bedingt durch untragbare mittelalterliche Restbestände an der Gestalt der katholischen Kirche und durch – heute immer mehr als nicht weniger tragbar eingesehene – Bindungen des reformatorischen Anliegens an wesentliche Unzulänglichkeiten und Einseitigkeiten des Geistes der Neuzeit. Es ist nicht abzusehen, welche Annäherung bei der Überwindung dieser geschichtlichen Belastung in beiden Gruppen auf uns zukommt.

Zugleich wird die Herausarbeitung dieser abendländischen Synthese die Kirche in ihrer Gesamtheit immer offener machen für jene echten Kulturelemente, die *die Welt außerhalb des okzidentalen Erbes* heute hat. Dazu gehört alles, was sich an Wertvollem im letzten Jahrtausend im Kulturbereich der Ostkirchen bewahrt und entfaltet hat – vor allem auch in der Kultur des russischen Volkes. Dazu gehört der gesamte islamische Kulturbereich, der ja in seinem Ansatz nicht ohne bestimmende Einflüsse des Judentums

und antiken Christentums ist. Dazu gehört der ganze Kulturbereich der primitiven und der hohen Religionen Afrikas, Asiens und Polynesiens. Dazu gehört auch das Kulturerbe des gläubigen Judentums, mit dem heute ein seit Jahrhunderten unterbrochenes Gespräch im Gange ist. All diese Bereiche geraten im Zusammenhang mit der Expansion des abendländischen Geistes, vor allem in seiner naturwissenschaftlich-technischen Form, in eine Krise. Ihre Widerstandskraft gegenüber den Zersetzungstendenzen in ihr ist ungleich geringer als die der Kirche. Die Chancen des abendländischen Liberalismus und Marxismus, erlösend einzugreifen, bleiben innerhalb der abendländischen Grenzen dieser Ersatzreligionen selbst: Sie werden mittelalterliche Reste, die in dieser Welt noch unvergleichlich größer sind als im Abendland, überwinden helfen, soweit sie für den Untergang reif sind. Aber sie werden eine Leere lassen, die eine Chance der Kirche ist – vorausgesetzt, daß sie immer mehr über okzidentale Begrenzungen in ihrem Kult, Dogma und Recht hinauswächst – und bestes Menschentum aus diesem Weltraum in sie hinein. Diese »einheimischen Christen« werden mit den abendländischen zusammenwirken müssen in der Gewinnung der neuen Synthese. Die Aufgabe wird immer mehr gesehen und angepackt. Die ganze Situation: *eine einmalige geschichtliche Stunde der Kirche.*
Ihr versteht, was ich in Fulda meinte, als ich sagte, es müsse in Neudeutschland um mehr gehen als nur um ein neues *Deutschland:* Es geht um *eine neue Welt!*

Johannes XXIII.
Ein Wort des Gedenkens

Dieser Nachruf ist zwar kein spiritueller Text; er wurde hier dennoch aufgenommen, weil Pater Hirschmann den Anliegen von Papst Johannes XXIII. sehr verbunden war, wie man auch aus der Darstellung seines Lebens spürt.
Das »Wort des Gedenkens« erschien in der Politisch-Sozialen Korrespondenz vom 15. Juni 1963 (XIII. Jg. Nr. 12, S. 5f).

Am Pfingstmontagabend starb Papst Johannes XXIII. Noch stärker als bei seinem Vorgänger hatten Millionen Anteil genommen an seinem Todeskampf. Sie erlebten in der Schlichtheit und religiösen Weihe seines Sterbens ein Zeugnis, das dem Zeugnis eines überzeugenden christlichen Lebens in allem entsprach. Die Trauer um seinen Verlust war so allgemein, daß in ihr auf einmal etwas von dem sichtbar wurde, woran er im Optimismus seines Glaubens wie nur wenige unbeirrt festgehalten hatte: daß die einenden Kräfte echter Menschlichkeit in dieser Welt stärker sind, als man gemeinhin annimmt. Es hat ihn gewiß berührt, aber nicht irre gemacht, daß diese seine Überzeugung und das Handeln danach mißverstanden und mißbraucht werden konnten. Er hat heilende Kräfte in der heutigen Menschheit sichtbar und wirksam gemacht, die weder Ideale noch Ideologien, weder schöpferische Illusionen noch Zufälle sind, sondern Wirklichkeiten, die man so ernst nehmen darf wie ein Bauer die Erde und die Sonne.

Eine umfassende Vorbildung

Der verstorbene Papst brachte zu seinem hohen Amt seine umfassende Vorbildung mit: die menschlichen Grundlagen, die eine gute, kinderreiche (er war der dritte unter dreizehn!), arbeitsame, sehr einfach lebende Familie mitzugeben vermag; eine gründliche Ausbildung für seinen priesterlichen Beruf im Seminar des Bistums Bergamo und in Rom; eine Schulung zu wissenschaftlichen Arbeiten als

Patrologe und Historiker – er hat Vorlesungen bei dem späteren Pius XII. in Kirchenrecht gehört und mit dessen Vorgänger, dem späteren Pius XI., als dieser noch Leiter der Ambrosianischen Bibliothek in Mailand war, wissenschaftlich zusammengearbeitet, war zeitweise Professor in Bergamo und an der Lateranuniversität in Rom; er kannte die Seelsorge als Kranken- und Gefängnisseelsorger, als Leiter eines Schülerheims, als Militärseelsorger, als Theologenspiritual in Bergamo, als Seelsorger für religiöse Minderheiten im Ausland; er wirkte erfolgreich als Erzbischof in Venedig; er war Sekretär eines Bischofs gewesen, der führend im Aufbau der katholischen italienischen Laienarbeit war; er arbeitete sich im Dienst der katholischen Missionsarbeit in Italien und Rom ein in diesen Bereich des kirchlichen Wirkens, lernte dabei die Arbeitsmethoden der römischen Kurie kennen und war schließlich als päpstlicher Delegat in Sofia, Istanbul und Athen sowie als Nuntius in Paris und Beobachter des Heiligen Stuhls bei der UNESCO etwa dreißig Jahre im diplomatischen Dienst tätig. Die Vielseitigkeit dieser Arbeitsfelder zeigt, wie hintergründig vielschichtig, trotz des äußeren Eindrucks der Einfachheit, die Schlichtheit seiner Entscheidungen war.
Hatte man beim Tod seines Vorgängers auf dem Päpstlichen Stuhl den Eindruck, es werde kaum möglich sein, einen Papst zu finden, der im Bereich der Einwirkung der Kirche auf die Dinge der Welt die Wirkkraft und Wirkweite Pius' XII. erreichen könne, und erschien darum die Wahl des fast 77jährigen Kardinals Roncalli zunächst als eine Übergangslösung, so sind sich schon heute alle einig, daß trotz der Kürze sein Pontifikat an Bedeutung dem seiner großen Vorgänger zum wenigsten nicht nachsteht.

Konzil und Enzykliken
Da ist zunächst die Einberufung des Zweiten Vatikanischen Konzils zu nennen, das in der Kirche ungeahnte Kräfte der Erneuerung freimachte, die direkt und indirekt auch stärkste Auswirkungen versprechen für einen neuen Beitrag der Kirche zur Erneuerung der Welt, zu ihrer Einung und zur Überwindung des Gegensatzes von Kirche

und Welt. Die für die Reform der positiven Kirchenverfassung bedeutsame Akzentverschiebung im Verhältnis Papsttum und Episkopat, im Ausbau der Querverbindungen im Episkopat auf nationaler und übernationaler Ebene, in der Förderung der Laienarbeit – um nur einige Themen des Konzils zu nennen – sind welt- und kirchengeschichtlich ebenso fruchtbar wie der breite Einstieg der katholischen Kirche in die ökumenische Arbeit und die zunehmende katholische Kontaktnahme mit der nichtchristlichen religiösen Welt – zwei Anliegen, die dieser Papst aller »Menschen guten Willens« unlösbar miteinander verband. Gewiß ist der Ausgang des Konzils noch offen – keiner seiner verbindlichen Beschlüsse wird die Unterschrift Johannes' XXIII. tragen –, aber es scheint schon heute gesichert, daß die Kirche die auf dem Konzil bereits getroffene Grundentscheidung der Öffnung für alles Leben auch außerhalb der katholischen Kirche im engeren Sinn nicht rückgängig machen wird.
Der ganz pastorale Ton der beiden großen Enzykliken »Mater et Magistra« und »Pacem in terris« darf nicht darüber hinwegtäuschen, daß in ihnen Johannes XXIII. nichts zurücknimmt von der umfassenden Botschaft seines Vorgängers; er legt vielmehr Wert darauf, daß sein Wort und das Pius' XII. als *ein* Wort verstanden und angenommen werden. Das gilt ebenso von seiner Soziallehre wie von seiner Friedenslehre. Allerdings führt Johannes XXIII. diese Lehre weiter. Indem er sie in zwei Enzykliken zusammenfaßt, setzt er bedeutsame Akzente, etwa im Sinn der Bewertung der menschlichen Person, des Subsidiaritäts- und Gemeinwohlprinzips, des sozialen Ausgleichs. »Pacem in terris« enthält darüber hinaus Prinzipien für eine Weiterentwicklung der Lehre von der Toleranz, vor allem aber für eine universale Verwirklichung derselben, die mit Recht beachtet worden sind. Die positive, unpolemische Sprache hat dem Papst den Vorwurf eingebracht, eine weiche Linie in die kirchliche Auseinandersetzung mit dem Kommunismus gebracht zu haben. Wer genauer zusieht, wird finden, daß die Prinzipien, von denen aus eine wahrhaft kirchliche Auseinandersetzung mit diesem – und nicht

eine politische oder gar tagespolitische – gefördert wird, nicht weniger entschieden ausgesprochen sind als bei den beiden Vorgängern des Papstes; auf gewisse Schwächen der marxistischen Ideologie, etwa die geistesgeschichtliche Rückständigkeit derselben heute, ist sogar klarer hingewiesen.

Der Papst und der Osten

Johannes XXIII. hat eine Überprüfung des Verhaltens der Kirchenpolitik in einer Reihe von Ländern hinter dem Eisernen Vorhang eingeleitet. Man wird nicht sagen können, daß er dabei Grundsätze seines Vorgängers preisgegeben hat. Auch nicht, daß er unbesonnen und zweckoptimistisch an durch die Wirklichkeit nicht gedeckte Annäherungen der kommunistischen Weltanschauung an die christlichen Überzeugungen geglaubt habe, wenn auch für ihn selbst die lebendigen Kommunisten mehr waren als bloße Inkarnationen einer Ideologie. Aber er war bereit, im Interesse der Seelsorge Folgerungen aus Entwicklungen sowohl der kommunistischen Politik wie der Lage der Kirche in den kommunistisch beherrschten Ländern zu ziehen, wenn dies, nach Rücksprache mit den unmittelbaren Seelsorgern jener Gebiete und nach Abwägung des Für und Wider für die Gesamtkirche, wünschenswert erschien. In der Durchführung wurde nichts überstürzt. Über die Opportunität dieses oder jenes Einzelzugs mag man geteilter Meinung sein; auch ein solcher sieht im Zusammenhang kirchlicher Überlegungen immer etwas anders aus als im Zusammenhang vorwiegend politischer! Auch über die Auswirkung seines Episkopats in dieser Hinsicht auf Italien dürfte das letzte Wort noch nicht gesprochen sein: Die Überwindung des italienischen Kommunismus ist für die Kirche Italiens primär ein Problem der Gesamtseelsorge – und hier hat Johannes XXIII. erneuernd zugegriffen –, nicht der bloßen Kirchenpolitik. Seine Zurückhaltung in der Frage der apertura alla sinistra war die Konsequenz seines Respektes vor der Verantwortlichkeit der Laien im Bereich der Politik.

Das Beste aber, was er der Menschheit schenkte, war das

Beispiel einer wahrhaft universalen Menschlichkeit. Aus echtem Glauben und christlicher Demut geboren, demütigt sie niemand, sondern schafft Vertrauen, Freiheit und Verständigungsbereitschaft. Das aber ist die Basis des Friedens, den dieser Papst so sehr gesucht und geliebt hat.

Das Zeichen der Revolution Gottes

»Allen unseren Hirschberg-Programm-Aussagen ist ein marianisches Wort gemeinsam ... Die marianische Aussage gehört zum Adäquaten der Kirche über Christus und sich selbst.« So Pater Hirschmann in »Kirche im Wandel«*. Gerade für den ND dürfte dieses Zeugnis persönlicher Erfahrung und gewandelter Reflexion von Interesse sein.
Der Text entstammt dem Nachlaß.

Wir sind gemeinsam auf der Suche nach einem neuen Marienbild. – Wenige von euch Jüngeren können uns Älteren nachfühlen, was für uns der Wandel der Marienverehrung in der Kirche heute bedeutet. Wenn ich an mein eigenes Leben zurückdenke: die Maiandachten in meiner Kindheit, das Marienaltärchen, an dem ich zuerst Meßdiener spielte, der gemeinsame Rosenkranz täglich im Oktober in der Familie und später in den Bombenregen des Zweiten Weltkriegs hier unten im Keller. Als ich zum erstenmal der Mutter sagte, ich möchte Priester werden, ihre Bitte, dann täglich ein Ave zu beten um die rechte Berufserkenntnis; vom Noviziat an die Gewohnheit, allabendlich vor dem Marienbild der Kapelle ein Memorare zu beten um die Treue im Beruf; die Impulse der Mariologie für unsere Spiritualität. In der Nähe Marias lernt man die Meditation. In der Seelsorge der prägende Eindruck marianischer Liturgie an Hochfesten; das Gebet zu Maria in verzweifelten Seelsorgefällen. Priesterkonferenzen über Maria nach der Definition der Aufnahme Mariens; die Predigt bei der Weihe des Bistums Trier an Maria.
In alledem hat sich seit dem so tief die Kirche bewegenden 7. Jahrzehnt unseres Jahrhunderts ein tiefer Wandel vollzogen. Er spiegelte sich in den bewegten Sitzungen des Zweiten Vatikanischen Konzils um die Aussage über Maria. Starke Kräfte standen im Ringen: eine in der Gefahr kritischen Ausuferns stehende überschwengliche Theologie: »De Maria numquam satis«; ein Druck von theolo-

* s.o. S. 106

gisch problematischer Volksfrömmigkeit; ein Gegensatz biblischer und patristischer Motive: Sollen wir mehr betonen, was uns mit ihr verbindet (Maria, Typus der Kirche) oder was sie einzigartig, wie selbst Luther noch sagte, fast »zwischen uns und Gott« rückt (Titel: Mutter der Kirche)? Ich halte das Kapitel der Kirchenkonstitution des Konzils, an dem wir hier vom Hause mitarbeiten durften, noch immer für eine der bedeutsamsten Aussagen des Konzils – und spirituellsten. Aber irgendwie spüren wir alle: Das in die Zukunft weisende, das uns wie die sichere Hand einer Mutter führende Wort ist es noch nicht; obwohl die formalen Züge dieses Wortes bereits in den letzten Abschnitten der Konstitution genannt werden: »die Mutter Jesu, Bild und Anfang der in der kommenden Weltzeit zu vollendenden Kirche«.

Es ist das Evangelium selbst, das Lukasevangelium, das Mariens Bild in einer Weise deutet, die uns helfen könnte auf dem Weg zu einem neuen Bilde. – Es ist ein Wort, das das Evangelium dazu Maria selbst in den Mund legt und in dem sie ihre Stellung in der Welt und in der Kirche deutet, das Magnifikat. Es ist das Danklied einer Begnadeten, die sich als bescheidene Magd, als eine Dienende also, versteht, an der der Mächtige, der Heilige, der Erbarmende offenbarte, was erlöstes Menschsein heißt. In ihrem Schicksal erweist sich die Kirche und die Weltgeschichte als die Revolution Gottes, die den Menschen durch die Selbstentäußerung zu Hoheit führt, die dem Menschen wahrhaft gemäß ist. Im Ja zu dieser Teilnahme an der Selbstentäußerung ihres Kindes hat das schlichte Mädchen von Nazareth ja zu dem gesagt, in dem allein Hoheit, Herrschaft und Würde menschlich überhaupt sinnvoll und sinnerfüllend sind. Nach den Zeugen des Evangeliums hat sie die schlichte, dienende Gestalt dieses Menschseins, des Menschseins ihres Sohnes, nie verlassen. Daß diesem schlichten Dienst, der nichts anders ist als der gelebte Glaube, allein auf die Dauer die Welt gehört, ist die Revolution Gottes, dessen Zeichen Maria ist.

Ich glaube, in diesem Zeichen sind wir nicht nur auf der Suche, sondern auch auf dem Weg zu einem neuen Marienbild; zu einem neuen und uralten zugleich. In der Wiederentdeckung des »diakonalen« Elements in der Berufung zur Nähe des Herrn kann auch ein Priesterleben wieder zum Magnifikat werden.

Glauben im Angesicht des Todes

Der nächste ist der persönlichste Text. Wegen der fast schon intimen Selbstdarstellung wurde früher von einer Veröffentlichung abgesehen, obwohl der Vortrag die Zuhörer sehr beeindruckte. Diese Meditation hielt Pater Hirschmann beim ND-Bundestag 1974 in Bad Neuhaus. Sie soll hier einem Freundeskreis zugänglich gemacht werden.

Der Vortrag, der kein Referat sein will, hat mich in zunehmendem Maß in Verlegenheit gebracht. Manche nehmen mir das nicht so leicht ab, daß ich in Verlegenheit komme, aber ich bin eigentlich von Geburt ein schüchterner Mensch und bin es bis heute geblieben, und ich weiß nicht, ob das, was ich jetzt sagen werde – ich möchte lieber sagen, etwas vor Euch meditieren möchte –, ob das nicht an die Grenzen dessen geht, was man auch in einem intimeren Gespräch austauschen kann. Aber ich glaube, bis an jene Schwelle müssen wir ja doch gehen, wenn wir aus bloßen Reflexionen über den Glauben zu einem echten Glaubensgespräch kommen wollen. Aber bei der Thematik »Wie können wir heute glauben?« schulden wir Kapläne und Theologen im Bund Euch nicht, und erwartet Ihr von uns auch nicht für Euer lebendiges Gespräch in den Arbeitskreisen, in den Familien und darüber hinaus eine Theorie des praktischen Glaubensvollzugs, wenigstens nicht in erster Linie. Ihr wißt natürlich, daß eine solche Theorie für uns Theologen auch heute noch notwendig ist, daß sie aber eine Fülle von Fragen aufwirft, die wir nicht von heute auf morgen lösen können. Nein, was Ihr von uns hier wohl an erster Stelle erwartet, ist ein ganz persönliches Zeugnis. Wie mich einer noch in diesen Tagen gefragt hat: »Hans, wie steht es denn mit deinem Glauben selbst?« Ich nehme diese Frage sehr ernst. Ein anderer, mir gut befreundeter Mensch, hat mir vor einigen Monaten gesagt: »Du bist doch sonst ein so vernünftiger und menschlicher Mensch; ich kann eigentlich nicht verstehen, wie du noch glauben kannst.«

Ich habe oft nachgedacht über mein Verhältnis zum Glauben. Und ich habe in meinem Leben auch manche Krisen dieses meines Glaubens mit durchgemacht. Ich erinnere mich noch sehr gut an die erste Krise in den Entwicklungsjahren. Ich schließe nicht aus, daß ein Rest der bei dieser Krise ungelöst gebliebenen Fragen ein Grund für meine Berufsentscheidung war. Ich glaubte damals, ein Theologiestudium bedeute vor allem auch eine Befreiung von Glaubensschwierigkeiten. In dieser Beziehung habe ich so meine Erfahrungen gemacht. Als ich in der Philosophie war mit dieser ganzen Trockenheit der theoretischen Reflexionen, immerhin doch ein bißchen in einem Seminar auf den Glauben hin orientiert, da dachte ich, wenn ich in die Theologie komme, dann wird das besser, im eigentlichen Theologiestudium. Und ich habe tatsächlich erlebt, wie das Studium manche Fragen – aber da muß man schon fast wiederum sagen, eher des Glaubensverständnisses als des Glaubens selbst, und das sind zwei verschiedene Fragen – zu lösen vermag, aber nicht zu lösen vermag, ohne daß an die Stelle andere und tiefere Fragen treten. Und ich war so optimistisch, damals zu glauben: Wie gut, daß man dich zu einem Theologieprofessor macht, denn dann, wenn du die Dinge gründlicher studieren kannst, dann werden sich ja die Fragen lösen. Nun kann ich Euch aufgrund meines Umgangs mit Theologieprofessoren – und ich habe selbst fast sechzig gehabt in meiner Ausbildung, und noch viel mehr sind dazugekommen im späteren Verkehr – einen Rat geben: Bittet niemals darum, daß Gott Euch zur Hilfe für Eure Glaubensschwierigkeiten jenes Verhältnis zur Glaubensfrage gibt, das die Theologieprofessoren haben! Ich möchte niemandem von Euch wünschen, daß er seine Glaubensschwierigkeiten mit denen der Theologieprofessoren einmal tauscht. Die Theologieprofessoren haben keinen anderen Glauben als Ihr. Und der Glaube ist immer der christliche Glaube, ein angefochtener Glaube. Der Theologieprofessor betet genauso wie Ihr: »Ich glaube, Herr, ja, aber hilf meinem Unglauben!«

Gegen Ende meines Studiums war dieses Verhältnis zum Glauben geradezu eine Berufsschwierigkeit für mich. Wie kannst du mit diesem deinem zitternden und angefochtenen Glauben vor die Gemeinden treten und ihnen den Glauben verkünden? Wirst du nicht mehr Menschen hier eher erschüttern als im Glauben stärken? In dieser meiner Not hat mir eine Erfahrung geholfen, mit der ich in diesem Umfang nicht gerechnet habe. Ich habe in meiner priesterlichen Tätigkeit – ich sage ausdrücklich »priesterlichen« und nicht »in meiner Tätigkeit als Professor« – viele Menschen kennengelernt, die einen lebendigeren Glauben hatten als ich selbst. Und ich habe in diesen Menschen erfahren, daß es eine Macht des Glaubens gibt, Lebensfragen zu nehmen und Lebensfragen zu bewältigen, die der Unglaube nach meiner Erfahrung nicht bewältigt. Ich habe aus der Erfahrung erlebten Glaubens kein Wort der Heiligen Schrift so sehr bestätigt gefunden als das Wort unseres Herrn vom Gründonnerstagabend: »Wer an mich glaubt, der wird auch das wirken, was ich gewirkt habe, ja, mehr als das wird er wirken.« Wir kennen das andere Wort, das mir nicht weniger lieb geworden ist in dieser Erfahrung: »Wenn Ihr einen Glauben hättet, klein wie ein Senfkorn, und Ihr sagt zu diesem Berg: heb dich hinweg, ich sage Euch, er hebt sich hinweg!« Zu den Erfahrungen meines Lebens gehört die Erfahrung des bergeversetzenden Glaubens. Ich habe das öfter ausgesprochen und habe dann öfter dazu die Bemerkung gehört, ob das nicht doch schließlich eine psychologische Geschichte ist, ob das mit der Gläubigkeit eines überzeugten Buddhisten oder auch Marxisten nicht ähnlich so ist. Aber einmal habe ich dort wirklich nicht die Probe aufs Exempel machen können, die mir gelebter Glaube vermittelt hat. Und zweitens habe ich auch den Eindruck gehabt, daß die Wirklichkeit des Glaubens anders ist als all das. Darum habe ich öfter als Ergebnis meines eigenen Umgangs mit wahrhaft glaubenden Menschen formuliert, und das möchte ich als Ansatz für weitere Meditationen hier vortragen: Ich kann mir, so sagte ich öfter, angesichts der Erfahrungen, die ich bisher mit dem Glauben in meinem Leben gemacht habe, nicht denken, daß ich vor meinem Tode einmal meinen Glauben verlieren könnte.

Was hat sich denn in der Zwischenzeit geändert? Ich denke nicht nur daran, daß die Reflexion über das, was Glaube ist, in der Zwischenzeit biblisch, dogmatisch, lebensmäßig uns neu bereichert hat mit Aspekten des Glaubens, der Glaubenseffizienz und auch der Glaubensdefiziens, Aspekte, die ich vorher nicht so gesehen hatte. Nicht nur die Exegese hat uns hier weitergeführt, auch die anthropologische Reflexion über die Voraussetzungen des Glaubens hat uns hier geholfen. Aber vor allen Dingen hat mich in dieser Zeit beeindruckt die persönliche Erfahrung des Glaubens im Angesicht des Todes, die ich selbst in den Monaten Anfang 1972 gemacht habe. Ich bin diesem Fragekreis »Glauben im Angesicht des Todes« danach auch im Studium etwas mehr nachgegangen. Es ist ja sehr viel in den letzten Jahren darüber auch geschrieben worden, aber was ich jetzt sagen möchte, das sind mehr persönliche Beobachtungen, persönliche Eindrücke als der Versuch schon irgendwie einer systematisierenden Ansicht.
Ich möchte dabei ausgehen von einer Beobachtung, die ich mit mir selbst in den kritischen Tagen im Januar 1972 in der Essener Klinik gemacht habe. Die Ärzte hatten an einem bestimmten Tag, es war der Nachmittag des 1. Januar, ein Konsilium gehabt und dabei festgestellt, jede weitere Maßnahme ist sinnlos. Ich habe übrigens gehört, daß es eine amerikanische Arbeit über solche Feststellungen der Ärztekonsilien gibt, die behauptet, daß fast ein Viertel der so Totgesagten noch überlebe. Aber jedenfalls bei mir haben sie alle Maßnahmen eingestellt, sie haben meine Verwandten, meine Freunde benachrichtigt, und ich rief dann Professor Engelmeier an mein Bett. Er hat mehrere Stunden mit mir zusammengesessen, und ich habe ihm die Frage vorgelegt: »Was hat denn nun das Ganze für einen Sinn?« Ich glaube, daß uns die äußerste Situation – und daß sie erreicht war, war mir irgendwie gegenwärtig – vor die Sinnfrage im ganzen – und auch im Sinn der Glaubensfrage – stellt. In diesem Zusammenhang hatte ich eine merkwürdige Tendenz, nämlich jetzt komme alles darauf an, das ganze Leben zusammenzufassen. Es müsse doch möglich sein, das ganze Leben auf eine letzte einfache Aus-

sage zu bringen. Diese Aussage könne nicht den Charakter einer bloßen Feststellung haben. Sie müsse gleichzeitig auch den Charakter einer Festlegung haben. Sie müsse in das Vielerlei, was mich in meinem Leben bewegte und bis dahin noch bewegte, also auch in meine Einstellungen zu ihm, eine letzte Orientierung bringen. Dabei machte ich eine merkwürdige kleine Nebenerfahrung. Dem Bett gegenüber hing so ein kleines impressionistisches Gemälde. Es war, glaube ich, die Darstellung eines Hafens, jedenfalls viele verworrene Linien, die dort ineinanderliefen. Und jedesmal, wenn ich dieses Bild sah, da war es für mich eine Zusammenfassung des Eindrucks, den ich von meinem ganzen bisherigen Leben und auch meiner Einstellung zum Leben hatte. Und dieser Eindruck läßt sich auf den Satz zusammenführen: Alles, was ich darin bisher für wahr gehalten habe, wird wohl wahr sein, aber es könnte auch sein, daß alles nicht wahr ist. Und ich weiß, wie sehr mich dieses Hinundhergerissensein zwischen »Es könnte alles wahr sein« und »Es könnte sein, daß es auch nicht wahr ist« auseinanderriß, und wie ich mich darum bemühte, beinahe bis ins Körperliche hinein, Halt zu finden.
Eines Tages schenkte mir eine kleine Nichte ein Bild, das sie selbst gemalt hat, ein achtjähriges Mädchen, ein Bild mit ganz einfachen Farben und ganz einfachen Linien, und das hängte ich, und Engelmeier gab mir darin Recht, anstelle dieses anderen Bildes vor mich. Und wenn ich auf dieses Bild mit den einfachen Linien und Farben sah, da wurde alles klarer. Und dann näherte sich alles einem Eindruck, den ich formulieren möchte, dem Eindruck: Ich glaube, Herr, aber ich glaube so, daß im Verständnis dieses Glaubens für die Liebe ein Raum bleiben muß, der den Glauben immer noch übersteigt. Die Formulierung war neu für mich. Und vielleicht fragt Ihr, was kann man mit alldem anfangen? Methodisch etwa: Geben die vielleicht mit Fieberphantasien durchsetzten Eindrücke eines Sterbenden überhaupt etwas her für die Frage »Glauben im Angesicht des Todes«? Darf ich überhaupt so sicher sein, daß ich im Angesicht des Todes gestanden habe? Und was folgt daraus?

Ich möchte, ehe ich auf die Beantwortung zurückkomme, noch zwei Vorbemerkungen machen. Ihr seht, es geht nicht systematisch, es geht etwas mehr meditierend, johanneisch, wie heute die Exegeten sagen; man kommt immer wiederum auf das gleiche zurück. Ich bin überzeugt, wie ein Mensch sich als Glaubender sieht, das hängt auch davon ab, welches Bild vom Sterben ihm seine Reflexion allmählich entwickelt hat. Und unsere theologischen Reflexionen über das menschliche Sterben und den Tod haben in den letzten Jahren mehrere Aspekte bewußtgemacht, die vorher nicht so in unserem Bewußtsein standen. Zunächst, daß unsere christliche Einstellung zum Tod doch verhältnismäßig früh und durch Jahrhunderte und fast zwei Jahrtausende hindurch etwas zu stark unter die Einseitigkeit des griechisch-philosophischen Denkens geraten ist. Für dieses Denken war dann bei dem Dualismus von Leib und Seele der Tod Trennung von Leib und Seele, eine Trennung, bei der das Uneigentliche am Menschen, der Leib, zerfällt und das Eigentliche, die Seele des Menschen, frei wird. In der Linie, die von Plato ausgeht, bis auf Descartes führt und dort noch einmal in der Neuzeit sehr stark erneuert wurde, lebt auch eine Spiritualität, die irgendwie das Grauen des Todes verdeckt und verharmlost. Nicht bloß der Leib stirbt, und die Seele wird im Grunde nicht dadurch tangiert. Der Mensch stirbt, der Mensch stirbt in seiner Ganzheit. Und die Tatsache, daß es der Mensch ist, der stirbt, führt dazu, daß wohl Thomas mehr Recht und Realismus hat, wenn er meint, von allen Übeln in der ganzen Schöpfung ist der Tod das entsetzlichste.
In einer Untersuchung neulich hat Stadel zwei Sätze nebeneinandergestellt, die aus dem Gesagten gute Konsequenzen ziehen. Der eine Satz stammt von dem bekannten evangelischen Theologen Zahrnt: »Vielleicht«, so schreibt er, »gibt es keinen größeren Mut als den, Angst vor dem Tod zu haben und diese Angst auch bewußt auf sich zu nehmen. Vor denen, die sich rühmen, daß sie keine Angst vor dem Tode hätten, sondern aufrecht sterben wollten wie die Bäume im Walde, kann ich nur geringen Respekt empfinden; ich werde den Verdacht nicht los, daß sie sich

auch im Leben für ihre Mitmenschen nur selten gebückt haben, weil sie in Wahrheit ständig mit sich selbst und damit unbewußt mit der Abwehr ihrer Angst vor dem Tode beschäftigt waren.« Der zweite Satz stammt aus der Selbstbiographie der heiligen Theresia von Lisieux. Der Gedanke an den Tod ist ihr in ihren Krankheiten sehr schwer gewesen. »Plötzlich verdichten sich«, so schreibt sie im Tagebuch, »die Nebel um mich her, sie dringen in meine Seele ein und umhüllen sie derart, daß alles entschwunden ist... Die Stimme der Sünder annehmend, scheint die Finsternis mich zu verhöhnen und mir zuzurufen: ›Du träumst von Licht, von einer mit lieblichsten Wohlgerüchen durchströmten Heimat, du träumst von dem ewigen Besitz des Schöpfers all dieser Wunderwerke, du wähnst, eines Tages den Nebeln, die dich umfangen, zu entrinnen! Nur zu, nur zu! Freu dich über den Tod, der dir geben wird, nicht was du erhoffst, sondern eine noch tiefere Nacht, die Nacht des Nichts‹.« Theresia von Lisieux.[1]

Ich habe letztes Jahr, bei den Meditationen dieser Kartage, von dem gesprochen, was unser Bundesbruder Pater Alfred Delp in seinem Schriftchen »Im Angesicht des Todes« berichten kann über seine eigenen Anfechtungen. Ihr wißt vielleicht, daß er, unmittelbar konfrontiert mit dem Martyrium, ganz hart an der Grenze war, abzuspringen in die Verzweiflung, so wie Ignatius von Loyola bei seinen großen Todesbetrachtungen in den ersten Exerzitien in Manresa, wie er in seiner Biographie berichtet, an seinen Selbstmord dachte. Das sind Stunden, die auch der Heiligste durchmachen kann. Wie Alfred geradezu Gott Termine stellte, deren Nichteinhaltung für ihn das Versagen bedeuten würde. Und ich habe auch letztes Jahr von Edith Stein hier erzählt. Einer der letzten, der das ganze, vom Grauen des Konzentrationslagers entsetzlich entstellte Gesicht sah, sprach: »Sie wirkte auf mich wie eine Pietà ohne ihren Sohn.« Hier sprechen die Mystiker davon, daß der beseligenden Anschauung unseres Glaubens eine Nacht des Glaubens vorausgeht. Johannes vom Kreuz hat dazu aus eigener Erfahrung berichtet, von dem, was er den nackten Glauben nennt, wo dem Menschen auch der letzte Halt, den er irdisch und weltlich im Glauben als Mensch immer noch sucht, genommen wird, wo er ganz, auch Halt der geistigsten Art, aufgeben muß und nichts bleibt als der reine Glaube an den Gekreuzigten, der ihm erscheint zugleich auch als reiner gekreuzigter Glaube. Gibt es das – so hat J. Görres vor einigen Monaten einmal gefragt – nicht nur als ein individuelles Phänomen in unserem Leben, gibt es das vielleicht auch als kollektive Dimension bestimmter Zeiten? Und stehen wir vielleicht nicht heute in der Erfahrung einer Abwesenheit Gottes, die solche Züge tragen kann? Wir werden morgen vielleicht darüber klarer sprechen können.

Ich möchte noch eine zweite Bemerkung hier hinzufügen. Es kommt bei den Reflexionen über den Tod in den letzten Jahren nicht nur der ganzmenschheitliche Aspekt des Glaubens, biblisch übrigens durchaus gerechtfertigt, stärker zum Tragen, sondern auch die aktive Seite des Sterbens. Sterben ist nicht nur das äußerste Widerfahrnis, das den Menschen unüberbietbar seine Grenze erfahren läßt, seine Ohnmacht, sein Angewiesensein auf andere, die über ihn verfügen, sondern es ist doch zugleich auch letzte Entscheidung über das, was vom eigenen Leben als endgültig gelten soll. Denn der Tod führt in die Endgültigkeit und ist damit sozusagen die letzte Befreiung der Freiheit des Menschen und damit eine letzte Gnade. Nicht, daß der Mensch also in dieser Wende des Glaubens, auf die alles ankommt, bis zuletzt seine Entscheidung verschieben dürfte: »Ich kann ja immer noch ...«. Das wäre eine vermessene Präjudizierung unserer Chancen. Aber doch so, daß sinnvoll bleibt, was uns die Meister des geistlichen Lebens immer wieder sagten: daß man mit dem Sterben im Leben beginnen muß, daß nicht zuletzt das das Entscheidendste des Sterbens ist, daß es uns beständig mit dem Leben zu konfrontieren vermag, daß man bei keiner wichtigen Entscheidung die Frage auslassen sollte: »Wie werde ich wohl wünschen, in meinem Sterben diese Frage entschieden zu haben?«

Vielleicht wissen manche von Euch, wie einige Theologen heute, deutsche und französische, in Deutschland denke ich an Winkelhofer, an Boros, auch an Stadel, auch Joseph Pieper hat sich neulich in diesem Sinn ausgesprochen, diese Seite des Sterbens bis zu der Auffassung entfaltet haben, daß im Sterben eines Menschen von seinem Wesen her, also im Sterben jedes Menschen, sich eigentlich erst die letzte Möglichkeit seiner Freiheit eröffnet, die Möglichkeit, noch einmal die ganze Geschichte dieser Freiheit im Leben in Sicht und in Griff zu bekommen und in dieser Erfahrung gleichzeitig auch den unablösbaren Christusbezug unserer Freiheit so zu erfahren, daß Sterben für alle ein Ja oder Nein zu Christus werden kann, sozusagen die letzte Vollendung des Glaubens. Ich weiß nicht, ob nicht diese Sicht dem Dunkel und dem Grauen des Todes doch wiederum in einer gewissen spiritualistischen Note etwas nimmt und wir nicht vielleicht doch besser täten, dem Tod seine ganze Härte zu lassen. Eben dann aber stellt sich, und nun komme ich auf den Ausgang zurück, wiederum die Frage, ob die bloßen Erfahrungen, die wir angesichts des Todes machen, ausreichen, um von unserem Glauben angesichts des Todes zu sprechen. Müssen wir nicht auch noch einmal die Inhalte dieses unseres Glaubens daraufhin befragen? Und hier hat man doch den Eindruck, daß eine große Anzahl von Theologen heute zu einer neuen Konfrontation mit der Wahrheit vom Kreuz Christi kommt. Ich denke an den Paderborner Theologen[2], der vor einigen Jahren begonnen hat zu schreiben über die abendländische Seinsfrage als Tod Gottes und den Aufgang einer neuen Gotteserfahrung, für den das, was wir heute im Großen erleben, nicht Tod Gottes, sondern Tod eines bestimmten Gottesbildes ist. Ich denke an das Buch über die Theologie des Kreuzes, die eindrucksvolle, die kürzlich in Tübingen der evangelische Theologe Moltmann geschrieben hat und die heute so breit und positiv aufgegriffen wird, auch von uns. Ich denke an den Akzent, den Johannes Baptist Metz nun mit wachsender Betonung der Memoria passionis, dem Gedächtnis des Leidens Christi, gibt als Bedeutsamkeit für eine Befreiung von wirklichkeitsverharmlosender und praxisverfälschender Haltung des Christen gegenüber den großen Fragen der Gegenwart, daß wir sie wirklichkeitsgerechter lösten, wenn wir sie im Licht des Kreuzes lösten. Am letzten Samstag hat in der FAZ Küng unter dem Fragetitel »Warum?« ein Bild des Todes Christi gezeichnet, von dem ich annehme, daß es auch seine Theologie in den nächsten Jahren stärker beeinflussen wird, als es in dieser Beziehung bisher der Fall war. Sind wir nicht eben doch auch in der Theologie Christi, in der Interpretation seines Todes bis in die Nähe von bestimmten Behauptungen über sein Erleben in der Stunde des Todes gegangen, die weder ganz mit den biblischen Aussagen zurechtstimmen noch die Gefahr ausschließen, daß wir das Menschliche in Christus, in dem er uns doch, die Sünde ausgenommen, in allem gleichgeworden ist, verkürzen? In diesem Zusammenhang bekommt ja heute auch unter den Theologen der Todesschrei Christi und sein Zusammenhang mit dem Wort »Gott, mein Gott, warum hast du mich verlassen?« neues Gewicht für die Erfahrung des Glaubens. Ist Glauben erfahrbare Nähe Gottes? Ist das so identisch? Ist Glaube so unbedingt in der Nähe von Trost? Oder kann reiner Glaube auch reines Leid sein, Leiden unter dem Alleingelassenwerden, wenigstens Alleingelassenwerden in allen Bereichen innerweltlicher menschlicher Erfahrung von Nähe? Und ist nicht nur ein solcher Glaube gefeit, ein bestimmtes Maß menschlichen Leids, menschlicher Ohnmacht gegen Unrecht, menschlicher Ungerechtigkeit überhaupt in der Welt zu einer absoluten Instanz gegen den Glauben an Gott zu machen, zu einem unwiderleglichen Argument des Unglaubens? Ist nicht nur ein solcher Glaube gefeit dagegen, dem Menschen, der sich auf ihn einläßt, irdische Erfüllungen zu verheißen, wenn er versucht, aus dem Glauben heraus nun innerweltlich revolutionär eine Welt zu schaffen, in der es das alles nicht mehr gibt, dieses tiefe Leid und diesen Tod? Die Grenzen von Erwartungen, die man einer Theologie der Revolution und Befreiung setzen muß.

Glaube im Angesicht des Todes, Bereitschaft zum Sterben mit Christus besagt darum auch die Bereitschaft, Abschied zu nehmen von vielem Liebgewordenen in einer Radikalität, vor der die meisten von uns erzittern. Stirbt nicht vielleicht in solchem Gestaltwandel des Glaubens auch immer wieder die Kirche selbst? Aber darf man das sagen? Ist das noch die Kirche unseres Glaubens? Ein französischer Theologe[3] hat vor kurzem ein Buch geschrieben über die Auferstehung des Glaubens im Verhältnis zum Glauben an die Auferstehung. Muß man nicht fragen, ob es ein ähnliches Problem hier gibt, einen Tod des Glaubens und einen Glauben an den Tod? Und daß erst der Glaube, der durch den Tod selbst durchgeht, der Sieg ist, der die Welt überwindet? Wenn ich die letzten Fragen so formuliere und so stehenließe, dann weiß ich, daß viele von Euch sagen, nein, das geht zu weit, und das wird nicht gedeckt durch die Wirklichkeit unserer Glaubenserfahrung. Das setzt auch nicht außer Kraft jene Glaubenserfahrung, von der ich ausging, als ich vom bergeversetzenden Glauben sprach. Und tatsächlich habe ich den Eindruck, wer so grau in grau malt hier, der wird der ganzen Wirklichkeit nicht gerecht. Es geschehen ja auch beim Tode Christi Zeichen, die über den Tod hinausweisen, und ich würde jeden Exegeten sehr ernst warnen, in solchen Zeichen Tendenzen einer menschlichen Tendenz zur Abschwächung und Verharmlosung dessen zu sehen, was hier eigentlich geschieht. Ich sprach davon, wie Alfred Delp dieses Dunkel durchmachte und Gott die Termine stellte. Aber Gott ist ja eingegangen auf seine Termine, und es ist ein Zeichen gewesen. Und ich glaube, genauso ist es bei Edith Stein gewesen. Ich habe bis zuletzt mit ihr immer darüber gesprochen, und ich hatte den Eindruck, bei all ihrem tiefen Gestorben- und Gekreuzigtsein mit Christus war sie doch auch schon bei dem auferstandenen Herrn.

War das nur eine Fehlentscheidung der Ärzte? Ich komme auf meine eigene Erfahrung zurück, warum ich damals durchgekommen bin. Ich glaube, ich bin Euch dieses Zeugnis des Glaubens auch schuldig. Als die Ärzte sagten, es hat keinen Zweck mehr, da kam der Bischof von Essen zu mir, und er sagte: »Lassen wir die Ärzte reden, und wir fangen an zu beten.« Und er brachte eine Medaille, an deren wundertätige Macht er sehr glaubte, und drückte sie

mir in die Hand, und wir haben zusammen gebetet. Und meine Nichte hat gesagt: »Der Arzt kann sagen, was er will, ich bete weiter den Rosenkranz, wir kommen durch.« Und eine alte Freundin aus Köln aus dem Karmel schrieb mir: »Spüren Sie denn nicht, wie der ganze Karmel für Sie betet?« Und ich weiß, wie der Hejo zu mir kam und sagte, wie im Bund gebetet wurde. Und wenn ich durchgekommen bin, gewiß, das wär' jetzt schon sehr anspruchsvoll zu sagen, dann war's eben doch ein Wunder, das bestätigt hat, daß der Glaube leistet, was ohne ihn nicht zu leisten wäre. Ich glaube nie, daß man das so einzeln, so konkret und so in einem ganz bestimmten Fall, etwa mit der Sicherheit des Glaubens, auch noch sagen könnte. Aber ist es so ausgeschlossen, daß es das war? Daß es eben doch der Glaube war und seine Kraft, die damals durchging? Ich meine, es gibt so etwas wie eine Konvergenz der Zeichen, wenn man den Glauben lebt und erlebt, und wenn man auf diese Konvergenz achtet, dann weiß man, »ich weiß, warum ich glaube«. Wie vielen in ihrem Leid und der Ungerechtigkeit, die oft damit verbunden ist, hat das doch etwas gegeben, daß sie im Glauben aufschauen konnten auf den Urheber und Vollender unseres Glaubens. Wie vielen hat der in seinem Kreuz gezahlte Preis von Leiden und Tod eine Motivation gegeben, sich einzusetzen für seine Brüder, so wie er sich eingesetzt hat in diesem seinem Sterben. Das letzte Geheimnis des Todes: Der Tod ist Ereignis eines totalen Zuendekommens aller menschlichen Initiativen, der Tod ist eine letzte Entschiedenheit in der Freiheit unseres Lebens, aber der Tod ist auch eine Verwandlung, und das »auch« heißt nicht, da ist noch ein drittes, sondern dieses ist die andere Seite dessen, was wir erleben. Wir erfahren ja immer nur die eine Seite. Und die andere Seite, eben das ist es, was wir angesichts des Todes und eigentlich nur angesichts des Todes wahrhaft glauben. Wer in einer solchen Situation mit Jesus selber noch sprechen kann »Vater, verzeihe ihnen« und dann seinen ganzen Einsatz im Leben in das Sterben zusammenfaßt, zu einem Dienst an seinen Brüdern macht, der erlebt neu die Macht des Glaubens.
Ich bin am Ende meiner Ausführungen. Ihr werdet den

Eindruck haben, da wäre sicher noch sehr viel zu sagen, und es gibt auch hier, bei der Individualität des Verhältnisses zum Tod, so etwas wie ein Vorauswirken der Individualität des Zugehens auf den Tod. Das Gebet Rilkes: »Herr, gib jedem seinen Tod, Herr, gib jedem von uns seinen Tod.« Aber ich glaube, daß wir, wenn wir auf diesen Tod zugehen, in diesem Zugehen auf den Tod eine Sinnerfahrung unseres Lebens machen, die uns das Leben sonst vorenthält und die Paulus zusammengefaßt hat im Römerbrief (8, 38 f), daß weder Leben noch Tod uns zu trennen vermögen von jener Liebe, die in Jesus, unserem Herrn, ist. Und Johannes: »Wer an mich glaubt, der wird leben, auch wenn er gestorben ist« (11, 25). So sagen wir im Blick auf seinen Tod und im Blick auf das Zeugnis seiner Toten, die unsere Gemeinschaft mitprägen, daß wir glauben können, wenn auch nur mit dem Glauben jenes Mannes im Evangelium: »Ja, Herr, ich glaube, hilf meinem Unglauben« (Mk 9, 24).

[1] Zitiert nach K. Stadel: Tod – und was dann?, in: Lebendiges Zeugnis, März 1971, S. 11 f.

[2] (H. Mühlen: Die Veränderlichkeit Gottes als Horizont einer zukünftigen Christologie, Münster 1969. Ders.: Soziale Geisterfahrung als Antwort auf eine einseitige Gotteslehre, in: C. Heitmann, H. Mühlen (Hrsg.): Erfahrung und Theologie des Heiligen Geistes, Hamburg/München 1974, S. 253–272).

[3] Vermutlich F. X. Durrell: La résurrection de Jésus, mystère de salut, Paris 1954 (dt. Die Auferstehung Christi als Heilsmysterium, Salzburg 1958).

ZUR PERSON:
IMPRESSIONEN
UND LEBENSBILDER

Bernhard Vogel

Laudatio

Dr. Bernhard Vogel, später Ministerpräsident von Rheinland-Pfalz, damals noch Kultusminister und darüber hinaus Präsident des Zentralkomitees der deutschen Katholiken, hielt am 30. Mai 1973 die Laudatio zur Verleihung des Ehrenbürgerrechtes der Stadt Püttlingen an Pater Hirschmann, dem er außer durch die Zusammenarbeit im Zentralkomitee auch durch den Bund Neudeutschland verbunden war.
Daß die Verleihung der Ehrenbürgerwürde eine für Pater Hirschmann bedeutsame Auszeichnung war, wird deutlich in seinen Worten, die er in Püttlingen im Mai 1975 an Kardinal Maurer aus Bolivien richtete: »Ich spreche nicht im Auftrag einer Regierung, nicht im Auftrag einer Institution, sondern schlicht als Püttlinger zu einem Püttlinger, als Bergmannssohn zu einem Bergmannssohn, als Priester zu einem Priester und als Ordensmann, der wie Sie die Heimat verlassen hat, um irgendwo in der Welt Heimat zu finden und Heimat zu schaffen... Und das ist es, worauf es schließlich ankommt, daß wir stets unserer Heimat verbunden sind und aus den Quellen unserer Heimat schöpfen, vor allem aus den religiösen Quellen, daß wir sozusagen überall auf der Welt daheim sein können, daß wir überall auf der Welt den Menschen das Gefühl geben können, wenn sie ihre Heimat verlassen und wenn sie zu uns kommen..., dann sind sie so daheim, wie wir hier daheim sind.«

Ich freue mich ganz besonders, anläßlich der heutigen Ehrung Worte an und über Pater Hirschmann sagen zu können, weil ich ihn schon als Junge und später als Student aus einer damals sehr weiten Distanz kennengelernt habe.
Lassen Sie mich zugleich, bevor ich der Pflicht des Chronisten nachkomme, einige persönliche Bemerkungen vorwegschicken:
Ich habe Pater Hirschmann immer wieder in kleineren Gesprächsrunden und bei größeren Veranstaltungen erlebt und bewundert, wenn er irgendwo zurückgezogen saß mit einem kleinen Notizbuch in der Hand, für jeden anderen

unverständlich dort Ziffern oder Buchstaben hineinmalte und erst ganz am Ende einer solchen Tagung, für jeden verständlich, die Zusammenfassung der Ergebnisse brachte, gleichsam in einem großen Wurf scheinbar Widersprüchliches, was über die Tage oder Stunden diskutiert worden war, zusammenfügte zu einem wohl für alle akzeptablen gemeinsamen Erlebnis. Diese Erfahrung habe ich dann an einer wohl besonders kritischen Stelle wieder machen können, die Erfahrung nämlich, große Widersprüche miteinander zu verbinden und auf ein Gemeinsames hin zu ordnen, als er bei dem wohl kritischsten Katholikentag der Nachkriegsgeschichte in Essen die verbindende Person war, und wie er zwischen den von unten drückenden, nach vorwärts stürmenden jüngeren Teilnehmern am Katholikentag und den um die Gemeinschaft bangenden Bischöfen vermittelte, und wie er es vermochte, noch diesen und jenen Gesichtspunkt mit den einfachsten und natürlichsten Formulierungen in die Schlußansprache zu bringen.

Es ist sinnvoll, über seinen Lebenslauf zu sprechen. Aber bei wenigen Menschen gibt dieser Lebenslauf so wenig die ganze Spannbreite des tatsächlichen Lebens wieder wie bei Pater Hirschmann. Und deshalb ist es so schwer, diese Laudatio zu halten.

Püttlingen im Saarland, Xerenberg in Holland, das Germanikum in Rom, die Universitäten Rom, Münster und Frankfurt sind die herausragenden Stätten im Lebenslauf Pater Hirschmanns.

Pater Hirschmann ist mehr als nur Anreger und Förderer, er ist ein Stück Kirche und Gesellschaft im 20. Jahrhundert in seiner eigenen Person. Er ist ein Stück deutscher Kirche, ein Stück internationaler Verbundenheit, mit Schmunzeln gesagt, auch gelegentlich eines Konfliktes mit Rom.

Zu einer Zeit, als noch viele Pfarrer der katholischen Kirche aus den agrarischen Gebieten und den bäuerlichen Familien stammten, begann der Lebensweg Johannes Hirschmanns in Püttlingen im Saarland, einem der damals größten Industriedörfer Deutschlands.

Familie und Heimat sind Hintergrund seines geistigen Wirkens

Soweit ihn sein Lebensweg in die vielfältigen Erscheinungsformen von Kirche in dieser Welt geführt hat – der Hintergrund der Familie, der Landschaft und der sozialen Umwelt, aus der er kommt, ist für Pater Hirschmann der Ausgangspunkt seines geistigen Lebens gewesen. Und Püttlingen ist Ausgangspunkt seines Wirkens geblieben, er hat mit seinem Leben nur die Konturen dieser Landschaft ausgezeichnet.

Die große Familie lebt mitten in dem industriellen Raum des Saargebietes, in einer Gesellschaft, welche die Spannungen ihrer Zeit, die oft bis heute hin wirken, in sich spürte und aufzunehmen suchte.

Und der Schluß seiner bedeutenden Rede zum Thema Mitbestimmung auf dem Katholikentag in Bochum im Jahre 1949 war nichts anderes als ein Hinweis auf diese Stadt und auf dieses Land: Hans Hirschmann sprach das Einfahrtsgebet seines Vaters, das Gebet des saarländischen Bergmanns, das er vor der Einfahrt in den dunklen Schacht betet. Es endet mit dem Bergmannsgruß »Glückauf!«. Hier hat der Glück-auf-Gruß seine Berechtigung.

Die christliche Gewerkschaftsbewegung an der Saar verdankt dem Vater von Hans Hirschmann mit ihre Entstehung: das Zentrum hier an der Saar hatte in ihm einen prominenten Repräsentanten als Gemeindevorsteher in Püttlingen und als Mitglied des Landesrates während der Völkerbundszeit.

Hans Hirschmann durchlief die Schule in Püttlingen und das Gymnasium in Saarlouis.

Hier wird zum erstenmal sichtbar, was vom Hintergrund der Familie her zwar möglich, aber zwingend nicht geboten war: die Kirche, und zwar vor allem die Kirche, die sich in der Welt engagiert, zieht Hans Hirschmann an und fordert ihn zugleich.

Es war nicht leicht damals, mit dem Bischof Streit zu haben. Der Püttlinger Pfarrer und der Vater Hirschmanns hatten mit dem Bischof Streit, weil sie zu den »Mönchen-

gladbachern« hielten, zu den »Linken« in der Anfangszeit der christlichen Gewerkschaftsbewegung.
Hans Hirschmann beginnt mit dem Einstieg in der Jugendarbeit der Pfarrgemeinde und war, wenn wir dies modern ausdrücken wollen, Jugendführer in der Pfarrgemeinde, Schauspieler, Mittelstürmer einer Fußballmannschaft und sozial und theologisch engagierter Primaner in einer Person.

Eintritt in den Jesuitenorden
Die Entscheidung des jungen Hans Hirschmann, Jesuit und damit ein Diener der Kirche zu werden, war schon früh gefallen. Sie ist früh gefallen und ist klar gefallen. Wenige Wochen vor seinem Eintritt in den Jesuitenorden unternahm Hirschmann auf Anraten Pater Eschs eine Rom-Reise, weil er als Ordensmann wohl keine Zeit mehr habe hierzu. Hier irrte sich Pater Esch sehr.
Daß diese mönchische Berufung für ihn nicht Trennung oder Lösung von der Familie bedeutete, dafür wohl das sprechendste Beispiel aus der unmittelbaren Vergangenheit: Sie, Pater Hirschmann, und die meisten der hier Anwesenden wissen, daß Sie im letzten Jahr auf den Tod daniederlagen. Ich weiß, daß Sie diese schwere Krankheit wohl ohne die liebevolle Unterstützung Ihrer Familie und die persönliche Anteilnahme Ihrer Angehörigen nicht so gemeistert hätten, so gemeistert haben, daß Sie heute wieder lachen und wie früher arbeiten können. Arbeiten aber, das hieß für Sie immer rund um die Uhr und hieß für Sie auch, nicht das Nützliche, das Angenehme, sondern das Notwendige und Mögliche zu tun. Arbeiten: das heißt für uns, daß Sie von neuem unserer Gesellschaft und unserer Kirche bestimmt sind. Wir alle profitieren von Ihrer Arbeit: die Christen, die Politiker, alle Menschen. Von dieser Leistung und Ihren Ergebnissen haben alle die profitiert, die mit Ihnen arbeiten und in Kontakt treten durften.
Die Grundlage dazu legten nach dem Abitur das Noviziat in Emmerich, die philosophischen Studien in Valkenburg in Holland, die Zeit am Germanikum in Rom und schließlich die theologischen Studien in Frankfurt mit der ab-

schließenden Priesterweihe und dem Lizentiat der Theologie.
Mitte der dreißiger Jahre beginnt die eigene Lehrtätigkeit in verschiedenen Funktionen, nach Schließung der Fakultät in Valkenburg die Tätigkeit als Priester und als Offizialatsrat in Paderborn, nach dem Kriege die Lehrtätigkeit an der Theologischen Hochschule in Büren, aus der 1950 wieder die Fakultät in Frankfurt, St. Georgen, wurde.

Gesicht, Kopf und Herz der Kirche dieser Welt

Wenn wir beschreiben wollen, worin die Bedeutung Hans Hirschmanns besteht, so meine ich, daß drei Dinge in den Vordergrund zu stellen sind:
Hans Hirschmann ist in den letzten 30 Jahren ein Stück Gesicht der Kirche in dieser Welt gewesen, der in seinem Handeln und in seinem Reden den Menschen gezeigt hat, was Kirche heute sein kann.
Er ist ein Stück Kopf der Kirche gewesen, der in seinem theologischen Denken die Herausforderungen dieser Welt verarbeitete: er hat sie eingearbeitet, nicht abgelehnt. Und er ist ein Stück Herz dieser Kirche gewesen, das im Engagement für die Lösung sozialer Probleme die Diakonie als Aufgabe der Kirche gefördert hat.
Dies war für ihn zugleich nie Selbstzweck: diese drei Dinge waren es, die sein Leben völlig anders gestaltet haben, als es von ihm geplant war, nämlich als Missionar in der Mission zu wirken. Wie der junge Hans Hirschmann einmal glaubte, in die Mission nach Asien, nach Japan oder nach Rußland gehen zu können.
Sein Leben verlief aber anders, als es von ihm geplant war. Und dann verstand er sein Leben nicht nur als Demonstration gelebten Christentums, sondern als Verpflichtung gegenüber einer neuen Aufgabe, das soziale Element des Christentums den Menschen und der Welt von heute als Angebot zum Leben zu machen.
Hans Hirschmann ist in seinem Leben nicht allein, aber doch wesentlich geprägt worden durch die Jahre, in denen er in der nationalsozialistischen Zeit nicht nur beobachtet, bespitzelt und verfolgt war, sondern in denen er zugleich

»der Kirche dienen und den Menschen helfen« konnte, was als Motto über seinem ganzen Leben stehen mag.

Verbunden mit Alfred Delp und Maximilian Kolbe, Beichtvater Edith Steins

Aber nicht nur die Beobachtung und Verfolgung durch die Nationalsozialisten, die schweren und schwierigen Bedingungen der Arbeit in jenen Jahren haben ihn zum Kraftquell für viele, für Mitbrüder, für Kollegen und für Christen aller Herkunft werden lassen; für die geistige Bewältigung jener Zeit war entscheidend der ständige persönliche Kontakt mit Alfred Delp, Maximilian Kolbe und Edith Stein, die gewissermaßen aus dem Gespräch mit Hans Hirschmann hinwegging in Verfolgung, Verhaftung und in den Tod in Auschwitz.

Im Grunde ist die Zuwendung zur Welt aus einer tiefen und überzeugten Frömmigkeit, die gestärkt und erprobt war in den Anfechtungen jener Zeit, genau wie bei Alfred Delp, Maximilian Kolbe und Edith Stein, für Hans Hirschmann die Bewährungsprobe seiner religiösen Existenz gewesen. Die Wurzeln einer solchen Existenz waren die zwölf Jahre Feuerofen des Nationalsozialismus gewesen.

Nach 1945: nicht nur Wiederaufbau, sondern mehr Neubeginn

Hans Hirschmann hat nach 1945 in vielen Bereichen des kirchlichen und öffentlichen Lebens durch seine Mitarbeit als Anreger und Motor gewirkt, Akzente gesetzt und Entwicklungen geformt.

Er bedeutete dabei für viele, insbesondere aber für die Jugendarbeit und den Bund Neudeutschland, die Brücke zu den Jahren vor 1933, vor den Verboten, er bedeutete die Weitergabe jener Energie- und Kraftquelle, aus der solche Organisationen nur leben können.

Ein Mann, der Blüte und Unterdrückung erlebt hatte, konnte den Jungen von 1945 auch sagen, daß in der Wandelbarkeit der Welt der Mut und die Gelassenheit des Christen, sich aus der Kraft seines Glaubens einem neuen Anfang zuzuwenden, auch die Chance und das anregende

Motiv sein könnte, die Arbeit in den Jahren nach dem Kriege wiederaufzunehmen. Dieser Mann konnte 1945 den Jungen sagen und zeigen, daß Christentum nicht heißt, ständig vom Paradies zu reden und vom Schlaraffenland, sondern von Mut und neuer Kraft zur Auseinandersetzung mit der Welt.
Hans Hirschmann gehört zu denen, welche die Arbeit nach 1945 nicht allein als Wiederaufbau – obwohl er Bewahrer von Kontinuitäten war –, sondern mehr als Neubeginn verstanden haben und in diesem Sinne immer weiter und neu gewirkt haben.

Fortschrittlich und bewahrend zugleich
Wer es wagen wollte, Hans Hirschmann als konservativ zu bezeichnen, der spräche ihm sein Geschichtsbewußtsein ab und täte ihm unrecht, obwohl er bewährte Kontinuitäten zu erhalten und zu verbessern sucht.

Hans Hirschmann hat in vier Bereichen besonders die Spuren seines Wirkens eingegraben, so, daß man in der Kirche nicht daran vorbeigehen kann.
Da steht an erster Stelle der Geistliche, der Theologe, dem auch sein Orden und seine Mitbrüder unendlich viel zu verdanken haben.
Er war Mitarbeiter an der Orientierung der Kirche und ihrer theologischen Aussage auf die sozialen Fragen der Industriegesellschaft hin, und er hat dafür gesorgt in vielen Gremien und Kreisen, daß die Kirche gegenüber den Fragen der Gegenwart aussagefähig geworden ist.

Gerade in diesem Bereich hat er miteinander verbunden, was in den Auseinandersetzungen der Tage oft schwierig ist, Bewahrung der Kontinuität und Entwicklung zum Fortschritt, die es erlaubten, daß das kirchliche Leben auf allen seinen Stufen mit den Gegenwartsproblemen fertigwerden kann.
Dazu gehört die Tätigkeit als Berater und Mitarbeiter in unzähligen Gremien der Kirche: Hans Hirschmann hat in vielen Kommissionen der Bischofskonferenz mitgewirkt und so manche Stellungnahme der deutschen Bischöfe zu

politischen und sozialen Fragen, vom Lastenausgleich bis zur Reform des Strafrechtes, mitbestimmt.

Dazu gehört aber auch, daß er gerade bei dieser Beratertätigkeit den deutschen Rahmen übersteigen konnte; keine Gelegenheit war so sehr wie das Zweite Vatikanische Konzil geeignet, dem Geist und dem antreibenden Eifer Hans Hirschmanns eine Aufgabe zu geben. An mehr als einer Stelle dieses Konzils hat er als Sachverständiger dazu beigetragen, einer Versammlung der Bischöfe den Weg der Kirche zu weisen, den sie in Übereinstimmung mit den Grundlagen der kirchlichen Lehre gehen konnten, wenn es um die Öffnung für Fragen der Zeit und um moderne Antworten auf diese Fragen ging. Dem dient zweifellos auch seine Mitgliedschaft in der Gemeinsamen Synode der Bistümer, wo er in der Sachkommission III mit der Diakonie der Kirche diejenigen Fragen bearbeiten konnte, die dem Engagement seines Herzens in dieser Welt am nächsten standen und die ihn erst zur vollen Entwicklung und Entfaltung brachten.

Man könnte seine Funktion im Zentralkomitee der deutschen Katholiken auch noch als eine solche Beraterfunktion bezeichnen.

Als langjähriger Teilnehmer und nunmehriger Präsident des Zentralkomitees weiß ich aber, daß dieser Bereich der Arbeit katholischer Laien und ihrer Organisationen ohne Hans Hirschmann nach dem Kriege seine Form nicht gefunden hätte. Der erste Katholikentag der Nachkriegszeit 1949 in Bochum ist von ihm noch von Rom aus vorbereitet worden: ohne seine organisierende, helfende und strukturenfindende Feder wäre wohl das Zentralkomitee der deutschen Katholiken so nicht begründet worden, dessen erster theologischer Berater er war. Wir freuen uns, daß er bis heute in Führungsgremien des Zentralkomitees mitarbeitet und damit die Möglichkeit besitzt, die in seiner Person vorhandene Verbindung zwischen Kirche und den Problemen der Welt auch diesem Zentralkomitee als ureigenste Aufgabe und Kernthema zu geben.

Hans Hirschmann hat sich dabei nie gekümmert darum, ob er irgendeine unmittelbare theologische Zuständigkeit sah: für ihn war maßgebend, den Menschen zu helfen, ein Problem zu bewältigen von der Basis des Glaubens aus. Und mehr als eine der Gliedorganisationen des Zentralkomitees verdankt ihm Hilfe in ihrer Bildungsarbeit, in ihrer öffentlichen Wirksamkeit und in der Fundierung ihres Handelns.

Immer dann, wenn es um die Öffnung zu Fragen der Zeit ging und wenn moderne Antworten notwendig waren, hat Hans Hirschmann mit wegweisenden und realisierbaren Vorschlägen nicht gezaudert. Die Arbeit im Zentralkomitee der deutschen Katholiken hätte ohne Hans Hirschmann ihre heutige Form nicht gefunden.

Eine nachhaltige Wirkung hat Hans Hirschmann entfaltet, wenn es darum ging, Berater und Betreuer der Jugend zu sein. Er hat nach 1945 die Initiative ergriffen, um den Wiederaufbau des Jugendbundes »Neudeutschland« zu leisten. In all den jungen Menschen, die er damals um sich sammelte, vermochte er ein Bewußtsein von einer neuen Aufgabe zu wecken, die anknüpfen konnte an das, was vor der nationalsozialistischen Zeit gewesen war.

Und dennoch ist dieser neue Beginn kein mühsames Zusammenknüpfen gerissener Fäden der Vergangenheit gewesen, sondern die Initiative, unter neuen Bedingungen vor den neuen Problemen mit Jugendlichen zu arbeiten. Nicht nur der »Bund Neudeutschland« und der »Heliand«, sondern auch die studentische Jugend insgesamt fand in ihm einen Betreuer und Berater, einen Wegweiser und Priester, der die kirchliche Jugendarbeit nur als einen Teil der Jugendarbeit begriffen hat.

Was er für den Bund Neudeutschland, dem auch ich sehr viel verdanke, heute bedeutet, ist nichts anderes, als was er diesem Bund immer war: Jener auch menschliche Mittelpunkt, dem immer, um in diesem Fall ausnahmsweise Begriffe der Liturgie einzubringen, Eingangslied und Schlußsegen übertragen ist.

Es ist gut, daß heute viel gefragt wird. Aber wo sind die Hirschmänner heute? Wo sind sie, die uns diese Hilfe heute geben? Wo sind sie, die uns auf die vielen Fragen der Welt eine Antwort geben?

Es ist gut, daß viel gefragt wird, aber bedauerlich, daß wir so wenige haben, die Antwort geben können in den Kreisen, in denen gefragt wird. Es fehlt an Menschen, an Autoritäten, die etwas sagen können, ohne auszuweichen auf alte Bücherschränke.

Hans Hirschmann ist ein solcher Mann!

Hans Hirschmann hat den Menschen in der Welt viele Antworten gegeben!

Hans Hirschmann hat der Kirche viele Dienste erwiesen; auf zweien lag das besondere Gewicht.

Arbeit an der Erneuerung der Kirche

Er hat tatkräftig daran mitgearbeitet, daß in der Kirche neue organisatorische, pastorale, liturgische, rechtliche und theologische Strukturen entwickelt worden sind. Die Struktur der Deutschen Bischofskonferenz wäre ohne ihn nie so entstanden. Ohne ihn gäbe es, wenn gerade in unserer Nähe die Glocken läuten, ohne ihn gäbe es noch keine Abendmessen in deutschen Kirchen. Seiner Mithilfe ist es zu verdanken, daß neben dem Element der Hierarchie in der Kirche das Eigenrecht eines freien, charismatischen Elementes weiterentwickelt werden konnte bis in die Organisation hinein.

In der deutschen Kirche ist ein Strukturelement entstanden, das eine innerkirchliche Bewegung ermöglichte bis hin zur Synode, so daß die hierarchisch geprägte Kirche durch die Veränderung der Gesellschaft und der Religiosität erweitert wurde um die Selbsttätigkeit der Laien und das Engagement des einzelnen Gläubigen in den verschiedenartigsten Formen kirchlicher Arbeit. Er hat als einer der ersten die Kirche vor die Frage und Notwendigkeit geistigen und gesellschaftlichen Wandels gestellt.

Und ihm ist zweitens die Öffnung der auf die Gesellschaft bezogenen Aussagen der Kirche auf die moderne Welt hin gelungen, nicht nur im Bereich des Verhältnisses der Geschlechter zueinander, sondern auch mit der Zuwendung der Soziallehre der Kirche von der Struktur der Fürsorge zum Konzept partnerschaftlicher Arbeit.

Er hat diesen Wandel in die Kirche und ihr Denken herein-

geholt, er hat aber zugleich dafür gesorgt, daß das Element der Veränderung Diagonalen der Kontinuität geworden sind, die geeignet waren, dem Glaubenden Hoffnung in der Veränderung und dem Skeptischen Überzeugung in Zweifel zu geben.
Dies ist eine partnerschaftliche Arbeit, die nicht nur die innerkirchliche Zusammenarbeit durch ein neues Verständnis von Pluralität veränderte, die nicht nur den Gedanken der Religions- und Gewissensfreiheit, nicht nur die notwendigen Konsequenzen der Toleranz und der Öffnung zur Ökumene hin brachte, sondern die weit darüber hinaus den Bogen der Partnerschaft auch in die Entwicklungsländer hinein spannte.
Soziale Gerechtigkeit, die Grenzen öffnet, das schließt für ihn Glaubende, Nichtglaubende oder nicht mehr Glaubende zusammen. Die großen kirchlichen Dienste in der Bundesrepublik »Misereor« und »Adveniat« sind die institutionellen Formen, in denen sich seine geistige Konzeption verwirklicht. Diese Namen der katholischen Hilfswerke gehen auf Hans Hirschmann zurück.
Pater Hirschmann ist selbst Ausdruck der Kirche, und zwar jener Kirche, wie viele von uns Christen sie leben wollen. Er ist zugleich ein Zeuge, der unveränderbares Wesen der Kirche und Veränderungen, die dieses unveränderbare Wesen der Kirche in die Zukunft hinein sichern, verkörpert.
Pater Hirschmann hat uns allen gezeigt, daß die Kirche in der Welt verändern nicht heißt, den missionarischen Auftrag in die Welt zu verleugnen, sondern ihn zu erneuern, weil die Aufgabe jeder Generation unverändert bleibt.
Am 18. Mai 1973 ist Pater Hirschmann 65 Jahre alt geworden, aber er ist sich selbst und dieser Aufgabe, die in der Kirche jedem Christen gestellt ist, treu geblieben.
Wir sind sicher, daß uns die Erfahrung, die Klugheit und die geistige Souveränität im Geschäft, das wir Jüngere betreiben müssen, als Hilfsquelle erhalten bleiben.

Wir haben Hans Hirschmann viel zu danken

Wir, das sind viele Püttlinger und Saarländer. Wir, das sind aber auch viele Bischöfe und Professoren und Politiker, wenn wir die Ängstlichkeit, die draußen umgeht, überwinden wollen. Wir alle haben Hans Hirschmann viel zu danken, ihm, der sein Tun und Wirken lebt unter dem Motto »Der Kirche dienen und dem Menschen helfen!«

Es ehrt Hans Hirschmann!

Es ehrt auch die Stadt Püttlingen, daß sie ihn zum Ehrenbürger hat!

Gertrud Fournier

Professor Hirschmann – einmal anders!

Frau Gertrud Fournier war Mitarbeiterin am Hirschmann-Archiv, das bereits zu Lebzeiten Pater Hirschmanns eingerichtet wurde.

Als die Laudatio zum 70. Geburtstag von Professor Hirschmann hervorhebt, auf wie vielen sozialen, politischen und moraltheologischen Gebieten er doch Experte ist, meint sein Bruder schmunzelnd, das möge gewiß alles stimmen, aber weltfremd sei er halt doch! So brachte er es mehr als einmal fertig, ins Haus des Bruders zu kommen, wo sechs Kinder herumtobten, womöglich noch Waschtag war und dic Hausfrau ohnehin nicht wußte, wo ihr der Kopf stand – und eine 85jährige halbblinde, taube und gehbehinderte Frau mitzubringen, »damit sie sich mal ein bißchen erholen könne«.
Oder er erschien unangemeldet spät abends, wenn man nach einem turbulenten Tag gerade einmal Luft holen wollte, weil alle Kinder endlich im Bett waren. Er kam aber nicht allein, sondern brachte jemand mit, der »in einer Ehekrise steckte«. Man müsse sich dieses Gastes unbedingt leiblich und seelisch annehmen, damit er »abschalten und sich einmal verwöhnen lassen könne«. Der Professor entschwand dann im Bewußtsein, eine gute Tat vollbracht zu haben. Daß die Hausfrau die Hände über dem Kopf zusammenschlug, hatte er gar nicht bemerkt.
Die Schülerinnen des Katholischen Frauenfürsorgevereins, so erzählt Frau Zillken augenzwinkernd, nannten Pater Hirschmann »Das Unterseeboot«, weil er zu den unvorhergesehensten Zeiten – womöglich um 9 Uhr abends – aufkreuzte und den Unterricht geben wollte, den er zur festgesetzten Stunde total vergessen hatte!
Aber Mühen hat er keine gescheut, seine Pflichten wahrzunehmen (wenn auch manchmal zeitlich etwas verscho-

ben), sogar wenn er in der ersten Nachkriegszeit auf dem Dach statt im Abteil eines Eisenbahnwaggons reisen mußte. Im Gegenteil, diese Art der Fortbewegung schien ihn besonders zu inspirieren, wie die anschließenden profunden Referate bewiesen.

Elisabeth Zillken

Pater Hirschmann – ein guter Berater

Als sehr bedeutend schätzte Pater Hirschmann seine Zusammenarbeit mit Frau Elisabeth Zillken ein, besonders beim Wiederaufbau des Sozialdienstes katholischer Frauen (SkF) nach dem Krieg, aber auch bei der Mitarbeit an verschiedenen Gesetzgebungswerken im Bereich des Jugendhilfe- und Sozialrechtes.
Frau Zillken wurde am 8. Juli 1888 geboren. Ihr Leben stand ganz im Dienst der katholischen Sozialarbeit. Bereits 1916 wurde sie Generalsekretärin des Katholischen Fürsorgevereins für Mädchen, Frauen und Kinder (später: SkF). Ihr Einsatz führte sie auch zu politischem Engagement; u.a. war sie 1930–33 Reichstagsabgeordnete für die Zentrumspartei.
Pater Mennekes SJ hat sie als fast Neunzigjährige, gut zwei Jahre vor ihrem Tod, im Rahmen seiner Arbeit für das Hirschmann-Archiv interviewt.

Aus einem Gespräch zwischen Pater Mennekes und Frau Zillken in Dortmund am 18. Mai 1978.

P. M.: Wenn ich Pater Hirschmann heute rückblickend über die Zusammenarbeit mit Ihnen und den Frauenorganisationen sprechen höre, so muß dies ein Arbeitsfeld gewesen sein, für das er sich sehr stark engagierte.
E. Z.: Er hat sich sehr stark engagiert. Er stand überhaupt immer zur Verfügung, wenn man ihn brauchte.
P. M.: Können Sie mir ein paar persönliche Eindrücke von Pater Hirschmann aus der damaligen Zeit schildern?
E. Z.: Also, unermüdliche Arbeitskraft. Er konnte die Nächte durcharbeiten und am anderen Morgen wieder anfangen. Er konnte auf dem Dach des Zuges reisen und am anderen Tag Vorträge halten. Man kam ja damals nicht in die Züge herein. Wir hatten die Schule für Sozialarbeiterinnen nach Salzkotten evakuiert. Er kam und gab regelmäßig Unterricht. Unsere Schülerinnen nannten ihn übri-

gens das »U-Boot«, und zwar deshalb, weil er zu den unmöglichsten Zeiten auftauchte. Er kam mal abends um 9 oder auch um 10 Uhr und sagte, er wolle Unterricht geben.
P. M.: Welche Linie hat er damals vertreten? Waren Sie sich von vornherein klar über die gemeinsame Richtung, oder gab es unterschiedliche Auffassungen?
E. Z.: Nein, die Linie war eigentlich sehr klar. Wir hatten auch viele Berührungspunkte: einmal von der Heimat her und auch sonst.
P. M.: Gab es berichtenswerte Einzelheiten, die die besondere Art und Form der Zusammenarbeit mit Ihnen erklären?
E. Z.: Ich weiß nicht, was ich darauf antworten soll. Er war auch unser geistlicher Führer. Das war er ein Stück, ganz entschieden.
P. M.: Was war die Zielsetzung Ihrer Zusammenarbeit? Wofür setzte er sich ein? Was wollte er im Rahmen des Neuaufbaus besonders berücksichtigen?
E. Z.: Ich glaube, er hat bei unserem Neuaufbau keine Strukturänderung vorgeschlagen. Was wir mit ihm besprachen, war die Frage unserer Selbständigkeit, unser Verhältnis zum Caritasverband, auch die Frage: Sind wir ein kirchlicher Verein oder ein Verein, der katholischen Charakter hat, aber nicht im engsten Sinne kirchlich ist?
P. M.: Wofür hat er sich entschieden? Was waren seine Motive?
E. Z.: Daß wir Bewegungsfreiheit haben mußten und dazu erst einmal Selbständigkeit haben mußten und uns nicht beim Caritasverband festmachen ließen. Es interessierten ihn dann aber auch unsere ganzen Fälle von der moraltheologischen Seite. Ich glaube, daß er sie ganz gern für seinen Unterricht verwertete. Und er hat uns im Grunde genommen zu sehr großer Freiheit geführt. Er hat auch gefragt, was ist das kleinere Übel in diesem Fall, oder vielmehr, was ist das größere Übel.
P. M.: Wie weit ging in solchen Fällen seine Einsatzbereitschaft? War er bereit, für seine Ansicht zu kämpfen und sich durchzusetzen, oder war es eine wohlwollende, vermittelnde, nur leicht engagierte Beratung?

E. Z.: Nun ja, er ließ uns die Möglichkeiten erkennen, wie man handeln konnte.
P. M.: Also er beließ es doch in der Eigenverantwortlichkeit der Frau. Galt dies auch für die Frage der Neustrukturierung der Verbandsarbeit?
E. Z.: Das ist aber ein ganz anderes Gebiet. Das geht an die Struktur, an die Organisationsarbeit. Ich dachte vorhin mehr an die Hilfe für die Leute, die zur Zentrale kamen oder zu den Ortsgruppen. Die fragten dann in schwierigen Fällen bei uns an. Ja, er führte uns zur Selbständigkeit.
P. M.: Hier hätten wir also zwei Bereiche: Einmal hatte er ein Interesse, moraltheologisch beratend tätig zu sein und Ihnen auch zu helfen ...
E. Z.: ... und aus den Fällen dann die ganze Theorie zu entwickeln ...
P. M.: ... und Ihnen die Moraltheologie verständlich zu machen. Zum anderen war die Tatsache bestimmend, daß Sie dabei waren, die katholische Frauenarbeit in Deutschland neu aufzubauen?
E. Z.: Das habe ich gar nicht getan. Ich bin vielmehr mit den anderen Frauen zusammengekommen, und wir haben darüber gesprochen. Wir haben uns beraten. Vielleicht habe ich ein starkes Wort dabei mitgeredet. Das kann sein. Ich weiß, daß ich eins getan habe: Als die Fragen zu den Anfängen der Organisation auftauchten, die ja heute Zentralkomitee deutscher Katholiken genannt wird, da waren die anderen Frauen ängstlich. Frau Dr. Krabbel, die Vorsitzende des Katholischen Frauenbundes, und auch andere. Die meinten, wir würden wieder untergebuttert, und es tritt nur einer im Lager der Katholiken auf, wir könnten also unsere Meinung nicht sagen. Da habe ich das entscheidende Wort gesagt in diesem Kreise: daß es jetzt doch an der Zeit wäre, auch einheitlich zu gewissen Dingen zu sprechen. Deshalb müsse jede Organisation ihre Selbständigkeit und Arbeit bewahren. Ich glaube, wenn ich dieses Wort nicht so stark gesagt hätte, wäre das Zentralkomitee nie zustandegekommen.
P. M.: Hat Pater Hirschmann für Sie in diesen Fragen eine entscheidende Rolle gespielt?

E. Z.: Nein. Er hat mich auch nicht veranlaßt, dieses starke Wort zu sprechen. Er hat mich eigentlich überhaupt nie zu etwas veranlaßt. Allerdings habe ich ihn oft gefragt – ich war ja noch mal Abgeordnete in dem von den Engländern berufenen Landtag und hier im Stadtrat und sollte auch ein Bundestagsmandat übernehmen –, aber es war die Frage, daß wir einen Minister stellen sollten. Die Frage des Sozialministers war offen, und da habe ich gesagt: Entweder ich lasse jetzt den Aufbau des Fürsorgevereins stecken oder ich muß hier zubauen. Das habe ich mit ihm besprochen. Und da hat er auch gesagt, er würde dem Aufbau des Fürsorgevereins den Vorzug geben. Dann hat er mir allerdings gesagt – und dazu hat er mich veranlaßt –, ich solle dem Erzbischof schreiben, daß diese Frage an uns herangetreten sei und daß wir glaubten, die Entscheidung so fällen zu müssen.

P. M.: Können Sie sich noch an einzelne Motive erinnern, die er in diesem Zusammenhang angeführt hat?

E. Z.: Wir kannten uns schon sehr gut. Er besann sich sehr lange und meinte, er wisse niemand anderes für den Fürsorgeverein, der den Wiederaufbau gestalten könnte. Das hielt er für sehr wichtig.

P. M.: Gab es andere Gespräche, wo er Sie direkt beraten hat?

E. Z.: Da müßte ich mich besinnen. Er hat mich sehr oft beraten. Aber er hat nie beraten in einem allgemeinen Sinn, sondern er hat versucht, die Dinge zu analysieren.

P. M.: Ja, das war ja seine Art.

E. Z.: Dann hatte er meine Entscheidung auf dem Teller liegen.

P. M.: Manchmal wird Pater Hirschmann nachgesagt, er würde mit vielen Zungen reden, er würde der einen Seite das und der anderen etwas anderes sagen ...

E. Z.: Also den Eindruck habe ich nie gehabt.

P. M.: Bei Ihnen ging es also mehr um seine Fähigkeit, komplexe Zusammenhänge auch komplex zu durchschauen, also nicht zu vereinfachen, und immer die verschiedensten Seiten immer wieder im Blick zu halten. Diese Fähigkeit brachte ihm manchmal den Vorwurf ein,

er überanalysiere ein Element. Er ist nach wie vor ein engagierter Mensch gewesen?
E. Z.: Was er analysiert hat, war nie so, daß es zwingend war, sondern man hatte eigentlich nur die Unterlagen für seine eigene Entscheidung klar.
P. M.: Worin lag das begründet? Er hatte doch einen großen Einfluß, welche Vorstellungen haben ihn bei seiner Beratung geleitet?
E. Z.: Ich glaube, seine eigene Gewissenhaftigkeit. Manchmal glaube ich auch, daß er in dieser Beziehung vieles von seinem Vater übernommen hat. Ich weiß nicht, ob Sie wissen, daß der Vater, der Steiger war, eigentlich der Berater aller Leute in Püttlingen gewesen ist. Es gab eine Wahl im Saargebiet – es war unter französischer Herrschaft, das weiß ich nicht genau –, da konnte man auf den Wahlschein einen eigenen Mann draufschreiben, also nicht nur die Namensvorschläge, hinter die man ein Kreuz setzen konnte. Sondern man hatte einen freien Platz und konnte einen selbstgewählten Namen hinsetzen. Und da stand auf allen Wahlscheinen der Name von Vater Hirschmann ... So war er der Berater der Leute. Das wird man nicht, wenn man die Leute zwingt, sondern wenn man ihnen deutlich macht, in welcher Lage sie sich befinden, und ihnen das Ziel klarlegt, wohin sie wollen.
P. M.: Würden Sie darin das Geheimnis seiner reichen Beratertätigkeit sehen?
E. Z.: Ja, ja, das würde ich sagen.
P. M.: Wenn Sie die Frage vorgelegt bekommen: Warum hören so viele Menschen auf Pater Hirschmann und ziehen ihn zu Rate – was würden Sie sagen?
E. Z.: Weil er berät und nicht zwingt.
P. M.: Pater Hirschmann kannte auch sehr viele Menschen, pflegte einen regelmäßigen Umgang mit ihnen. Viele suchten bei ihm Rat und Hilfe. Worin lag das begründet?
E. Z.: Er hatte was zu sagen, was Menschen interessierte. Er hat auch bei Fragen, die sie hatten und die sie manchmal nicht klar aussprachen oder nicht richtig vortragen konnten, viel verstanden und ging darauf ein.

P. M.: Er verstand es, sich auf Menschen einzustellen, zuzuhören, sich in sie hineinzudenken.

E. Z.: Ja, das war es. Er hat eben viel Erfahrung, was in Menschen vorgeht.

P. M.: Dazu braucht es eine tiefe Menschenkenntnis.

E. Z.: Aber nicht nur Menschenkenntnis in dem Sinn, wie wir sie allgemein verstehen, d.h. zu erfassen, wie der Mensch veranlagt sei. Sondern er hatte Erfahrung, was der Mensch im Leben durchmachen muß. Was er ertragen muß und womit er fertig werden muß.

P. M.: War das eine Erfahrung aus seinem eigenen Leben oder Erfahrung aus dem Umgang mit den Menschen?

E. Z.: Mehr Erfahrung aus dem Umgang mit den Menschen.

P. M.: Haben Sie ihn einmal erlebt, daß er selber schwach oder bedrückt war? Hatte er selber Lebensprobleme?

E. Z.: Nein, das nicht. Ich habe ihn in den Tagen, wo er schwer krank war, in Essen besucht. Er war immer ungeheuer ausgeglichen. Nun bin ich nicht bei ihm gewesen, wo man jede Stunde damit rechnen mußte, daß er sterben könnte, aber doch in Tagen, wo es noch gefährlich war.

P. M.: Worauf beruhte diese Haltung?

E. Z.: Die wird im eigenen sehr starken religiösen Leben beruhen, seiner starken Gottverbundenheit. Auf seiner Hinwendung zum Willen Gottes.

P. M.: Wenn man Pater Hirschmann so erlebt, so erlebt man einen sehr offenen, kenntnisreichen, starken, erinnerungsfesten Menschen, der behutsam ist, die Menschen zu verstehen, aber manchmal auch ein Schalk, ein bißchen listenreich. Haben Sie bestimmte Dinge in Erinnerung, wo er sich so verhalten hat?

E. Z.: Ich kann Ihnen keinen Fall erzählen, aber daß wir das erfahren haben, das ist richtig. Wir konnten schon mal herzlich über ihn lachen.

P. M.: Meine letzte Frage haben wir eingangs schon berührt, es ist die Frage nach dem Zusammenhang zwischen der verbandlich-organisatorischen Sozialarbeit und den spirituellen Anregungen. Sie haben doch von Ihrem star-

ken Interesse gesprochen, daß Ihre Mitarbeiterinnen auch spirituelle Anregungen bekommen sollten.
E. Z.: Ja, wir haben doch die Programme für unsere Tagungen zusammen überlegt. Er hat auch unendlich viele Tagungen mitgemacht und bei uns gesprochen, den Gottesdienst gehalten, aber auch sachlich moraltheologische Fragen erörtert, die im Moment interessierten und die in der Arbeit eine Rolle spielten. Er hat auch andere Sachen besprochen, Konzil, Synode usw.
P. M.: Was würden Sie zusammenfassend über die Persönlichkeit von Pater Hirschmann sagen?
E. Z.: Wir hätten, glaube ich, ohne seine Hilfe den Verein nicht so aufbauen können, wie wir es nach dem Zweiten Weltkrieg getan haben. Er hat unsere Kraft gestärkt durch die spirituelle Stütze, die er uns gegeben hat. Er hat eine Anziehungskraft ausgeübt; es kamen dann auch Leute zu uns, die vielleicht sonst nicht gekommen wären.

FRIEDHELM MENNEKES SJ

Schwerpunkte der Arbeit*

Pater Dr. Friedhelm Mennekes SJ, Pastoraltheologe an der Philosophisch-Theologischen Hochschule Sankt Georgen, wurde vom Jesuitenorden beauftragt, Dokumente aus Pater Hirschmanns Leben zu sichten und zu ordnen. Im Rahmen der mehrjährigen Arbeit an der Archivierung führte er auch Interviews mit Pater Hirschmann durch und veranlaßte ihn, Tonbänder über seine Tätigkeit zu besprechen. Das dabei gewonnene Material ermöglichte folgende Zusammenstellung.

Akzentsetzungen und Rückblick

Angesprochen auf die Frage, wo er in der Vielfalt seiner Arbeiten besondere Akzente gesetzt zu haben glaubt, umriß Pater Hirschmann zwei Punkte.

1. Er glaubt, daß es gelungen sei, eine echte Verbindung von Kontinuität und Fortschritt in der Entwicklung der Strukturen des kirchlichen Lebens in der Bundesrepublik Deutschland zu schaffen. Er hat an allen drei Verfassungen der Bischofskonferenz mitgearbeitet und insbesondere die pastorale Komponente mithineingebracht. Maßgeblich war er beteiligt an der Einführung der Abendmesse und der samstäglichen Sonntagsantizipation. Als besonders wichtig sieht er es an, daß es im wesentlichen geglückt ist, gegenüber dem hierarchischen Element in den kirchlichen Strukturen das Eigenrecht des freien charismatischen Elementes weiterentwickelt zu haben, und dies bis in die Strukturen hinein. Besonders zu begrüßen in der Nachkriegsentwicklung der deutschen Kirche sei die Tatsache, daß man ein Rätewesen entwickeln konnte, das eine freie innerkirchliche Bewegung hatte und nicht hierarchisch vereinnahmt werden konnte.

* Zusammengestellt nach einem Interview mit Pater Hirschmann.

2. Als zweiten wesentlichen Hauptakzent seiner vielfältigen Arbeit nennt Pater Hirschmann die Mitarbeit am Prozeß der Öffnung der Kirche (Apertura) gegenüber der Eigengesetzlichkeit innerweltlicher Wertbereiche:

a) im Geschlechtlichen (Stellungnahmen zu Humanae vitae)
b) Überwindung einer gewissen naturrechtlichen Engführung der sozialen Doktrin, also insbesondere die Rezeption der Linie seit Mater et magistra. In diesem Zusammenhang war es gelungen, die Frage der Mitbestimmung als ein allgemeines Motiv in die kirchliche Soziallehre einzuführen.
c) Hilfe zu einem Verständnis für die Notwendigkeit eines innerkirchlichen Pluralismus – bis hin zur Durchsetzung des Gedankens der Religions- und Gewissensfreiheit in Deutschland mit den Konsequenzen für das staatliche Ehe- und Strafrecht. (So ist es zum Beispiel tatsächlich geglückt, die katholische Seite für das Zerrüttungsprinzip im Scheidungsrecht zu gewinnen.)
d) Auf katholischer Seite zusammen mit Walther Casper Aufbau des Deutschen Entwicklungsdienstes; Pater Hirschmann half mit, Misereor und Adveniat durchzusetzen; (der Terminus »Adveniat« ist in seinem Arbeitszimmer geprägt worden).
e) Tätige Förderung der ökumenischen Zusammenarbeit.

Zukunftsbetrachtungen

Angesprochen auf die Frage, wie er sich seine weitere Tätigkeit vorstellt und wie er die Entwicklung der Kirche in die moderne Zeit hinein beurteilt, kam Pater Hirschmann kurz auf folgende Punkte zu sprechen. Im Rahmen der gesundheitlichen Möglichkeiten würde er es als sinnvoll empfinden, in bestimmten Sparten der kirchlichen Sozialarbeit mehr zu arbeiten. Dieses würde sich besonders auf der Linie der Sachkommission III der Synode bewegen: also der Bereich der christlichen Diakonie. Pater Hirschmann rechnet mit einer sehr starken Krise innerhalb der sozialkaritativen Dimension und Tätigkeit der Kirche. Insbesondere ist das Verhältnis von sozialkaritativen und sozialpolitischen Diensten neu zu bestimmen. Pater Hirschmann sieht insbesondere gefährliche Neoklerikalisierungstendenzen im Zusammenhang mit dem Ausbau der kirchlichen Hauptstelle in Bonn. Er befürchtet eine »deutsche Provinzialisierung«, die nicht offenbleibt für die Probleme der Welt.

Pater Hirschmann ist der Ansicht, daß die gegenwärtigen Unruhen und Umwälzungen im politischen und gesellschaftlichen Bereich auf Weltebene erst die Anfangswehen sind für viel gewaltigere und in ihren Ausmaßen nicht abzusehende geschichtliche und weltweite Umwälzungen. Vor allem die Ernährungsfrage und Fragen der Bevölkerungsbegrenzung werden neue sozialrevolutionäre und politrevolutionäre Formen hervorrufen. Wenn junge Menschen von heute sich auf die Bewältigung dieser Fragen der Zukunft vorbereiten, dann können sie sich nicht genug frei von überkommenen traditionellen Schemen der Konfliktbewältigung machen. Pater Hirschmann sieht es geradezu als providentiell an, daß zur Zeit so viel an Tradition verlorengeht. Er ist über diese Entwicklung optimistisch, denn er glaubt, daß so Luft und Raum geschaffen wird, um neu anzufangen, neu anzufangen insbesondere in den Strukturen. Die Strukturen von morgen werden so radikal anders aussehen, daß wir uns darüber heute kaum ein Bild zu machen vermögen.

Pater Hirschmann glaubt nicht an die Zukunft der gegenwärtigen Vorstellungen von der Kirche. Sie sind zu sehr geprägt von der konstitutiven Tradition und den Einflüssen des rechtlichen und politischen Denkens des Abendlandes. Sie dürften kaum in der Lage sein, die auf uns zukommenden Probleme zu bewältigen. Besonders schmerzlich sei es darum, zu sehen, daß in der Kirche heute ein eher konservativer und ängstlicher Trend vorherrschend ist. Vielleicht aber könnte man dieses Phänomen tröstend damit erklären, daß es sich – um im Bild zu reden – um einen Rückschritt handelt, den man unternimmt, bevor man einen neuen weiten Sprung wagt.

Wolfgang Rhein

Fragmentarische Anmerkungen eines Betroffenen

Wolfgang Rhein ist Schüler von Pater Hirschmann und war in den letzten Jahren sein Assistent und Betreuer. Neben Nachrufen, die stärker das Lebenswerk von Pater Hirschmann darstellen, entstand auch dieses persönliche Portrait, und zwar auf Anfrage des »Canisius«, des Mitteilungsblatts der Jesuiten. Dort ist der Text in der Ausgabe Pfingsten 1981 veröffentlicht.

Pater Hirschmann sah ich 1972 auf einer Veranstaltung des Bundes Neudeutschland zum erstenmal: ein alter Mann, gerade aus dem Krankenhaus entlassen, mit Stock und Baskenmütze und immer lächelnd. Daß ich ihn in den drei folgenden Jahren besser kennenlernte, lag ebenfalls am ND; als Leiter der sich nach links emanzipierenden Schülergemeinschaft hatte ich immer wieder mit dem über den Wassern schwebenden Kaplan des Gesamtbundes, der Personifikation des Bundesgeistes, zu tun. Pater Hirschmanns vielgerühmte Integrationsfähigkeit kam damals zur Geltung: der lächelnde Bundesgeist entpuppte sich als jemand, der mit überzeugendem Sachverstand und einem von mir erstmals so stark erlebten Verständnis für Andersdenkende einem sowohl unanfechtbar die Leviten lesen wie auch nachhaltig den Rücken stärken konnte. Er genoß bei mir wie bei vielen meiner Mitstreiter ein ungewöhnliches Vertrauen, das selbst dadurch nicht gemindert wurde, daß wir das gleiche Verhältnis auch zwischen ihm und unserer Gegnerfront wußten. Zu meinen bedeutenderen Lernergebnissen aus der sich entwickelnden Freundschaft mit Pater Hirschmann gehört seit damals, daß als Konzept der Konfliktbewältigung der Verzicht auf Verteufelung des sachlichen Gegners und der Versuch, positive Seiten und Anknüpfungspunkte bei ihm zu finden, nicht nur humaner, sondern meist sogar erfolgreicher sind als Härte und Taktik. Pater Hirschmann war mir eine vorbildhafte Demonstration dafür, daß persönliche Stärke und Aggressivität keine austauschbaren, sondern in der Regel entgegengesetzte Begriffe sind.

Als ich 1975 nach St. Georgen zurückkam, um mein Studium zu beenden, entwickelte sich unser Kontakt zu einer für mich sehr bedeutenden Freundschaft, die sich zunächst als reines Lehrer-Schüler-Verhältnis darstellte, sukzessive aber durch Elemente einer echten Zusammenarbeit angereichert wurde; meine formelle Anstellung als Assistent und Betreuer 1979 war nur die Institutionalisierung bestehender Verhältnisse. In diesem halben Jahrzehnt führte das Erleben von Pater Hirschmanns Moraltheologie zu meinem Entschluß, mich ebenfalls auf dieses Fach zu konzentrieren. Ich erlebte eine Moraltheologie, die wußte, daß das Reden von Praxis in die Gefahr des Geschwätzes gerät, wenn man die Praxis nicht auch betreibt – sei es in verbandlicher und politischer Arbeit, im selbstlosen Einsatz für Notleidende, oder z. B. im Stil des Umgang mit Mitmenschen. Die wechselseitig fruchtbare Verbindung von Theorie und Praxis in Pater Hirschmanns Theologie half ihm, um die Klippen einer dogmatischen Erstarrung herumzukommen und auf der Basis einer gediegenen Kenntnis der Tradition neue Fragen und Denkweisen nicht apologetisch abzuschmettern, sondern als Bereicherung aufzunehmen: in den fünfziger Jahren noch einer der sogenannten Atomtheologen, hielt er gegen Ende Vorträge zur Problematisierung von Atomkraftwerken.

Pater Hirschmanns Menschlichkeit hatte nichts Frömmelndes, sondern äußerte sich als Charme, der ihn u. a. leicht Zugang zu Kindern finden ließ. Dieser Charme milderte auch die gelegentlichen sozialen Folgeschäden seiner Zerstreutheit – etwa, wenn er sowohl bei Fremden wie bei Familienangehörigen im Eifer des Gespräches Du und Sie durcheinanderwarf, oder wenn er nach verschwitzten Terminen mit unschuldigem Augenaufschlag fragte: »Ach, wollten wir uns treffen?« Meine Jahre mit Pater Hirschmann waren wohl die prägendsten meines bisherigen bewußten Lebens. Sie ersetzten zwar nicht die theoretische Schreibtischarbeit, lieferten mir aber hermeneutische Schlüssel, denen ich nur größere Verbreitung wünschen kann.

Albert Ziegler SJ

Pater Johannes Hirschmann – Ein Wort brüderlichen Gedenkens

Pater Dr. Albert Ziegler SJ, Moraltheologe und Schüler von Pater Hirschmann, derzeit Akademiker- und Studentenseelsorger in Zürich, schrieb nach dem Tode Pater Hirschmanns spontan dieses »Wort brüderlichen Gedenkens«.

Der Zug fährt schon lange durch das Rheintal. Schon lange denke ich an ihn, der so oft im Zuge saß, so manches Mal die gleiche Strecke fuhr und schließlich nun auch im Zug gestorben ist: Pater Hirschmann. Nicht selten weilte er auch in der Schweiz. Gelegentlich hat er sich beim heutigen Bischofsvikar Karl Schuler, den er wohl noch vom Germanikum her kannte, in Schwyz ausgeruht und dort in aller Stille gearbeitet. In Zermatt droben hat er die Königsteiner Erklärung der deutschen Bischöfe vorbereitet und sie drunten in Brig mit Bischof Hermann Volk besprochen. Oft gab es – mit und ohne Bischöfe – während des Konzils eine Zwischenlandung in Kloten. Gehörten die Passagiere den obersten Rängen der kirchlichen Hierarchie an, bot die Swissair zu einem Begrüßungstrunk auf. Bekanntlich ist wenigstens z. T. die Konzilserklärung über die Kirche in der Welt (Gaudium et spes), an der Pater Hirschmann tatkräftig mitgearbeitet hat, in Zürich bei der »Orientierung« entstanden. Gelegentlich hat Pater Hirschmann in der Schweiz auch Vorträge gehalten und – auch dies bezeichnend für ihn – kranke Menschen besucht. Schließlich sind nicht wenige Schweizer Jesuiten seine Schüler gewesen. Das alles sind Gründe genug, daß auch wir in der Schweiz unseres verstorbenen Mitbruders gedenken.
Dies um so mehr, als Pater Hirschmann uns Studenten in besonderer Weise beeindruckt und geprägt hat. Noch erinnere ich mich gut der Pullacher Jahre. Pater Schuster war

eben gestorben. Ein Nachfolger war zwar in Sicht, aber stand noch nicht zur Verfügung. Was tun? Wie so oft sprang Pater Hirschmann ein. Das ging so: Er behielt seine gewohnten Vorlesungen in Frankfurt bei. Dann fuhr er nachts nach Pullach. Kaum angekommen, hielt er eine erste Vorlesung in Ethik. Dann feierte er seine Messe. Es folgte eine zweite Vorlesung. Bestimmt hatte er am Nachmittag in München zu tun und abends irgendwo noch einen Vortrag zu halten, ehe er in der nächsten Nacht nach Frankfurt fuhr. Dabei hatte Pater Hirschmann fast immer Zeit. Wenn die Scholastiker für eine Abendplauderei jemanden suchten, war Pater Hirschmann ohne Umstände bereit. Auch hat uns der Pfortenbruder gestanden, wenn er einen Beichtvater suche, könne er ohne weiteres Pater Josef de Vries rufen und vor allem Pater Hirschmann.

Daß er oft müde war und es dann zu den typischen Versprechern kam, ist verständlich. Einmal wollte er seinen Vorgänger Pater Cathrein erwähnen und sprach vom Kater Patrein. Sein Versprecher: »Die Menschen haben sich angewöhnt, dreimal täglich zu beten – morgens, mittwochs und abends« ist nicht nur ein geflügeltes Wort, sondern – in der Formulierung: »Morgens, mittwochs und abends« – sogar ein Buchtitel geworden.

Bei alledem frage ich mich: Warum und in welcher Weise hat uns Pater Hirschmann beeindruckt und hoffentlich auch ein wenig geprägt. Mir fallen drei Eigentümlichkeiten seines Wesens und Lebens ein ...

Pater Hirschmann war ein Mann,
der zusammenfassen konnte

Bekannt und berühmt waren seine Zusammenfassungen am Ende vieler Deutscher Katholikentage der zweiten Nachkriegszeit. Da hatte man getagt. Viele, recht unterschiedliche Arbeitsgruppen hatten – wie könnte es in Deutschland anders sein – fleißig diskutiert und die Diskussionsergebnisse fein säuberlich notiert. Abends trug man die Ergebnisse zusammen. Über Nacht brachte Pater Hirschmann sie in einem Schlußreferat so zusammen, daß der ganze Katholikentag schließlich als Einheit erschien.

Was stand hinter diesen Zusammenfassungen Pater Hirschmanns? Pater Hirschmann war ebenso spekulativ veranlagt, wie systematisch begabt. Dazu kam ein unwahrscheinlich gutes Gedächtnis. Diese drei Umstände machten ihn zu einer Gesamtschau fähig. Aus dieser Gesamtschau konnte er die verschiedensten Dinge in eine Ordnung fügen; und er brachte vieles so in Ordnung, daß die Gegensätze versöhnt wurden.

Pater Hirschmann war der Mann einer Gesamtschau

Einmal saßen wir miteinander im Zug. Die europäische Jesuitengemeinschaft für soziale Fragen hatte in Antwerpen getagt. Man wollte wieder einmal wissen, wo wir bei aller Unterschiedlichkeit einig gingen. (Ich glaube, bei dieser Gelegenheit die letzte lateinische Vorlesung Pater Karl Rahners gehört zu haben.) Jetzt saßen wir im Zug, der durch Belgien und Deutschland langsam heimzu fuhr. Wer sonst noch dabei war, weiß ich nicht mehr genau. Es könnte Pater Josef Listl gewesen sein. Jedenfalls hielt uns Pater Hirschmann eine zusätzliche Vorlesung über die Entwicklung der Moraltheologie.
Kurz zuvor hatten die »Stimmen der Zeit« einen ähnlichen Bericht aus der Feder eines sehr bekannten Moraltheologen gebracht. Aber ich muß sagen: Was damals Pater Hirschmann uns im Zug dozierte, war nicht nur druckreif, sondern bei weitem interessanter, tiefgründiger, durchdachter und geordneter. Er verstand es, uns die inneren Gesetze der Entwicklung aufzuzeigen; und wir verstanden, daß die Moraltheologie sich nicht zufällig, sondern mit einer gewissen Notwendigkeit so und nicht anders entwickelt hatte. Noch heute bedauere ich, mir keine Gesprächsnotizen gemacht zu haben. In diesem Sinne konnte Pater Hirschmann zusammenfassen, weil er zu einer Gesamtschau fähig war.

Pater Hirschmann war ein Mann der Ordnung

Aus dieser Gesamtschau vermochte – sodann – Pater Hirschmann die Dinge und Fragen in Ordnung zu bringen. Er war in besonderer Weise ein *Mann der Ordnung.* –

Er konnte die Gedanken ordnen; und er hielt seine Gedanken in Ordnung. Berühmt waren seine Punkte. Meistens waren es – wie er mir selber erklärte – im Sinne Hegels drei Punkte. Aber er ließ es sich nicht nehmen, bis auf fünfzehn Punkte zu gehen. Ob er schon am Anfang wußte, was ihm beim fünfzehnten Punkt noch einfallen würde, ist umstritten. Jedenfalls kündete er mehr als nur einmal ein gutes Dutzend Punkte, worüber er sprechen wolle, an. Dabei halte ich es für durchaus möglich, daß er ein paar Punkte hinzugab – gewissermaßen auf Vorrat und auf Hoffnung hin.

Pater Hirschmann hielt nicht nur Ordnung in seinen Gedanken, sondern auch in seinem Leben. Er war ein außerordentlich ordentlicher Jesuit. Er war unauffällig. Es gab nichts Aufsehenerregendes. Keine Schau; keine Skandale. Kein rhetorisches Feuerwerk. Er war eigentlich auch keine bezaubernde Persönlichkeit. Er war einfach in Ordnung – als Mensch, Priester und Ordensmann.

Freilich: Ein gewisses Quantum Unordnung braucht der Mensch. Pater Hirschmann war keine Ausnahme. Er brauchte sogar ein recht großes Quantum. Das war seine Unordnung im Zimmer. Einmal hat mich Frater Busch in Pater Hirschmanns Zimmer geführt und gesagt: »Das müssen Sie einmal selber sehen...« Ich habe allerdings nicht lange hinsehen müssen. Pater Hirschmanns Zimmer sah dem meinen verzweifelt ähnlich.

Seit seiner Beerdigung räumen die Mitbrüder Pater Hirschmanns Zimmer auf. Ein Hirschmann-Archiv soll entstehen. Einstweilen räumen die Mitbrüder auf und auf. Aber auch nach wochenlanger Arbeit soll das Zimmer nicht wesentlich leerer geworden sein, höre ich sagen. Es besteht also durchaus noch Hoffnung, daß die in der Papierflut verschollene Disposition einer Doktorarbeit noch zum Vorschein kommen wird...

Auch seinen Leib hielt Pater Hirschmann nicht sonderlich in Ordnung. Frater Reust pflegte in Pullach alle paar Monate zu Pater Hirschmann zu sagen: »Heute nachmittag komme ich bei Ihnen vorbei, um Ihnen die Haare zu schneiden.« Leibpflege kannte er kaum. Essen und Trin-

ken schien ihm wenig zu sagen. Er verschlang, was vor ihm auf dem Teller lag. Ein Küchenbruder erzählte mir, frühmorgens sei gelegentlich Pater Hirschmann in den Speisesaal gekommen und hätte, ehe er zur Reise aufbrach, einfach etwas altbackenes Brot und vielleicht noch einen übriggebliebenen Apfel in seine Reisetasche geschoben.
Aus St. Blasien habe ich folgendes gehört. Pater Hirschmann war – glaube ich – an der Gallenblase operiert worden. Er weilte zur Erholung in St. Blasien. Man gab ihm entsprechende Medikamente mit. Sie hatten die Form von Suppositorien – zu deutsch: Zäpfchen. Ein Mitbruder will nun gesehen haben, wie Pater Hirschmann diese Zäpfchen beim Frühstück diskret zum Munde führte und herunterschluckte. Am nächsten Morgen hätte er sie im Kaffee aufgelöst. Die Fettschicht, die obenauf schwamm, hätte ihn keineswegs gestört.
So gäbe es noch bestimmt viele andere Geschichten. Er hatte manchmal in der Tat etwas von jenem Professor an sich, der zerstreut tat, weil er alles andere als geistesabwesend war. Pater Hirschmann war so geistesgegenwärtig, daß er darüber seines eigenen Leibes vergaß, bis sein Bruder Esel streikte und auch Pater Hirschmann spüren ließ, daß auch er »Geist in Welt« sei.

Pater Hirschmann war ein Mann der Versöhnung

Pater Hirschmann brachte – schließlich – die Dinge so in Ordnung, daß er die Gegensätze entschärfte und die Menschen versöhnte. Pater Hirschmann war ein Mann der *Versöhnlichkeit und Versöhnung.* Gerade bei der Beerdigung ist seine Versöhnlichkeit mehrfach erwähnt worden. Wie oft und in wieviel Gremien er ausgeglichen und versöhnt hat, weiß wohl keiner.
Er konnte versöhnen, weil er wendig war. Ich erinnere mich wieder. Das deutsche Bundesverfassungsgericht hatte gegen uns entschieden. Professoren waren entsetzt, Bischöfe erbost. Pater Hirschmann sagte ruhig: »Unter dieser neuen Voraussetzung müssen wir so weitergehen ...« und ging zur Tagesordnung über.
Seine geistige Wendigkeit war so groß, daß manche ge-

legentlich den Eindruck hatten, Pater Hirschmann könne auch seine Grundsätze wenden. Er selber hätte wahrscheinlich verschmitzt gelächelt, gleich wieder doziert und einem erklärt, warum man grundsätzlich Grundsätze ändern müsse; und er hätte einmal mehr das ganze versöhnlich zusammengefaßt, womöglich in drei Punkten.
Ein besonderes Meisterstück – vielleicht sein größtes – war die Königsteiner Erklärung der deutschen Bischöfe. Wir hatten miteinander in Zermatt auf Fluhalp Rast gemacht und etwas getrunken. Dann zogen wir heimzu zur Sonnegga hinunter. Unterwegs erklärte mir Pater Hirschmann, während er gelegentlich über einen Stein stolperte, was jetzt zu tun sei.
Die Enzyklika »Humanae vitae« war erschienen. Demnächst fand in Essen der Deutsche Katholikentag statt. Noch vor diesem Katholikentag mußten die deutschen Bischöfe unbedingt ein klärendes Wort zur Enzyklika abgeben. Allein die deutschen Bischöfe waren sich keineswegs einig. Was tun?
Pater Hirschmann erklärte mir, es sei zwar unmöglich, die Bischöfe zu einer einheitlichen Stellungnahme zur Enzyklika selbst zu bringen. Aber dann müsse man eben versuchen, daß sie eine Erklärung abgäben nicht zur Enzyklika selbst, sondern zu der durch die Enzyklika entstandenen seelsorglichen Situation in Deutschland. Dies um so mehr, als das Formalobjekt ihrer Hirtensorge ja nicht unmittelbar die Enzyklika sei, sondern die seelsorgliche Lage in Deutschland. Gesagt, getan.
In der Tat hat dies Pater Hirschmann erreicht. Als ich selber – wenige Wochen später – die Königsteiner Erklärung hochoffiziell zu Gesicht bekam, erinnerte ich mich, diese Worte und Gedankengänge schon angesichts des Matterhorns gehört zu haben.
Einmal fuhr mir eine deutsche Bundestagsabgeordnete bis in die Theologie nach Löwen nach. Sie glaubte, ich könnte in einer schwierigen Frage des deutschen Adoptionsrechtes zwischen zwei unterschiedlichen Auffassungen vermitteln. Natürlich konnte ich es nicht. Vielmehr ging ich bei der nächsten Gelegenheit zu Pater Hirschmann und fragte ihn

um Rat. In wenigen Sätzen gab er mir die Lösungsrichtung an, die mich überzeugte.

War also Pater Hirschmann in der Kunst des Zusammenfassens ein politischer Mensch? Ja und nein. Ich glaube, er verstand durchaus etwas von Politik und politischen Zusammenhängen. Aber noch stärker war seine systematisierende und spekulative Kraft. Manchmal leuchtete sie ganz nebenbei in wenigen Sätzen auf. So zum Beispiel, wenn er die Gemeinschaftlichkeit des Menschen und die Notwendigkeit des Privateigentums wie folgt begründete:

»Es gehört zum Wesen personaler Entfaltung von individuellen Werten, daß sie sich mitteilen. Ohne diese Mitteilung bleiben sie selbst unterentwickelt. So kommt echte Gemeinschaft nicht primär zustande in den Gegenseitigkeiten des Empfangens Bedürftiger, sondern des Schenkens Besitzender. Gerade hierin zeigt sich die Liebe als die zugleich elementarste und umfassendste vollendende gesellschaftliche Macht.« – Das (Privat-)Eigentum ist letztlich nicht notwendig, weil sonst der erbsündliche Mensch im Umgang mit Gütern Initiative, Sorgfalt und Frieden verlöre. Vielmehr ist »die letzte Rechtfertigung des Eigentums die, daß wir etwas haben müssen, um einem anderen etwas schenken zu können; weil wir nur dadurch, daß wir einem anderen etwas schenken können, uns Gott schenken können, und so in der Liebe stehen, in der Gott sich uns geschenkt hat.«

Auf diese Weise sah Pater Hirschmann die Dinge groß, weil er auch die kleinen Dinge in einem größeren Zusammenhang und so im großen Ganzen sah. Darum gelang es ihm auch, die Probleme nicht größer zu sehen und größer zu machen, als sie ohnehin schon waren. Nicht umsonst lautete eines seiner geflügelten Worte: »Keine Schwierigkeit!« Einem anderen wären wohl längst die Schwierigkeiten bis zum Hals gegangen. Pater Hirschmann sagte nur: »Keine Schwierigkeit!« Höchstens, daß er hinzufügte: »Die Frage ist nur: ›Wie bringen wir die Kuh vom Eis?‹ «

Ein Jammer, daß er nicht dazu kam, ein größeres theologisches Werk zu schreiben. Daß es nicht soweit kam, hing mit zwei Dingen zusammen. Zum einen brachte die zweite deutsche Nachkriegszeit in Staat und Kirche eine Fülle von Tagesproblemen, die immer wieder neu angegangen werden mußten. Zum andern war Pater Hirschmann der Mann, der nicht nein sagen konnte und darum fast bis zur Selbstaufgabe ausgenutzt wurde. Für ihn hieß dies allerdings einfach: Dienst. Damit ist schon ein Zweites angedeutet.

Pater Hirschmann war der Mann, der nicht ich sagte

Pater Hirschmann hat nicht nur nicht »nein« gesagt, er hat auch kaum je »ich« gesagt. Wie wenige hätte Pater Hirschmann Erinnerungen schreiben können. Wie vielen Menschen ist er begegnet. Wieviel ist ihm erzählt worden. Wieviel schlummerte – abrufbereit – in seinem Gedächtnis. Von all dem sprach Pater Hirschmann fast nie.

Einmal hörte ich ihn vom Fußballspiel seiner Jugend erzählen. Einige Male berichtete er, wie gut er Edith Stein gekannt habe.[1] Zudem erzählte mir Frater Busch, er habe Pater Hirschmann nur dreimal fassungslos gesehen. Das erste Mal, als Pater Hürth seine Dissertation nicht angenommen habe und Pater Hirschmann spornstreichs nach Deutschland zurückgefahren sei. Das zweite Mal habe ich vergessen. Das dritte Mal war, als Pater Hirschmann nach Rom fuhr und entdeckte, wie viele Fehler die Enzyklika »Mater et magistra« noch enthielt. Von sich aus hat er nie von solchen Begebenheiten gesprochen. Wenn schon, mußte man ihm die Würmer aus der Nase ziehen.[2]

Nein, er sprach kaum von sich selbst. Das Persönliche kam selten zur Sprache. Er blieb bei der Sache. Doch seine Sachlichkeit war Hilfsbereitschaft. Wie vielen hat er geholfen – seelsorglich und wissenschaftlich. Gelegentlich wird er in einem Vorwort dankend erwähnt.[3]

Allerdings, wenn Freunde Pater Hirschmanns zusammenkommen, erfährt man mehr und nicht selten Erstaunliches. So erfuhr ich bei der Heimfahrt nach seiner Beerdigung so ganz nebenbei, der Ausdruck »adveniat« für die Hilfe der deutschen Katholiken in Südamerika sei auch in Pater Hirschmanns Zimmer entstanden. Wie viele mittlerweile fast geflügelten Worte Pater Hirschmanns gehen auch in

den Kreisen von »Neudeutschland« um. Ja, und dann ist noch die seltsame Geschichte mit den Hunden.
Einem besonders treuen Freund Pater Hirschmanns hatte der liebe Gott neben einer liebevollen Gattin auch eine muntere Schar liebreizender Töchter geschenkt. Doch die Töchter schienen dem Vater zu sanft. So kam er mit der Zeit auch noch zu einem Hundezwinger. Schließlich umfaßte er sieben recht wilde deutsche Schäferhunde. Kein Fremder konnte unangemeldet das Anwesen betreten. Es war zu gefährlich. Sogar eine der eigenen Töchter soll einmal von einem besonders bissigen Hund angefallen worden sein. Je nachdem, wie spät es beim Erzählen geworden und wie hoch inzwischen der Alkoholspiegel gestiegen war, hat der Hund das Töchterchen fast zerfleischt oder doch mindestens fast entblößt. Jedenfalls hat mir eine der in Frage kommenden Töchter es höchst persönlich erzählt: Seltsamerweise hätten die Hunde Pater Hirschmann nie etwas zuleide getan. Bekanntlich war er eher klein und untersetzt. Doch wenn die Hunde dahergerannt gekommen seien, hätte er nur kurz, aber energisch mit seinen Händen gewedelt und abgewunken. Dann hätten die Hunde den Schwanz eingezogen und sich verkrochen.
Inzwischen hat mir der besagte Freund Pater Hirschmanns einen langen und guten Brief geschrieben. Ich darf zitieren: »Die Hundegeschichte, nach deren Richtigkeit Sie fragen, stimmt dem Sinne nach, ist aber nicht vollständig, kann sie auch nicht sein, denn sonst müßte ich Ihnen viele viele Seiten schreiben. Aber einiges möchte ich doch richtigstellen: Es waren schon einmal sieben recht wilde Hunde. Aber meistens waren es viel mehr. Zur Zeit, als unser lieber Freund uns verließ, waren es sogar siebenundzwanig. Bei Pater Hirschmann waren die Hunde lammfromm. Er hatte nie die geringsten Schwierigkeiten mit ihnen und konnte sich unvorbereitet immer in ihren Kreis begeben. Außer Pater Hirschmann ist mir nur ein Mann bekannt, der eine derartige Wirkung auf dieses wilde Hunderudel ausübte. Dieser zweite Mann ist Otto von Habsburg.«
War er also ein Tierfreund; verstand er sich auch noch auf Tierpsychologie; hatte er einfach keine Angst? Ich weiß

dies alles nicht. Ich habe viel mit ihm gesprochen. Aber ich weiß so wenig über ihn selbst.
Schon in den Pullacher Jahren kam ich auch einmal mit unserem damaligen Spiritual, Pater Georg Trapp, ins Gespräch. Wir sprachen von verschiedenen Jesuiten und ihrem Gehaben. Die Ausgangslage war, verschiedene Jesuiten würden über den azurblauen Himmel Griechenlands reden. Wir kamen überein, Pater Peter Lippert hätte diesen Himmel und seine Bläue höchstpersönlich gesehen haben müssen. Sonst hätte er nicht davon reden und schreiben können. Man kann es sich kaum anders denken, als daß seine »Briefe aus dem Engadin« wirklich im Engadin geschrieben worden sind. Bei Pater Richard Gutzwiller waren wir nicht so sicher. Wir dachten, eine Postkarte Griechenlands hätte ihm genügt, um ihn über den blauen Himmel Griechenlands reden zu lassen. Die Postkarte hätte sogar nicht einmal unbedingt farbig sein müssen. Auf alle Fälle hätte Pater Friedrich Muckermann nicht einmal eine Postkarte gebraucht. Seine Phantasie hatte solche Notbehelfe nicht nötig. Ja – und Pater Hirschmann?
Hätte er, wäre er drunten in Griechenland gewesen, den Himmel wirklich angeschaut? Wäre er, hätte er entsprechend reden müssen, wirklich auf das Himmelsblau zu reden gekommen – oder hätte er gleich mit den drei obligaten Punkten zur politischen, kirchlichen und kulturellen Lage Griechenlands begonnen? Ich weiß es nicht.
Nur war ich außerordentlich erstaunt, als er mir in Zermatt erzählte, wie viele Bergwanderungen er in seinen kurzen Zermatter Tagen unternommen hatte. Die allgemein üblichen Spaziergänge hatte er alle erledigt; und er hatte von sämtlichen Aussichtspunkten aus die Zermatter Bergwelt angeschaut. Doch was hat er dabei wirklich gesehen? Ich weiß es nicht.
Wir wissen so viel von dem, was er getan und geleistet. Wir wissen so wenig, was er innerlich empfand und wer er zutiefst war. Erst nach seinem Tod, da wir ihn nicht mehr fragen können und er ins große Geheimnis eingegangen ist, fällt mir ein, wie sehr er – wenigstens für mich – schon zu Lebzeiten in seinem Geheimnis blieb.

Vielleicht hängt es damit zusammen, daß die Nachrufe nach Pater Hirschmanns Tod verhältnismäßig farblos und spärlich waren. Pater Hirschmann redete. Aber er machte nicht von sich reden. Er war einfach da. Er gehörte zu den verschiedensten Gremien. Er tat dort seinen Dienst. Mit der Zeit wurde er fast zur Institution.
Ja: Es gab die Institution Pater Hirschmann. Aber so wie eine Institution wichtiger ist als die Menschen, die in dieser Institution arbeiten, so war die Institution Pater Hirschmann wichtiger als die Person und Persönlichkeit Pater Hirschmanns. Er war für viele mehr ein Begriff, dessen man sich ungehemmt bediente, als eine Persönlichkeit, die man dankbar verehrte. Man nahm seine Dienste in Anspruch. Doch leicht und gern vergaß man ihn selbst. Ich wüßte nicht, daß man je eine Laudatio auf Pater Hirschmann gehalten hat. Vermutlich hat Pater Hirschmann darunter kaum oder nur selten gelitten. Er nahm eben selber auch sich nicht sonderlich wichtig.

Pater Hirschmann war der Mann, der unterwegs starb

Er hat sich aufgebraucht. Er hat alles andere als gesund gelebt. Gesundheitlich stand es mit ihm schon lange nicht mehr zum besten. Einmal hat mir Frater Busch die unwahrscheinliche Arbeitskraft Pater Hirschmanns mit einer Überfunktion der Schilddrüse zu erklären versucht. (Ich habe keine Ahnung, ob das medizinisch stimmt. Sonst ließe ich mir gerne eine ordentliche Portion Schilddrüsenextrakt verschreiben.)
Jedenfalls hat Pater Hirschmann lange Zeit zu seiner Gesundheit keine Sorge getragen, obwohl er selbstverständlich über die Pflicht zur Gesunderhaltung von Leib und Seele einen abendfüllenden Vortrag hätte halten können und vermutlich auch gehalten hat. Für sich selbst hielt er es jedoch eher mit Schiller: »Es ist der Geist, der sich den Körper baut.« Darum ließ er seinen Geist walten und behandelte den Leib – nicht unbedingt sehr brüderlich – als unvermeidliches Zubehör oder als lebensnotwendigen Esel.
Vor Jahren lag Pater Hirschmann schon einmal im Ster-

ben. Wie er selber sagte, saß er im Sterben. In einem Stuhle sitzend, hatte er den Tod auf sich zukommen sehen. Er selbst hat davon – eine seltene Ausnahme – eingehend berichtet. Hoffentlich unterschlagen jene, die ausführlicher über Pater Hirschmanns Leben erzählen werden, diesen Bericht nicht.

Jetzt ist er wirklich gestorben – unterwegs zu einem Vortrag. Eigentlich konnte Pater Hirschmann gar nicht anders sterben. Er ist gestorben, wie er gelebt hat: unterwegs. So blieb er nicht nur sich selber treu, sondern auch dem, der ihn einst auf den Weg gerufen hatte.

Über seine letzten Tage darf ich Pater Hirschmanns Schwester berichten lassen. Schwester Maria Quirinia Hirschmann schreibt in einem Brief an Freunde ihres Bruders: »Am Freitag, dem 6. Februar 1981, machte sich mein Bruder von St. Georgen aus auf den Weg in unser Provinzialat nach Düsseldorf, wo er am Samstag nachmittag zu den Schwestern sprechen wollte. Als er zur angegebenen Zeit Freitag nicht eintraf, wurde man dort unruhig und orientierte mich. In der Annahme, er sei unterwegs aufgehalten worden – irgendwo –, hofften wir bis gegen Abend auf Nachricht. Alle telefonischen Bemühungen blieben erfolglos und die Sorge wuchs, als er nicht eintraf und doch in St. Georgen abgereist war.

Am Samstag morgen kam die Nachricht vom Vinzenzkrankenhaus, daß er dort sei, eingeliefert am Freitag abend vom Bahnhof Duisburg – wohl mit der Feuerwehr. Hans ließ uns bitten, auch St. Georgen zu orientieren. Am Nachmittag des Samstags fuhr ich gleich zu ihm. Er war von der Intensivabteilung auf eine Station verlegt, war ganz bei klarem Bewußtsein – wußte allerdings nur, daß es ihm im Zug etwa um Köln herum schlecht geworden sei. Er hat ja dann auch Düsseldorf überfahren bis Duisburg.

Wir haben zunächst alles Notwendige geregelt, haben gewohnt miteinander geplaudert; mit Herrn Rhein in Frankfurt telefonierte mein Bruder noch selbst und bat um den Frankfurter und Wiener Arztbericht, den Herr Rhein Montag bringen sollte. Er erzählte vom Vortrag, den er Donnerstag abend noch in St. Georgen gehalten hatte vor

Männern aus dem Wirtschaftsbereich – zählte sie auf und meinte: ›Die haben schon heute ihre Sorgen.‹ Er ging mit am Abend zur Krankenkommunion. Ich verließ ihn mit weniger Sorge als im August in Wien.
Sonntag nach dem Mittagessen kam ein Anruf, daß sich der Zustand ganz plötzlich verschlechtert habe, ich möchte bitte kommen. Er lag bereits wieder im Intensivzimmer und wurde künstlich beatmet. Als ich ihn ansprach, zeigte er eine deutliche Reaktion mit dem rechten Auge; und der Arzt bestätigte es mir, daß er das wahrgenommen habe. Dann ging es ziemlich rasch. Der Puls verlangsamte sich, meine Schwester aus Bottrop und ich beteten mit ihm und begleiteten so sein letztes irdisches Wegstück.
Er schlief ganz ruhig hinüber in die bessere Welt. Eine letzte Träne fiel aus dem rechten Auge. Wem mag sie gegolten haben? Es ist sein und Gottes Geheimnis. Es war *sein* Sterben, das so ganz zu *seinem* Leben paßte: unterwegs, bescheiden und in großer Einfachheit – ganz wie unser Herr selbst, dem sein restloser Lebenseinsatz galt.
Wir sind dankbar, daß wir ihn hatten, daß er unser Bruder war – und der Bruder all derer wurde, die irgendwie Leid und Not des Lebens tragen müssen. ›Er war ein Mensch, an dem und durch den deutlich wurde, wie Gottes Güte es gemeint hat mit seinem Geschöpf.‹ So schrieb einer seiner Freunde am Abend des Begräbnistages. Ich finde dieses Wort so treffend.«
Gewiß, so hat Pater Hirschmann gelebt: Er lebte sein Leben. Er wurde gerufen. Er tat seinen Dienst, solange es ging. Als er abberufen wurde, machte er sich genauso still und unauffällig auf den Weg, wie er sich zeitlebens hat rufen lassen. In dieser selbstverständlichen gläubigen Treue war er, ohne es selber zu wollen, vielen von uns Vorbild und Beispiel. Wir selber aber sind, da er von uns gegangen ist, zum einen traurig; zum andern jedoch bleiben wir voller Hoffnung.
Wir sind zum einen traurig. Denn wir haben einen Lehrer und Mitbruder verloren. Mehr: Für viele von uns gehörte er zu den Vätern, die man auch als längst erwachsener Sohn immer wieder gerne fragt. Die Möglichkeit im Hin-

tergrund, notfalls noch Pater Hirschmann fragen zu können, war und blieb ein Trost. Dieser Trost ist uns genommen. Während der Beerdigung fiel es mir ein: »Die Väter sterben uns weg. Wir müssen Brüder sein. Sonst sterben wir als kinderlose Greise, weil wir nicht Väter geworden sind.«
Wir müssen Brüder sein, indem wir in mitbrüderlicher Hilfe einander denken, raten, reden und leben helfen. Das mitbrüderliche Gespräch ersetzt einigermaßen den Vater, den man zuvor um Rat fragen konnte. Pater Hirschmann ist tot. Doch bin ich froh, daß Pater von Nell-Breuning, Pater Fuchs, Pater Schüller, Pater Kerber, Pater Zwiefelhofer, Pater Schmitz, Pater Molinski und viele andere meine Mitbrüder sind. Da der Trost des Vaters uns genommen ist, bleibt der Trost der Brüder.
Zum andern hoffen wir. Wir hoffen nicht nur das Beste für Pater Hirschmann. Darüber braucht kein Wort verloren zu werden. Aber ich hoffe sehr, daß einige, die ihn besonders gut gekannt haben, ein paar seiner wesentlichen Artikel zusammentragen und veröffentlichen. Ich denke vor allem an seinen meisterhaften Beitrag über die Freiheit in der Kirche, der zum Teil auch ins Staatslexikon der Görres-Gesellschaft eingegangen ist. Was Pater Hirschmann dort über den Verantwortungskomplex des Amtes und den Bevormundungskomplex der Gläubigen ausführte, ist heute vielleicht noch wichtiger als damals. Nicht weniger hoffe ich, daß das »Hirschmann-Archiv« zustande kommt. Pater Hirschmann hat wie wenige die deutsche Nachkriegszeit als Zeitgenosse verfolgt und als Mann der Kirche weit über den kirchlichen Raum hinaus mitgeprägt.
Vor allem hoffe ich, daß wir im Sinne Pater Hirschmanns Mitbrüder werden, die helfen, so gut sie können, dabei nicht allzuviel von sich selber reden und dann vielleicht auch einmal unterwegs sterben. Pater Friedrich Muckermann soll einmal gesagt haben – so erzählte es uns wenigstens Pater Trapp –: »Wir Jesuiten wohnen in wandernden Zelten und schlafen auf dem gepackten Kofferdeckel.« (Heute müßte es wohl eher heißen: »Wir Jesuiten hausen im Wohnwagen und führen einen Möbelwagen hinter uns

her...«) Jedenfalls bespricht der gleiche Pater Muckermann Pater Peter Lipperts »Briefe aus dem Engadin«, indem er Pater Lippert persönlich anspricht und ihm sagt: »Wir begegnen uns wohl einmal auf irgendeinem Bahnhof. Dann sprechen wir weiter darüber.«[4]

Nun ist ein fahrender Zug Pater Hirschmanns Sterbezimmer geworden. So hat sein Sterben etwas vom Tod und Sterben des heiligen Ignatius an sich. Bestimmt wird Pater Hirschmann uns helfen, den Fahrplan unseres Lebens so zu lesen, daß wir auf den richtigen Zug aufsteigen und schließlich ebenfalls den Heimatbahnhof erreichen. An ein paar Zwischenstationen mit brüderlichen Gesprächen soll es nicht fehlen. Dann sprechen wir weiter, nicht zuletzt über unsern guten Mitbruder und väterlichen Freund Pater Johannes Hirschmann SJ...

[1] »Ich habe Edith Stein gekannt unmittelbar bis zu ihrer furchtbaren Verhaftung und Verschleppung nach Auschwitz. Sie war eine echte Jüdin und sagte zu mir: ›Sie wissen es nicht, was es für mich bedeutet, bei jedem Gang in die Kapelle zu wissen, unser Herr war unseres Blutes.‹ Sie war eine ebenso überzeugte und liebende Deutsche, und sie fügte diesen Satz hinzu: ›Und sie wissen nicht, was es für mich als Deutsche bedeutet, daß in deutschem Namen am jüdischen Volk in dieser Weise vorgegangen wird.‹« (*Johannes Hirschmann*, Die richterliche Bewältigung politischer und historischer Schuld in theologischer Sicht = Studien und Berichte der Katholischen Akademie in Bayern 19 [Würzburg 1962] 146).

[2] »Zweifellos dürfte an vielen Stellen die italienische Fassung (von ›Mater und magistra‹) den ursprünglichen Gedanken reiner ausdrücken als die lateinische Formulierung. Andererseits wurde während dieser Übertragung ins Latein auch noch an der endgültigen Fassung des Gedankens selbst gearbeitet, so daß an manchen Stellen die Nuancen im Unterschied der lateinischen zur italienischen Fassung offensichtlich bewußt und gewollt sind. An manchen Stellen ist dann nach der lateinischen Fassung auch die italienische Vorlage wiederum verbessert worden. Bei dem Zeitdruck, unter dem die Veröffentlichung stand (...), ist diese Verbesserung aber nicht an allen Stellen erfolgt. Die Folge ist, daß der vorliegende italienische Text weder in allem der bessere noch der ursprüngliche ist. Erst wenn die Vorgeschichte des Textes veröffentlicht werden wird, wird es möglich sein, anzugeben, für welche Stellen in der heutigen Fassung der Texte diese Bemerkungen bedeutsam sind« (*Johannes Hirschmann*, [Hrsg.], Mater et magistra [Schöning 1963] 8).

[3] Frederic Spotts, Kirchen und Politik in Deutschland (Stuttgart 1976) 10.

[4] Friedrich Muckermann, Auf der Gralwarte: Der Gral, Monatsschrift für Dichtung und Leben 23 (1928–1929) 678.

Johannes Beutler SJ

Vergiß nicht, wo du herkommst

Pater Dr. Johannes Beutler SJ, Professor für Exegese des Neuen Testaments an der Philosophisch-Theologischen Hochschule Sankt Georgen, war Pater Hirschmann außer über den Orden besonders durch den ND verbunden. Von 1973–78 war er als Männerringkaplan Nachfolger Pater Hirschmanns, nach dessen Tod auch als Bundeskaplan. Der folgende Text ist der leicht überarbeitete Vortrag zur Vorstellung des Gedächtnisbandes »Ja zu Gott im Dienst an der Welt« in Püttlingen im Juli 1984.

Ein Festakt für Pater Johannes Hirschmann – fast erscheint es wie ein Widerspruch! Wer immer ihn von uns gekannt hat, der hat ihn als einen zutiefst bescheidenen und demütigen Mann kennengelernt. Er war weder der Mann der Fernsehinterviews noch der Pressekonferenzen. Er besaß keine anspruchsvollen Titel und scheute das Rampenlicht. Und doch hätten die Kirche und unser Land nach dem Zweiten Weltkrieg anders ausgesehen, wenn es ihn nicht gegeben hätte.

Wer war dieser Mann, zu dessen Trauerfeier sich vier Bischöfe einfanden, den die Bundesrepublik Deutschland mit dem Großen Verdienstkreuz ehrte und seine Vaterstadt mit der seltenen Auszeichnung der Ehrenbürgerwürde?

Die Wirksamkeit von Pater Hirschmann in der Öffentlichkeit begann mit dem Ende des Zweiten Weltkrieges. Wir finden Pater Hirschmann 1945 in Paderborn als Mitarbeiter am Erzbischöflichen Offizialat. Mit anderen Menschen dieser Stunde Null überlebt er knapp die Bombennächte im Schutzkeller, aber kaum ruhen die Waffen, da ergreift der knapp 37jährige Professor für Moral- und Pastoraltheologie Initiativen, die für den westdeutschen Nachkriegskatholizismus von weittragender Bedeutung sein sollten. Sein erstes Interesse gilt der Wiederbelebung der katholischen Verbände in Deutschland, die durch das NS-Regime zerschlagen worden waren. Pater Hirschmann ist überzeugt von der Rolle der Laien in einer freien Kirche, und so beteiligt er sich an der Neugründung des Bundes Neudeutschland als Jugend- und Erwachsenenbund, zunächst auf regionaler Ebene und nicht ohne Widerstand seitens des Episkopats, der nur zögernd wieder autonome Verbände zuläßt. Seine besondere Sorge gilt den Frauenverbänden, dem Fürsorgeverein und dem Sozialdienst katholischer Frauen, dem er bis zu seinem Ende besonders verbunden blieb, daneben dem Caritasverband, dessen Eigenart als Laienverband ihm stets und bis zum Schluß am Herzen lag.

Sein strategischer Geist ließ ihn zum Mitbegründer des Zusammenschlusses der katholischen Verbände im Zentralkomitee der deutschen Katholiken nach dem Zweiten Weltkrieg werden. Das Zentralkomitee hatte sich seinerzeit aus dem Zentralkomitee der Deutschen Katholikentage entwickelt, und so finden wir denn auch Pater Hirschmann maßgeblich beteiligt bei der Planung, Vorbereitung und Durchführung aller Deutschen Katholikentage seit 1945, beginnend mit dem 73. Deutschen Katholikentag in Bochum 1949 zum Thema »Gerechtigkeit schafft Frieden«, wo Pater Hirschmann maßgebende Worte zur Frage der betrieblichen Mitbestimmung sagt.

Parallel zu den Laienorganisationen formiert sich damals die Bischofskonferenz neu. Pater Hirschmann gehört zu ihren geschätzten Beratern und hilft ihr bei der Lösung von Strukturfragen.

1949 bedeutet die Geburtsstunde der Bundesrepublik Deutschland. Von seinem Fachgebiet her, vor allem der Sozialethik, ist Pater Hirschmann besonders qualifiziert zur Beratertätigkeit in Beiräten des Parlamentarischen Rats und der Bundesregierung. Vor allem entfaltet er seine Tätigkeit im Rahmen des Kommissariats der deutschen Bischöfe in Bonn, wo er zu so wichtigen Fragen wie der Eherechts- und der Strafrechtsreform, aber auch zur Mitbestimmungs- und zur Wehrpflichtfrage Stellung nimmt.

1950 ist Pater Hirschmann von Büren, dem provisorischen Sitz der Theologischen Fakultät der Jesuiten, der in Valkenburg/Holland aufgelöst worden war, nach Frankfurt übergesiedelt. Von hier aus übernimmt er auch rasch die Aufgabe des Geistlichen Beirats vom Männerring im Bund Neudeutschland, was für den Rest seines Lebens, zuletzt als Bundeskaplan, eine wichtige Aufgabe bleiben sollte. In diese Zeit fällt auch eine dreijährige Mitwirkung als Berater seiner Ordensprovinz, die er überdies als gewählter Vertreter auf der dritten Generalkongregation nach dem Kriege vertritt. Bezeichnenderweise hat Pater Hirschmann auch im Orden nie ein Oberenamt wahrgenommen, dafür aber vielfach als Berater im Hintergrund gewirkt.

Als Papst Johannes XXIII. am 25. Januar 1959 die Einberufung des Zweiten Vatikanischen Konzils ankündigt, zieht der Ruhrbischof Hengsbach Pater Hirschmann bald als Berater für die Konzilsarbeit heran. Pater Hirschmann arbeitet dann auf dem Konzil an den Konstitutionen über die Kirche und über die Kirche in der Welt von heute (Gaudium et spes) sowie am Dekret über den Apostolat der Laien mit. Nicht wenige Texte tragen das Gepräge seiner Handschrift, besonders dort, wo es um das Charisma und den Dienst der Laien und ihrer Verbände in Kirche und Gesellschaft geht.

Der deutschen Kirche steht Pater Hirschmann in der durch die Enzyklika »Humanae vitae« entstandenen Krise bei und hilft der Bischofskonferenz, in der »Königsteiner Erklärung« von 1968 ein Wort zu formulieren, das bereitwilliges Hören auf das päpstliche Lehramt mit dem Respekt vor der Gewissensentscheidung des einzelnen Christen verbindet.

Das Jahrzehnt nach dem Konzil ist im übrigen gekennzeichnet durch Pater Hirschmanns Mitarbeit in nachkonziliaren Gremien und auf der Würzburger Synode der Bistümer in der Bundesrepublik Deutschland. Erneut gilt Pater Hirschmanns Interesse und Sorge den Laien in der Kirche, den Verbänden, namentlich den sozialkaritativen und den Frauenverbänden, dazu der Arbeiterschaft.

In den siebziger Jahren weitet sich – angeregt auch durch die weltkirchliche Erfahrung des Konzils – sein Horizont, und wir finden ihn befaßt mit den Fragen der internationalen Entwicklung. Diese Sorge bleibt bei ihm nie theoretisch, sie führt vielmehr zur Mitwirkung beim Aufbau der beiden bedeutenden Hilfswerke »Misereor« und »Adveniat«, wobei gerade die Verbindung der Zielsetzung beider Werke das gleichzeitige Interesse Pater Hirschmanns an der Linderung materieller und geistig-geistlicher Not bekundet.

Nach diesem gedrängten und lückenhaften Überblick stellt sich erneut die Frage: Wer war dieser Mann, der derart weit, ja weltweit gespannte Interessen hatte und Verantwortung wahrnahm und dabei immer noch Zeit für jeden Gesprächspartner, Fragenden und Notleidenden hatte? Die Antwort scheint mir in den 37 langen Jahren der Vorbereitung zu liegen, in denen die Persönlichkeit Pater Hirschmanns zu dem heranreifte, was sie nach Kriegsende war. Ohne Zweifel ist ein entscheidender Grund für die Schulung von Geist und Persönlichkeit Pater Hirschmanns in den fast zwei Jahrzehnten seit seinem Ordenseintritt 1926 gelegt worden. Der Orden vermittelte ihm vor allem eine solide Schulung des Denkens, die ihn befähigte, schon nach fünf Jahren für zwei Jahre das Amt eines Repetitors der Philosophen am Collegium Germanicum in Rom wahrzunehmen. Die Rückkehr nach Valkenburg/Holland zum Studium der Theologie fällt in das Jahr 1933 und damit in eine entscheidende Phase der neueren deutschen Geschichte. Hier begegnet Hans Hirschmann nun zwischen 1934 und 1936 einem Mann, der für sein ganzes späteres Leben von großer Bedeutung werden sollte, seinem Ordensmitbruder Alfred Delp. In dem letzten schriftlichen Beitrag, den wir von Pater Hirschmann besitzen, in der Sylvestermeditation 1980, erzählt Pater Hirschmann von dieser Begegnung. An einem der beiden Neujahrsfeste, die sie zusammen verbringen, erzählt Alfred Delp von seinem ungewöhnlichen Werdegang als Schüler, seiner Konversion und seiner Prägung durch den Bund Neudeutschland. Pater Hirschmann ist schon damals von der Konsequenz dieses ungewöhnlichen Mitbruders beeindruckt. In der Nachkriegszeit wird er immer wieder auf ihn zu sprechen kommen. Was ihn an Delp fasziniert, das kommt auch in der Sylvestermeditation zum Ausdruck, ist ein Doppeltes: die

Sorge um den äußerlich und innerlich verarmten und verkommenen Menschen seiner Zeit und die Treue zu dem Gott und Herrn seines Lebens bis ins Martyrium hinein.[1]
Die Radikalität des Lebenseinsatzes hat Alfred Delp mit einer anderen Gestalt gemeinsam, die wie Delp, ja nach dem Zeugnis Pater Hirschmanns mehr noch sein weiteres Leben bestimmt hat: Es ist die Kölner Karmelitin Edith Stein. Pater Hirschmann durfte ihr geistlicher Begleiter in den Jahren 1940–1942 im Karmel von Echt in Holland sein, wohin sich Edith Stein auf Wunsch ihrer Gemeinschaft wegen ihrer jüdischen Abstammung zurückgezogen hatte. Auch auf diese große Frauengestalt kam Pater Hirschmann in den folgenden Jahren immer wieder zurück, gelegentlich auch in der Öffentlichkeit, so wenige Monate vor seinem Tod auf dem 86. Deutschen Katholikentag in Berlin. Der Katholikentag stand unter dem Motto: »Christi Liebe ist stärker«. Gerade dies sah Pater Hirschmann im Leben und Sterben von Edith Stein bezeugt. Sie hätte möglicherweise die Gelegenheit gehabt, durch Berufung auf ihren Status als getaufte Christin und Ordensfrau dem tragischen Schicksal des jüdischen Volkes in Deutschland zu entkommen, aber sie wollte durch ihren Übertritt zum christlichen Glauben ihren Schwestern und Brüdern im Judentum nichts voraus haben, und so akzeptierte sie bewußt den Weg in die Gaskammern von Auschwitz, wo ihr Leben am 9. August 1942 endete. Pater Hirschmann sah in ihr in reiner Form die alles überwindende Macht der Liebe verkörpert, und auch dies sollte für ihn ein bleibender Zug in seinem Leben werden.[2]
Doch um die Eigenart Pater Hirschmanns zu verstehen, muß man zeitlich noch weiter zurückgehen und seinen Weg bis in seine Ursprünge in seiner saarländischen Heimat zurückverfolgen. Ohne diese ersten 18 Jahre seines Lebens im heimatlichen Püttlingen muß vieles in seinem späteren Leben und Wirken unverständlich bleiben.
In der Predigt anläßlich seines 40. Priesterjubiläums im Jahre 1976 erinnert Pater Hirschmann an die Einführung in den Glauben, die er im Schoß der Familie erhalten hat: die köstliche Szene, wie er nach den ersten Gängen in die

Kirche als kleines Kerlchen auf den Tisch steigt, sich ein Bettlaken umhängt und ausruft: »Ich will Pfärrchen werden.« Aber auch die Prägung durch die Marianische Kongregation, zu der später diejenige durch den Bund Neudeutschland kommen wird.[3]
Mit der Prägung durch seine Heimat und seine Heimatgemeinde lassen sich aber noch genauere Vorstellungen verbinden. Pater Hirschmann hat nie vergessen, daß er Sohn einer Bergarbeiterfamilie war. »Ich komme von der Saar und bin aus einem ausgesprochenen Bergarbeiterdorf, bin aus einer Bergarbeiterfamilie, aus einer Arbeiterfamilie, und ich habe noch aus meiner Jugend die ganze Erinnerung an das Verhältnis von den Arbeiterfamilien in meiner Heimat und den Geistlichen in meiner Heimat. Mit anderen Worten: auch ein Stück Verhältnis Kirche und Arbeit. Damals waren im Grunde die Geistlichen in meiner Heimat diejenigen, die im Ruf standen, sich am intensivsten für die damaligen Anliegen der Arbeiter einzusetzen.«[4]
Eine nachhaltige Rolle spielte zweifellos in seinem Leben die Tatsache, daß sein Vater nicht nur Bergmann, sondern auch Mitbegründer und führendes Mitglied der christlichen Gewerkschaft an der Saar war. Die Sorge um den hart arbeitenden, um das tägliche Brot sorgenden Menschen hat hier bei ihm ihre Wurzel, aber auch die Hochschätzung des Beitrags christlicher Laien zur Gestaltung ihres Lebens in Gesellschaft und Kirche. Nicht nur die Jugendverbände seiner Heimatgemeinde, sondern auch die Arbeiter- und Fürsorgevereine und das Werk der Caritas gehören zu den bleibenden fruchtbaren Erfahrungen seiner Jugend. Bei seiner Püttlinger Predigt 1976 und in dem erwähnten Beitrag zu »Arbeiterschaft und Kirche« kommt Pater Hirschmann auf das Wort zurück, das ihm sein Vater mit auf den Weg gab, als er sein Elternhaus verließ, um in den Orden einzutreten: »Hans, das ist das letzte Wort, das ich dir sage: Vergiß nie, wo du herkommst.«[5] Er hat es nie vergessen.

[1] Siehe »Ja zu Gott im Dienst an der Welt«, S. 513ff.
[2] a.a.O., S. 477ff. [3] a.a.O., S. 276.
[4] a.a.O., S. 387ff. [5] a.a.O., S. 276 und 388.

FRANZ HENGSBACH

Begegnungen mit Pater Hirschmann

Dr. Franz Hengsbach, Bischof von Essen, nennt selbst die Stationen der Zusammenarbeit mit Pater Hirschmann, von denen die Konzilszeit als besonders wichtig hervorzuheben ist.

Gern will ich zu diesem Erinnerungsbuch an Pater Johannes Bapt. Hirschmann etwas beitragen, nicht nur weil ich so viele Begegnungen mit ihm hatte, sondern vor allem, weil ich ihm gegenüber in großer Dankesschuld bin, die ich durch einige erinnernde Zeilen vielleicht etwas abtragen kann. Natürlich kann ich nicht alle Begegnungen erwähnen, dafür waren es zu viele, vom Jahre 1945 an bis zu seinem Tode. Aber von einigen, besonders charakteristischen, will ich berichten.

Neuer Anfang

In Hardehausen, dem im Aufbau befindlichen Jugendhaus des Erzbistums Paderborn, fand im Herbst 1945 die erste *Jugendseelsorgerkonferenz* statt, an der auch ich als Dekanatsjugendseelsorger für Herne teilnahm. Die Freude über die Möglichkeit des Zusammenseins in Freiheit, wenn auch bei äußerer Armut, war überaus groß. Wir konnten wirklich neu anfangen. Aber wußten wir wie und wo? Bald kam aus dieser Situation heraus die Hauptfrage: Können wir überhaupt da anfangen, wo wir 1933 oder 1939 aufgehört haben? Die Frage konkretisierte sich vor allem so: Können wir die alten 1933 und in den folgenden Jahren verbotenen Vereine, den Jungmännerverband, die übrigen katholischen Jugendorganisationen wieder aufbauen? Wenn ja, wie? Oder müssen wir aus der Erfahrung der Unterdrückung und Verfolgung auch eine organisatorische Lehre ziehen, nämlich die alten Verbände nicht wieder aufzubauen, dafür aber eine neue größere, umfassendere

Jugendgemeinschaft zu gründen in Fortführung der in der Nazi-Zeit entstandenen Pfarrjugend? Es gab auch bald zwei Lager, je für die eine oder andere Lösung. In einer der heftigen Diskussionen – erinnere ich mich – stand ein mir diagonal gegenüber sitzender junger Priester auf und trat für die Wiederbegründung von »Neudeutschland« ein und begründete diese Meinung sehr klug. Ich selber hatte vorher in ähnlicher Weise argumentiert, daß wir nicht bei dem in der Nazi-Zeit uns aufgezwungenen »Einheitstopf« bleiben dürften, sondern die guten jahrzehntelangen Erfahrungen mit differenzierten Jugendgemeinschaften in den Neuaufbau einzubringen hätten, ohne die Einheit preiszugeben. Kurz und gut, ehe wir uns persönlich kannten, verstanden wir uns in unserer Argumentation. Das ergab natürlich nach der Konferenz sehr persönliche Kontakte mit Pater Hirschmann – er war der junge Priester.

Von einem zweiten Neuanfang muß ich sprechen. Pater Hirschmann war zunächst zum Weiterstudium nach Rom beurlaubt, so daß er beim *Katholikentag 1948 in Mainz,* den ich als Generalsekretär des Zentralkomitees der deutschen Katholikentage vorzubereiten hatte, nicht verfügbar war. Als ich aber hörte, daß er von Rom zurückgekommen sei, war ich gerade bei den Vorbereitungen für den nächsten Katholikentag 1949, der dann in *Bochum* stattfand. Es gelang mir, ihn für eine der großen Reden zu gewinnen:

»Unser Weg – Kirche im Volk«.

Am meisten ist mir im Gedächtnis geblieben seine persönliche Bemerkung gegen Ende seiner großen Rede:

»Unvergeßlich ist mir der Abend, an dem mich in meiner Heimat an der Saar mein Vater, ein schlichter Bergmann, zum ersten Mal mit auf seine Grube nahm. Vor der Einfahrt standen wir still im großen Zechensaal und sprachen das Gebet, das alte Sitte dort vorschreibt. Bevor der Bergmann ins Dunkel des Schachtes steigt, hebt er die Augen empor zum Lichte Gottes. In diesem Augenblick spürt er den Sinn seiner schweren Arbeit, in ihm erhält sein Gruß ›Glück auf‹ eine göttliche Berechtigung.«[1]

Über diese Rede hinaus hat er mir in vielfacher Weise beratend geholfen, in den aufgeregten Diskussionen um die

Mitbestimmung das Rechte zu sagen und zu tun. Dabei fiel mir zum ersten Mal auf, wie klar er eine Frage analysieren, formulieren, diagnostizieren, präzise auf den entscheidenden Punkt bringen und eine wohlbedachte Lösung, unter Umständen sehr differenziert, vortragen konnte.

Zusammenarbeit

Im Rahmen meiner Arbeit für das Zentralkomitee der deutschen Katholikentage und dessen Umwandlung in das Zentralkomitee der deutschen Katholiken (im Jahre 1952) ergaben sich vielerlei Möglichkeiten der Zusammenarbeit, etwa wie wir die wichtige Frage einerseits der Einheit des gesamten Apostolates, andererseits aber auch *des rechten Verhältnisses von hierarchischem Apostolat zum Laienapostolat* sehen und ordnen sollten. Bei der Vorbereitung der entsprechenden Konferenzen, der Formulierung der notwendigen Texte war mir Pater Hirschmann's Mitarbeit ganz besonders hilfreich.
Wie selbstverständlich half er mir bei der geistigen, pastoralen und sozialen Thematik, die mich gerade Anfang der 50er Jahre beschäftigte im Zusammenhang mit der *Gemeinsamen Sozialarbeit der Konfessionen im Bergbau.* Wie weit war im Bereich des Sozialen eine Kooperation zwischen evangelischen und katholischen Christen möglich, und zwar im Hinblick auf den Betrieb? Wie war das Verhältnis unserer Bemühungen zur Katholischen Arbeiter-Bewegung einerseits und zur Bergarbeiter-Gewerkschaft andererseits zu sehen? Pater Hirschmann wußte viel aus dem Gewerkschaftsstreit Anfang dieses Jahrhunderts, in dem sein Vater als Bergmann im Saargebiet manches hatte aushalten müssen.
Als ich das *Seelsorgeamt in Paderborn* aufzubauen hatte und später (1953) dazu Weihbischof wurde, spielte die Frage nach dem rechtlichen Verhältnis der Zusammenarbeit zwischen den Pfarrgremien (Pfarrausschuß/Katholikenausschuß/Pfarrgemeinderat) und den Vereinen und Verbänden eine wichtige Rolle. Wie konnte Doppelarbeit vermieden werden? Wie konnten die großen, gerade in

den katholischen Verbänden in Deutschland gemachten Erfahrungen in den Neuaufbau der pfarrlichen und diözesanen Beratungsgremien eingebaut werden?
Pater Hirschmann war in all diesen Fragen ein aufmerksamer Zuhörer, ein guter Mitdenker und ein ganz uneigennütziger, nur von der Sorge um die Wahrheit und um die Richtigkeit erfüllter Priester. Dieses sein Priestersein umfaßte »unvermischt und ungeteilt« sowohl seinen großen seelsorglichen Eifer wie auch seine ebenso große wissenschaftliche Begabung.
Dann kam die *Gründung des Bistums Essen.* Ich weiß noch gut, wie wir gemeinsam darüber nachgedacht haben, in welcher Weise ein neues Bistum an der Ruhr die Aufgabe der Kirche gerade in diesem Raum sehen und in Angriff nehmen müßte, und zwar einerseits in der katholischen Weite für alle Menschen und für all deren Fragen, andererseits aber auch in der besonderen Zuwendung zu den Fragen, die aus der modernen Industrialisierung sowohl auf Arbeitnehmer wie auf Arbeitgeber zukommen. Pater Hirschmann war mir in all den Fragen, die das junge Bistum und den neuen Bischof bewegten, ein hervorragender, wirklich mitdenkender brüderlicher Gesprächspartner.
In der Deutschen Bischofskonferenz kam Ende der 50er Jahre immer wieder die Frage auf, ob sie Fachkommissionen bilden sollte, zumal das Zentralkomitee der deutschen Katholiken für einige Gebiete wenn auch nicht Kommissionen, so doch Referate gebildet hatte. Ich erinnere mich gut, daß ich die erste Konzeption für die *Bildung von Sachkommissionen* gemäß dem Grundmuster: Bereiche, die dem hierarchischen Apostolat unmittelbar zugeordnet sind (fides, cultus, cura animarum), und jene Gebiete, die dem hierarchischen Apostolat indirekt zugeordnet sind (Schule und Erziehung; Wissenschaft – Kulturpflege – Erwachsenenbildung; Publizistik; Soziale Arbeit; Caritas und Fürsorge) erstellt habe. Das alles konnte ich gut mit Pater Hirschmann vorbesprechen.
Dann kam das *Konzil.* Da ich in die »Antepraeparatoria« für den Bereich des Laienapostolates berufen wurde, ergaben sich auch hier mancherlei Fragen, die ich mit P.

Hirschmann immer wieder besprechen konnte. Wir Konzilsväter hatten das Recht, einen Konzilstheologen zu benennen. Es war für mich selbstverständlich, Herrn Pater Hirschmann dafür vorzuschlagen. Es bedürfte eines eigenen langen Berichtes über das, was P. Hirschmann in dieser Eigenschaft für das Konzil getan hat, näherhin für das Dekret über das Laienapostolat und für die Pastoralkonstitution »Die Kirche in der Welt von heute«. In den besonders schwierigen Formulierungen des Kapitels 5 der Pastoralkonstitution (»Die Förderung des Friedens und der Aufbau der Völkergemeinschaft«) war er mir, zumal da ich Relator dieses zweiten Teiles war, ein ganz unentbehrlicher Berater; und an manchen Formulierungen, die wir in stundenlangen Diskussionen überlegten, an denen u. a. mit großem Engagement auch der damalige Bischof von Eichstätt, der spätere Kardinal Schröffer, teilnahm, hat Pater Hirschmann einen gewichtigen Anteil.
Als ich im Jahre 1961 von dem Vorsitzenden unserer Konferenz, Joseph Kardinal Frings, gebeten wurde, mich besonders um *Lateinamerika* zu kümmern, ich daraufhin einen Vortrag auf der Fuldaer Bischofskonferenz 1961 hielt und die Abhaltung einer Kollekte für Lateinamerika beantragte, die dann auch genehmigt wurde, habe ich mit Pater Hirschmann auch all die hiermit zusammenhängenden Fragen besprechen können. Er hatte durch manche Freunde seines Ordens Einblicke in die Verhältnisse der Kirche in Lateinamerika und konnte mich, der ich außer den Berichten von Kardinal Wendel über seinen Besuch des Eucharistischen Kongresses in Rio de Janeiro 1955 und den gelegentlich erfahrenen Sorgen des damaligen Substituten, Erzbischof Samoré, kaum Kenntnis darüber hatte, vielfältig informieren. Als schließlich nach der gut verlaufenen ersten Kollekte die Möglichkeit bestand, daraus eine jährliche Einrichtung zu machen, habe ich mit ihm wiederholt überlegt, wie eine solche Einrichtung wohl aussehen müßte, die sich einerseits um die besonderen *seelsorglichen* Aufgaben in Lateinamerika kümmern müßte, andererseits aber auch unser zwei Jahre vorher gegründetes *soziales* Werk MISEREOR nicht gefährden dürfte, und

zwar weder finanziell, noch in seiner Zielsetzung. Wir waren uns sehr klar darüber, daß eine Differenzierung in zwei Hilfswerke, in ein soziales und ein pastorales, einerseits Schwierigkeiten bringen könnte, andererseits aber auch der Verantwortung der Kirche in Deutschland für die Kirche in der Welt sehr entsprechen würde. Es bestätigte sich sehr bald, daß die Weihnachtskollekte für Lateinamerika der MISEREOR-Kollekte nicht nur keine Einbuße brachte, sondern im Gegenteil eine Stärkung bedeutete. Denn, wie wir uns sagten, wenn das Herz der Glaubenden für die Nöte in der Welt aufgeht, geht es für alle Nöte auf. Mit Pater Hirschmann habe ich dann auch mehrere Namen für diese Lateinamerika-Kollekte erwogen und schließlich den Namen ADVENIAT der Bischofskonferenz vorgeschlagen.

Als um die Mitte der 60er Jahre sich vielerlei *Unruhe in der Kirche* regte, zumal nach dem Konzil und oft in einseitiger und ungenauer Interpretation der Konzilsbeschlüsse, habe ich die Geduld von P. Hirschmann oft bewundert, der aus dem großen Atem der Kirchengeschichte heraus zwar die gefährlichen Tendenzen sah, aber doch nicht zu sehr beunruhigt wurde. Dafür war er zu sehr sich gläubig bewußt, daß der Herr der Kirche seine Gründung nicht verläßt. Gelegentlich haben wir uns sehr temperamentvoll über die Lage der Kirche unterhalten, über die Mehrdeutigkeit mancher Vokabeln, die in der theologischen Diskussion aufkamen, etwa über den Ausdruck »der anonyme Christ«. Dabei gab er gelegentlich durchaus zu erkennen, daß er die Verantwortung eines Bischofs verstände und bejahte, während er selbst andeutete, daß ein Ordensmann eben doch keine diözesane Bindung habe und von daher vielleicht die Entwicklungen gelassener betrachten könne.

Unter dem Stichwort »Begegnungen mit Pater Hirschmann« müßte ich wenigstens noch dies erwähnen: Wie oft sagte er mir: »Ich muß noch da und da hin, dort wartet jemand auf mich, der in großer Sorge ist.« Oder er traf sich mit jemandem in meinem Hause. Er hatte *für jede menschliche Not Verständnis,* und keine noch so kleine Hilfe war ihm unwichtig. Er hatte eine außergewöhnliche Gabe, sich dem einzelnen zuzuwenden und ihm nicht nur mit seinem guten Rat, sondern ihn auch mit einer konkreten Hilfe zu unterstützen. Hier empfand man die Spannbreite seines menschlichen, religiösen und theologischen Sinns. Die weitesten theologischen Erkenntnisse und die intensivsten spirituellen Bemühungen machten ihn nicht unempfindlich für die sogenannten kleinen Dinge und »kleinen Leute«. Er hatte ein großes Herz, eine tiefe Frömmigkeit und einen wachen Geist.

Und das Letzte, was ich in großer Dankbarkeit noch erwähnen will, ist dies: Einige Jahre vor seinem plötzlichen Tode war er schon einmal *sehr krank,* so daß einer der Ärzte mir sagte, er sei bereits ein Sterbender. Jeden Abend besuchte ich ihn in der Essener Universitätsklinik, und wir beide beteten Hand in Hand. Gemeinsam riefen wir zu Maria, der Mutter der Kirche, dem Heil der Kranken. Seine Heilung sah nach einem Wunder aus. So war es mir ein ganz großer Kummer, daß er, als er nach einem Unwohlsein im Zuge in eine Duisburger Klinik gebracht wurde und von dort mich rufen ließ, mich nicht erreichen konnte, da ich nicht in Essen war. Und als ich zurückkam, hatte ihn der Herr heimgerufen. Have pia anima!

[1] Gerechtigkeit schafft Frieden – 73. Deutscher Katholikentag, Bonifacius-Druckerei Paderborn 1949, S. 46.

Klaus Hemmerle

Gesammelt sein und in die Welt schauen

Klaus Hemmerle, Bischof von Aachen, war Pater Hirschmann besonders durch das Zentralkomitee der deutschen Katholiken verbunden.

Als ich 1956, ein Priester mit vier Dienst- und 27 Lebensjahren, von meinem Generalvikar eröffnet bekam, ich müsse die Katholische Akademie des Erzbistums Freiburg binnen vier Monaten eröffnen und die Leitung übernehmen, blieb mit nichts anderes übrig, als hilfesuchend meine Blicke zu Säulen und Fundamenten einer solchen Arbeit zu wenden. Und nachdem die Arbeit dann angelaufen war, ergab sich alsbald die Entdeckung: Da ist einer, der alle Entwicklungen beobachtet, in ein Koordinationssystem ordnet, zusammenfaßt und eine Beziehung herstellt zwischen den Zeichen der Zeit und dem, was aus der Roma aeterna den katholischen Erdkreis ereilt. So kam es zu einer schönen und mir hilfreichen Beziehung zwischen Pater Hirschmann und der Freiburger Katholischen Akademie.
Als ich 1961 wieder als Assistent zu meinem Lehrer Professor Welte zurückkehren durfte, trat, durch die Lebensumstände bedingt, die äußere Beziehung zwischen Pater Hirschmann und mir zurück. Natürlich nahm man andauernd wahr, was er in der so wichtigen Zeit des Konzils sagte und leistete, aber ich schaute dahin wie ein wenig von einem anderen Stern. Bis dann plötzlich, um die Wende von 1967 zu 1968, Pater Hirschmann sich in meiner Freiburger Wohnung ansagte, um dem jungen Privatdozenten der Religionsphilosophie zu eröffnen, wie wichtig es für die gegenwärtige Stunde sei, der Bitte zu entsprechen, den Dienst des Geistlichen Direktors des Zentralkomitees der deutschen Katholiken in Bonn-Bad Godesberg zu übernehmen. Er hat mich überzeugt, und so

stand er mit am Anfang einer Aufgabe, die für mich auch persönlich recht wichtig geworden ist. Die alte Beziehung lebte wieder auf, es kam zu mannigfacher Zusammenarbeit, gerade auch im Blick auf die Verfassung der Laienarbeit und der Räte in unserem Land.

Wenn ich mich frage, wie die Gestalt von Pater Hirschmann, den ich nun in mannigfachen Kontexten erlebte, vor mir steht, so möchte ich zweimal zwei scheinbar gegensätzliche Prägungen nennen, die sich aber in ihm verschmolzen. Zum einen war Pater Hirschmann stets der »Objektive«, bei dem alles in ein gefügtes, nach Maß und Zahl geordnetes Ganzes sich hineingab, um dort seinen Stellenwert zu haben. Zum anderen aber gab es ganz köstliche Zeichen seiner höchst privaten und persönlichen, menschlich reichen Erfahrung und Stimmung, die das »Monument« Hirschmann ganz lebendig und unmittelbar werden ließen. Dies wird schier noch plastischer an einer zweiten Spannung. Ich hatte den Eindruck, Pater Hirschmann stehe eigentlich nicht in Beziehung zu dem, was um ihn herum vorgeht, sondern er habe einen großen, universalen Innenraum, in den er hineinblicke und in dem er alles ablese. Er sprach und dachte nach über alles, aber dieses Alles war sozusagen in ihm. Aber zugleich blitzten seine Augen so lebendig und beobachteten alles, was sich unversehens regte, daß er, der immer »in sich« war, nichtsdestoweniger immer »am Ball« war. Er schaute in sich – und sah, was um ihn herum vorging. Drinnen leben und draußen leben, gesammelt sein und in die Welt schauen, in sich stehen und zu allem hingehen – dies könnte ich als das Ideal bezeichnen, das in Pater Hirschmann mir aufleuchtete. Ein Ideal, für das er freilich bezahlen mußte mit einem stets bescheidenen, anspruchslosen, nimmermüden, aufreibenden, ja verbrauchenden Einsatz. Aber gerade auch das gehört dazu: Ordensexistenz, geprägt von der Nachfolge, der Anspruchslosigkeit, der Verfügbarkeit – Weltexistenz, die sich ins Ganze hält und dem Ganzen dient – beides verbunden durch das Kreuz.

NACHLESE

Die folgenden Texte passen eigentlich gar nicht so recht in ein Kapitel. Sie fallen durch den Raster der übrigen Rubriken, sind aber eigentlich zu schade, weggelassen zu werden. Es sind Mosaiksteine eines weniger bekannten Hirschmann-Bildes: ein Brief, Gedichte, teils ernst, teils heiter, teils über ihn, teils von ihm, außerdem Versprecher – diese vielleicht noch am besten bekannt. In einem Begleitschreiben zu einem Gedicht bat Pater Hirschmann, ihn nicht an Rilke zu messen. Diese Bitte sei an den Leser weitergegeben. Immerhin wird es manchen geben, der dem auf den ersten Blick so hölzern wirkenden Pater Hirschmann eine poetische Ader, auch noch eine komische, gar nicht zugetraut hätte.

Liebe Schwester,

es ist höchste Zeit, knapp vor dem heiligen Fasten Dir noch mal zu schreiben. Wie geht es Dir? Ach, es gibt so viele kleine Revolutionen in einem kleinen Menschenherzen in den ersten Monaten des Ordenslebens. Und man weiß nicht, soll ich sagen: Es geht mir gut? Soll ich sagen: Es geht mir schlecht? Einmal möchte der alte Mensch die Antwort geben, dann wieder der neue.

Ich will gleich vorausschicken, daß Du in den kommenden Wochen recht herzlich für mich beten mußt. Am Tage vor Mariä Verkündigung werde ich zum Subdiakon, am Feste selbst zum Diakon geweiht werden. Die Diakonweihe ist schon Sakrament. Und damit knie ich auf der letzten Stufe vor dem Hochaltar. Wie lange habe ich auf diesen Tag gewartet. Bete also recht herzlich mit mir, daß es ein Tag des Heiles für mich und die Menschen werde. Wir können ja in solchen Zeiten, in denen Gott seine Gnade schickt, nur beten, daß er sie schickt und reichlich schickt; und fortsetzt, was er beginnt und vollendet.

Ich habe mich nicht gewundert, daß Du schriebst, die Demut falle Dir besonders schwer. So geht es allen Menschen. Wenn einer meint, bei ihm ginge das leicht, dann hat er schon gar nicht mehr die richtige. Da hat mir dieser Tage ein Engländer den schönen Witz erzählt, daß ein englischer Bischof ein Buch über die Demut schrieb und im Vorwort sagte, dies sei das beste Buch, das über die Demut geschrieben worden sei.

Demütig sein ist ja doch nichts anderes als Ernst zu machen mit dem, was uns der Glaube über uns selbst sagt. Sie besteht nicht darin, daß man nicht sieht und nicht zugibt, was wirklich da ist. Wenn einem der liebe Gott einen guten Verstand, ein gutes Herz gegeben hat, dann soll man das nicht ableugnen, aber man soll nicht so tun, als ob man das von sich hätte. Erst recht soll man sich nichts zuschreiben, was man überhaupt nicht hat. So kann man kurz sagen: Die Demut besteht darin, daß man sich nicht dessen vor sich selbst oder anderen rühmt, was man nicht hat, oder was man nicht von sich hat. Was haben wir denn ganz von uns allein? Doch nur unsere Sünden. Bei allem Guten, was wir tun, muß doch Gott mittun, und dieses Mittun ist sogar das Entscheidende. Bei allen Verdiensten vor dem lieben Gott an guten Werken und beim Leiden hängt alles von seiner Gnade ab. Und dafür, daß er diese uns gibt, können wir gar nichts. Es ist verhältnismäßig leicht, das einzusehen und zu glauben. Aber es ist nicht so leicht, aus dieser Einsicht heraus zu leben. Wir meinen so, wie die Arbeiter im Weinberg, wir hätten ein Recht auf soviel Lohn, wie wir selbst geschafft haben. Und doch hängt alles von unserem Arbeitgeber ab. Das muß man sich auch im Ordensleben immer wieder sagen: Wenn ich noch so viel schaffe und wenn ich noch so viel dulde: es ist eigentlich gar nichts in sich. Alles durch die göttliche Gnade.

Der schwierigste Punkt bei der Demut ist meistens der: Es ist gut, demütig zu sein, wenn alle andern es auch sind. Aber, wenn die andern sich vordrängen, bleibt man immer der Dumme. Dieser Gedanke ist aber ein ganz armseliger Menschengedanke. Denn in Wahrheit sind die andern die Dummen. Das sind die törichten Jungfrauen, die zur Hochzeit zwar die Lampen mitgebracht, sich aber nicht um das Öl bekümmert haben. Sie haben sich vorgedrängt,

während die andern noch das Öl kaufen waren. Aber wenn der Bräutigam kommt (schon in diesem Leben mit seinen besonderen Gnaden zur himmlischen Vermählung mit seiner vielgeliebten Seele, oder sicher im andern Leben), dann sind die Vordrängenden, die scheinbar so schlau waren und die ersten Plätze hatten, die Dummen. Denn ihre Lämpchen brennen nicht, weil das Öl der Demut fehlt. Und sie würden viel geben, jetzt das Öl der andern zu teilen. Dann ist es aber zu spät. – Es ist ähnlich wie bei einem großen Wettrennen. Wer bei einem langen Rennen am Anfang alles hergibt, um an der Spitze zu sein, hat seine Kräfte verpufft, wenn es um die Entscheidung geht. Und wer hübsch seine Kräfte sammelte, rückt dann immer weiter nach vorn bis an den ersten Platz.
All diese Gedanken sind einem nicht so vertraut und lieb, wenn man aus der Welt herkommt. Dort ist man gewohnt, den am meisten zu achten, der sich durch eigene Kraft durchsetzt. Und wenn er es fertiggebracht hat, dann sagt man: Der liebe Gott hat ihm sichtlich geholfen. Aber so sichtlich ist das gar nicht. Gott läßt seine Sonne scheinen über Gute und Böse und läßt das Unkraut wachsen neben dem Weizen. Selbst dann, wenn es über den Weizen hinausschießt und ihm Licht und Nahrung streitig macht. Gott sagt sich dann: Warten bis zur Ernte! Dann wird schon noch Zeit sein, Unkraut und Weizen zu trennen, das eine zu sammeln, das andere zu verbrennen.
Weiß Du, worin sich am besten die Demut zeigt? Im Gehorsam. Ich meine natürlich den echten inneren Gehorsam, der nicht nur äußerlich tut, was befohlen wird und die Regel vorschreibt, sondern es auch mit ehrlicher innerer Bereitschaft, in diesem Tun den Willen Gottes zu erfüllen, vollbringt. Es ist nämlich im allgemeinen für uns Menschen nicht leicht, zu unterscheiden, was Gottes Wille und was Eigenwille, was Gnadenruf und versteckte Selbstsucht ist. In den gröberen Dingen, ja. Aber in den feineren Regungen braucht es jahrelange Selbstbeobachtung und viel Gnade. Wenn aber der Gehorsam etwas befiehlt, dann ist sofort klar, wo Gottes Wille, wo der Weg der Gnade ist. Wenn Du die Briefe der Schwester Emilie besinnlich

durchliest, wirst Du merken, wieviel Wert sie selbst und ihr Beichtvater auf den rechten Gehorsam legten. Und wie schwer ihr dieser Gehorsam am Anfang schien. Und zu einer wie hohen Vollkommenheit sie es darin brachte.
Auch die rechte Demut ist ein Geschenk Gottes. Es genügt nicht, daß man sagt, man sei ein ganz unwürdiges Geschöpf, der schlechteste aller Menschen usw. Solange man das selbst nicht recht glaubt und einsieht, macht man sich da sogar leicht etwas Falsches vor. Es gibt von unserer Seite zwei gute Wege zur Demut. Der erste ist das Gebet um sie. Der zweite ist das öftere Nachdenken über das, was Gott uns geschenkt hat, und im Vergleich dazu, was wir ihm geschenkt. Wenn man das ernst tut, merkt man schon seine Kleinheit. Ich weiß nicht, ob Du gehört hast, wie man nach der Anweisung des heiligen Ignatius die tägliche Gewissenserforschung machen soll. Zunächst soll man den Heiligen Geist um rechte Erkenntnis und rechte Demut bitten. Dann soll man alle Wohltaten kurz durchgehen, die Gott einem an diesem Tag geschenkt hat. Und dann soll man seine eigenen Werke durchgehen und mit den Wohltaten Gottes vergleichen. Dann kommt die demütige Reue und der Vorsatz, im geistlichen Leben zu wachsen, von selbst. Wenn man auf diese Art und Weise Gewissenserforschung macht, hat man tagtäglich eine wunderbare Erziehung zur Demut. Versuch's mal.
Noch etwas. Gott muß mit uns viel Geduld haben. Darum müssen wir auch mit uns selber Geduld haben. Auf den Gipfel der Vollkommenheit gibt es keine lustige Schwebebahn, sondern nur einen steilen Fußweg.
Es ist über dem Brief nun doch Aschermittwoch geworden. Es ist Zeit, daß ich schließe. Bete für mich. Ich tu's für Dich.

In brüderlicher Liebe Dein

Pater Hans Hirschmann SJ, 1936

Gedicht des Bruders, Josef Hirschmann

Im Hühnerstall

Wenn die Gärten leerer wurden
und die Hühner Auslauf hatten,
lockte uns zum Hühnerstalle
der romantisch-schöne Schatten.

Was noch zivilisatorisch
an uns war, es mußte fallen,
die geweißten Wände schmückten
Federschmuck und Hühnerkrallen.

Hans, der Häuptling, selbstverständlich,
hatte über uns das Sagen,
leider hat sich eines Tages
Gruseliges zugetragen.

Mit dem umgekehrten Beile
nagelt' fest er die Trophäen,
ohne rechts und links und hinten
lange noch herumzuspähen.

Siska, diese arme Krähe
allen Unheils, traf die Schneide;
nicht ein Muckser war zu hören,
so erschrocken waren beide.

Hans, der Fromme, lief zur Kirche:
O Maria, Hilfe! Heile!
Und sie half, wenn auch der Doktor
nähte, was getrennt vom Beile.

Herbst

Leises Flimmern über Bäumen,
müde gleitet Blatt um Blatt;
Blumen, die mein Beet umsäumen,
stehen zitternd, welk und matt.

In den Zweigen schweigt das Singen,
seit das Spiel der Farben kam;
seit der Herbst von allen Dingen
ihre reifen Früchte nahm.

Fahl und öde frösteln Äste,
die der kalte Regen netzt;
letzten Rest vom Schwalbenneste
hat ein wilder Sturm zerfetzt.

Rabenschar mit schwarzen Flügeln
über Felder flatternd schreit,
drüben, von den stillen Hügeln,
weint es wie Vergänglichkeit.

Aus dem Bach im Tale steigen
Nebel, schwer wie eine Wand,
und ein tiefes, tiefes Schweigen
senkt sich nieder auf das Land.

Hans Hirschmann 1925

Spätherbst

Es kam ein stilles Sterben in das Tal,
am fernen Horizonte warten Wetter;
von Pappelkronen, zitternd, bleich und fahl,
reißt jäh ein Windstoß noch die letzten Blätter,
und dann steht alles nackt und kühl und kahl.

Der Nebel hüllet weithin fest und dicht
der Äcker Öde und der Wiesen Blässe
in Schleier; letzter Blumen Angesicht
durchfurcht des Regens grausam kalte Nässe,
und in der Vögel Blicken glimmt Verzicht.

Dann noch ein Windstoß! Ungestüm und kalt
weckt er auf fernen Bergen einen Greis –
Der schreitet nun zu Tal in glitzernder Gestalt
und sät und sät ein wundersames Weiß,
und wo er atmet, wird der Fluß zu Eis.

Hans Hirschmann 1925

Exsultet

Jagd
umwittert Treppen und Gänge,
umzittert den bergenden Raum;
nur in den nächtlichen Traum
folgt Euch des scheuen Wildes Geweih
und sein röhrender, röchelnder Schrei.

Sagt –
spürt Ihr die Wandlung? Die Stille
von Sturm? Es sammeln Gesänge
das laute, lastende Vielerlei
in die traute Einheit schweigender Fülle.

Ruhende, Lauschende,
Betende, Harrende
lockern und lösen das Strenge und Starrende,
weiten das Enge – bescheiden das Rauschende.

Tagt
nicht die jubelnde Nacht?
Hört Ihr's: Regina coeli, laetare –
und alles Wilde
wird maßvoll und milde,
das Wüste und Ungebare
wird wieder Gebilde.

Und die Welt – statt Macht –
wird wieder *Magd.*

Pater J. B. Hirschmann SJ

Zum 8. Dezember 1956

Lieber Bernd Musial,

In meinem Bauche grub ein Stein
sich breit und rund
und überdies höchst ungesund
ins Fleisch der Gallenblase ein

und machte unfair Konkurrenz
dem Herzen links
zu seiner Seite – allerdings
mit Koliken von Vehemenz.

Wird so ein Stein zum Mittelpunkt
des eignen Seins,
so wird dir alles einerleins:
Gestein, aus dem kein Geist mehr funkt.

Drum hab ich zum Chirurg gemußt:
den Gallenstein,
die Gallenblase obendrein
schnitt der mir aus der offnen Brust.

Es blieb nur an der Stelle noch,
ansammelnd Blut
und Dreck und anderen feuchten Sud,
ein nicht ganz unbescheidnes Loch.

Und dieses Loch, Bernd Musial,
dies ist der Grund,
warum ich heut nicht zu Euch kunnt
zum Bundesfest und Bundesmahl.

Doch grüßt mir alle – klein und groß –
aufs herzlichste;
und sollte einer vom ND
auch Steine haben, komm er bloß:
hier wird er sie ganz traumlos los,

und er bekommt dann, steinbefreit,
wie's zum Advent paßt, stille Zeit
und gar nicht wenig Fröhlichkeit.

Frankfurt, Marienkrankenhaus

„Hirschkäfer"

Aussprüche eines zerstreuten Professors

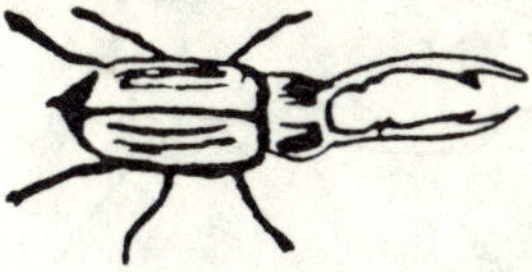

Examen
»Wie steht es mit dem Abstinenzgebot, wenn der Freitag auf einen *Sonntag* fällt?«

Confessarius occasionalis
»Auch ein gewöhnlicher Beichtvater darf seine Jurisdiktion gebrauchen, wenn er plötzlich beim Beichthören im Beichstuhl eine *Schwester* bekommt.«

Organisten
»Die Organisten tun sich oft sehr schwer mit der Andacht. Die sitzen meistens da oben auf der Orgel und sind mit ihrem – *Organismus* – beschäftigt.«

... bewußtlos
»Da lag auch einmal ein Mathematiker bewußtlos auf dem Sterbebett; die Ärzte wußten nicht: ist er schon tot, oder ist er *nicht mehr* tot. – Da sagte einer von ihnen: ›12 mal 12.‹ Prompt kam die Antwort: ›144‹.«

Gerechtfertigt

»... wie bei dem Gleichnis vom Pharisäer und Zöllner: Der Zöllner ging gerechtfertigt nach Hause, während der Pharisäer *der Sünde* nicht bedurfte ...«

Error communis

»Angenommen, Sie sind in einer fremden Diözese und gehen in eine Kirche zum Breviergebet. Wie Sie in der Bank knien, merken Sie plötzlich, daß da in der Kirche gewaschen wird. Es sind noch einige Beter in der Kirche. Sie kommen dann auf die Idee, sich in den Beichtstuhl zurückzuziehen, um dort in aller Ruhe Ihr Brevier *beichten* zu können ...«

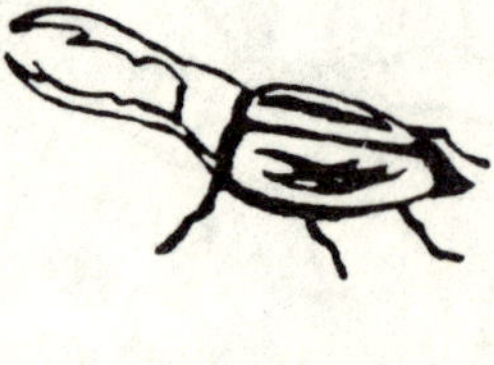

Nachwort

Die im vorliegenden Buch dargebotenen Facetten eines Bildes von Pater Hirschmann sind zahlreich. Ohne Anspruch auf systematische Vollständigkeit seien einige Aspekte noch einmal aufgezeigt.

Fast alle Berichte über Pater Hirschmann heben seine große Bescheidenheit hervor. Während er als Person sicher immer bescheiden war, fällt in seinen Aussagen auf, daß sie im Lauf der Zeit bescheidener werden. Während sein früherer Stil häufig theologisch dozierend ist, wird er später vorsichtiger, oft auch skeptisch. Die Sprache wird behutsamer, vor allem persönlicher.

Ein Punkt, an dem das deutlich wird, ist beispielsweise die Einschätzung der Rolle des Abendlandes, spezieller der abendländischen Kirche. Diesen Aspekt greife ich heraus, weil er Pater Hirschmann auch selbst aufgefallen ist. So schreibt er mit einem Abstand von 25 Jahren über seinen Vortrag »Der ganze Christus – der ganze Christ«: »...ich habe mich über mich selbst gewundert, mit welcher Unbefangenheit ich damals aus trinitarischen und christologischen Gesichtspunkten heraus den West-Ost-Konflikt, unseren europäischen Auftrag und den Dienst des Abendlandes an der Welt herausgestellt habe« (S. 86). Freilich hat Pater Hirschmann nie geglaubt, am Abendland könne die Welt genesen. Immer hat er auch die Notwendigkeit der Vermittlung und vor allem der Selbstkritik gesehen, so etwa im Drängen auf die Annäherung von Osten und Westen (z.B. S. 30) und in der Mahnung, der abendländische Mensch müsse sich wieder dem ganzen Christus zuwenden. Unüberhörbar enthält aber die »abendländische Aufgabe« ein starkes Pathos. Demgegenüber weist ein Artikel von 1956 über »die kommende Gestalt der Kirche« wesentlich stärker auf die Wichtigkeit einer weltweiten Integration hin, die auch andere Kulturkreise und Religionen einschließt (vgl. S. 142/43). Die große Zukunftschance der Kirche liegt in einer zusammenwachsenden Welt, aber

nur, wenn »sie immer mehr über okzidentale Begrenzungen in ihrem Kult, Dogma und Recht hinauswächst« (S. 143). Auch hier bleibt der Grundtenor höchst optimistisch. Sehr viel vorsichtiger, skeptischer dagegen das spätere Urteil: »Wir werden auch als Abendländer eine neue Funktion wahrzunehmen haben gegenüber der Welt, wenigstens solange wir sie bestehen lassen« (S. 134, deutlicher bei Mennekes, S. 190).
Der Einsicht, daß der Weg des Abendlandes auch in die Katastrophe führen kann, entspricht positiv die Bereitschaft zu einem Neuanfang, zum Umdenken: Die Zukunft der Welt darf nicht als Verlängerung der Gegenwart betrachtet werden. »Es ist meine feste Überzeugung, daß in den kommenden Jahrzehnten die Strukturen der Welt in einer Weise aufgerüttelt werden, daß das ganze Antlitz der Welt sich verändern wird« (S. 128).
Ein weiteres Beispiel für wachsende Zurückhaltung ist das Verhältnis zur Wissenschaft. In dem Text über Ziele und Wege religiöser Vertiefung setzt Pater Hirschmann starkes Vertrauen in die Kompetenz von Fachleuten. Gremien von Wissenschaftlern sollen z. B. Grundsätze zur christlichen Lebensführung in der Ehe entwickeln (S. 45) oder die Frage der »würdigen Beichte des Mannes« (S. 49) behandeln. Daß trotz einer relativ lehrhaften Vortragsweise, die zumal in der schriftlichen Fassung recht konventionell wirkt, tatsächlich damals der Funke übergesprungen ist, muß in der Persönlichkeit Pater Hirschmanns begründet sein. Ganz anders dagegen der so eindringliche, ganz persönliche Vortrag über den »Glauben im Angesicht des Todes«. Man kann es nicht einmal Vortrag nennen; es ist ein Bekenntnis, ein Stück Preisgabe des eigenen Innern. Der Wissensvorsprung der Fachleute bietet keine Lösung für Glaubens- und Lebensprobleme. »Ich möchte niemandem von Euch wünschen, daß er seine Glaubensschwierigkeiten mit denen der Theologieprofessoren einmal tauscht. Die Theologieprofessoren haben keinen anderen Glauben als Ihr. Und der Glaube ist immer der christliche Glaube, ein angefochtener Glaube« (S. 153). Der ganze Text ist ein besonders eindrucksvolles

Dokument eines existentiellen Zugangs zum Glauben, und er stellt zugleich ein Stück Lebensgeschichte von Pater Hirschmann dar.

Ein wichtiger Gesichtspunkt gerade im Hinblick auf den ND ist das Verbandsverständnis von Pater Hirschmann. Da ist zunächst der erste Artikel dieses Buches zu nennen, der in den von Kardinal Jaeger hinterlassenen Akten aufgespürt wurde. Hier werden alle Register gezogen, die geeignet erscheinen, einen Bischof von den Vorteilen verbandlicher Organisationen zu überzeugen.

Für Pater Hirschmann ist das Verbandsprinzip nicht Selbstzweck, vielmehr haben die Verbände ihr Ziel in der Entfaltung freier Initiativen in der Kirche. Dies kommt schon in dem Text für Kardinal Jaeger von 1946 klar zum Ausdruck: Nötig ist »Erziehung zur Selbständigkeit des Laien, ... zumal in dem nicht unmittelbar religiösen Bereich. Diese Selbständigkeit ist gefährdet, wenn der ganze Aufbau der Jugendarbeit nur den kirchenamtlichen Gemeindegliederungen entsprechend erfolgt. Damit bekommt der Klerus unbedingt ein Übergewicht der Führung auch in den Fragen, in denen der Laie das Übergewicht des Einflusses haben könnte« (S. 21). Die nach Konzil und Synode in Gang gesetzte Mitverantwortung der Laien auch auf der Ebene der Gemeinden darf nicht als Konkurrenz verstanden werden; vielmehr müssen sich die Verbände konstruktiv an den neuen Formen beteiligen (S. 64 ff). Der konziliare Optimismus weicht später einer skeptischeren Sicht der Kirche: »Das Amt ist angewiesen darauf, die Geistgaben selbst zu entdecken, zu fördern und freizugeben in der Kirche. Ich habe leider das Gefühl, daß dieser Akzent, der sehr betont im Zweiten Vatikanischen Konzil gesetzt wurde, in der nachkonziliaren Zeit zu kurz gekommen ist.« (S. 106) Beim Trend des Amtes zur diözesanen Zentralisierung sind die Verbände wieder gefordert, sich für die Eigenverantwortung einzusetzen (vgl. S. 132/33).

In mehreren Texten findet sich eine Auseinandersetzung mit der Plattform der Katholischen Studierenden Jugend (KSJ). Hieran zeigt sich sehr deutlich, in welch vermitteln-

der Weise Pater Hirschmann mit einem Thema umging, das im Männerring, und nicht nur dort, die Gemüter sehr erhitzt hat. Er beschwichtigt nicht, er geht nicht selbst auf die Palme, er analysiert. Er ordnet die Plattform ein in neuere Entwicklungen der Christologie (S. 88–91), in einen Wandel des Kirchenverständnisses (S. 103–106), zeigt Altes und Neues im Vergleich zu traditionellen Anliegen des Bundes (S. 123 ff.). Er tut dies sine ira et studio, aber doch voll Anteilnahme. Das Thema bewegt ihn, aber er läßt sich davon nicht aus der Fassung bringen, nicht provozieren. Er bricht damit einen Konflikt auf, hebt ihn auf eine Ebene, die über gegenseitige Vorwürfe hinausführt und eine neue Basis für weitere Diskussionen schafft.
Bei aller Würdigung bleibt zu hoffen, daß sie nicht dazu dient, Pater Hirschmann zu idealisieren und so zu entrükken. Das Buch sollte helfen, von ihm eine lebendige Erinnerung zu behalten. Dazu gehört ganz wesentlich, daß man nicht allein das Andenken pflegt, sondern versucht, die Anliegen Pater Hirschmanns selbst weiterzutragen. Man sollte nicht vergessen, wie unwohl sich der unermüdliche, stets weiterdenkende, für Gespräche offene Pater Hirschmann als Denkmal fühlen würde.

Monika Rhein

BIBLIOGRAPHISCHER NACHTRAG

Die Bibliographie in dem Buch J. B. Hirschmann: Ja zu Gott im Dienst an der Welt (hrsg. von J. Beutler SJ, E. Boecker, W. Casper und W. Rhein, Würzburg 1984) weist einige Lücken auf, die durch die folgenden Angaben geschlossen werden sollen. Für hilfreiche Hinweise sei besonders Pater Erwin Bücken SJ gedankt.

1949 Ostersieg – Osterfriede. Eine Betrachtung, in: Westfalenzeitung, 16. 4. 1949.

1952 Eucharistie und Familie, in: Der Männerseelsorger, 2. Jg. 1952, S. 75–77.

1954 Die Bedeutung der Religion für die Persönlichkeit des Mannes, in: Der Männerseelsorger, 4. Jg. 1954, S. 13–19. Christliche Forderungen im Wahlkampf, in: Politisch-soziale Korrespondenz, 3. Jg. 1954, Nr. 22, S. 8–10.

Der Mann im Marianischen Jahr, in: Der Männerseelsorger, a. a. O., S. 53/54.

1955 Die Erziehung der Brautleute zur geschlechtlichen Reinheit, in: Der Männerseelsorger, 5. Jg. 1955, Nr. 4 o. S.

Die sittlichen Grenzen des technischen Fortschritts, ebda. S. 18–24.

1956 Das Wesen der Gemeinschaft, in: Gott – Mensch – Welt. Ein Bildungsplan, hrsg. v. W. Kampe, Würzburg 1956.

1959 Besinnung und Besonnenheit der Christen, in: Politisch-soziale Korrespondenz, 8. Jg. 1959, Nr. 10, S. 4/5.

Kirche und politische Parteien in katholischer Sicht, ebda. Nr. 14, S. 5–7.

Gedanken zum Jahresthema... auch unter dem Titel: Eucharistische Erziehung, in: Eucharistische Erziehung. Werkheft für Jugendpastoral, Düsseldorf 1959.

1962 Erwartungen und Skepsis. Vor dem II. Vatikanischen Konzil, in: Politisch-soziale Korrespondenz, 11. Jg. 1962, Nr. 19.

Katholische Soziallehre und kommunistische Sozialpraxis, in: Kirche in Not, hrsg. v. d. Ostpriesterhilfe Königstein, Bd. 9: Christliche Soziallehre – Kommunistische Sozialpraxis, S. 37–53.

Politische Fragen auf dem II. Vatikanischen Konzil?, in: Politisch-soziale Korrespondenz, a. a. O., Nr. 4, S. 5–7.

1963 Johannes XXIII. Ein Wort des Gedenkens, in: Politisch-soziale Korrespondenz, 12. Jg. 1963, Nr. 12, S. 5f.

Das Zweite Vatikanische Konzil. Rückblick auf die zweite Sitzungsperiode, ebda. Nr. 24, S. 4–6.

Konzilsarbeit..., ebenfalls in: Mitteilungen für Seelsorge und Laienarbeit im Bistum Limburg, 10. Jg. 1963, Nr. 2.

1964 Die Stunde des Laien, in: Orientierung, 28. Jg. 1964, S. 151, ebenfalls abgedruckt in: Mann in der Kirche, 21. Jg. 1964, Nr. 6, S. 137/138.

1967 Der Glaube an Christus – Wahrheit und Wagnis, in: Beilage zu: Mitteilungen für Seelsorge und Laienarbeit im Bistum Limburg, 1967, S. 5–8.

Die Mitverantwortung des Mannes in Kirche und Politik, in: Der Männerseelsorger, 17. Jg. 1967, S. 129–140.

Der 3. Weltlaienkongreß in Rom, in: Politisch-soziale Korrespondenz, 16. Jg. 1967, Nr. 21.

1968 Die eheliche Liebe. Interview der KNA, in: Erstes Echo auf Humanae vitae, Essen 1968, S. 5–7.

Humanae vitae, in: Politisch-soziale Korrespondenz, 17. Jg. 1968, Nr. 16, S. 2–4.

Viel Positives beim Laienkongreß. Gespräch mit Pater Hirschmann, in: Beilage zu: Mitteilungen für Seelsorge und Laienarbeit im Bistum Limburg, Nr. 1, 1968.

Was heißt Glauben? Die Antwort des Konzils, in: Der Männerseelsorger, Jg. 18 1968, S. 123–125.

1969 Neubesinnung auf den Zölibat, in: Zölibat in der Diskussion. Katholische und evangelische Aspekte, Essen 1969 (vgl. auch Quellenangabe in: Ja zu Gott..., S. 271).

1974 Kirche – Ort und Hort der Freiheit, in: Mann in der Kirche, Nr. 1 1974 (vgl. auch Quellenangabe in: Ja zu Gott..., S. 171).

1977 Unaufgebbare Werte – das unverzichtbare Mindestmaß, in: Mann in der Kirche, Nr. 4 1977, S. 2–8.

Außerdem war Pater Hirschmann Herausgeber von:

Der Christ in der Welt (Enzyklopädie), Aschaffenburg 1957 ff.

Mater et Magistra, Ausgabe lateinisch, deutsch, italienisch, mit einer Einleitung von J. Hirschmann SJ, Paderborn 1963.

Weiterhin hatte er die Endredaktion des Buches:
Krankheit und Tod, Pastorale 2, Mainz 1974.

Erstkommunion 1914 von Hans und Maria Hirschmann

Primiz Hans Hirschmann am 5. 9. 1936 mit Vater und Geschwistern

Pater Hirschmann 1945

1954

Pater Hirschmann mit Pater General Arupe, Rom 1965

1972

Bei der Verleihung des Ehrenbürgerrechts der Stadt Püttlingen am 30. 5. 1973 mit Kultusminister Dr. Bernhard Vogel

Pater Hirschmann mit seinen beiden (Ordens-)Schwestern beim Fest seines 40jährigen Priesterjubiläums 1976

Mit Frau Elisabeth Zillken 1976

Beim ND-Bundestag Eringerfeld 1977 mit Erzbischof Dr. Johannes Joachim Degenhardt (Paderborn)

Im Gespräch mit Roswitha Verhülsdonk MdB beim ND-Bundestag Eringerfeld 1978

Pater Hirschmann 1978

1980

Am 1. 1. 1981, gut fünf Wochen vor seinem Tod, bei der Verabschiedung einer Missionsärztin aus dem Heliand in der Kapelle des Frankfurter Flughafens

Das letzte Foto: Pater Hirschmann mit zwei seiner Nichten acht Tage vor seinem Tod